21世纪财务管理系列教材
内 部 审 计
Internal Audit

张红英 主编

厦门大学出版社 国家一级出版社
XIAMEN UNIVERSITY PRESS 全国百佳图书出版单位

图书在版编目(CIP)数据

内部审计 / 张红英主编. —厦门：厦门大学出版社，2020.1
ISBN 978-7-5615-7676-2

Ⅰ.①内… Ⅱ.①张… Ⅲ.①内部审计 Ⅳ.①F239.45

中国版本图书馆 CIP 数据核字(2019)第 296594 号

出版人	郑文礼
责任编辑	许红兵

出版发行 厦门大学出版社

社　　址	厦门市软件园二期望海路 39 号
邮政编码	361008
总　　机	0592-2181111　0592-2181406(传真)
营销中心	0592-2184458　0592-2181365
网　　址	http://www.xmupress.com
邮　　箱	xmup@xmupress.com
印　　刷	厦门兴立通印刷设计有限公司

开本	787 mm×1 092 mm　1/16
印张	17.5
字数	405 千字
印数	1~2 000 册
版次	2020 年 1 月第 1 版
印次	2020 年 1 月第 1 次印刷
定价	52.00 元

本书如有印装质量问题请直接寄承印厂调换

厦门大学出版社
微信二维码　　厦门大学出版社
微博二维码

前言

近年来,随着国内外一系列企业舞弊丑闻和会计师事务所审计失败事例的曝光,社会各界对外部审计有了更多的质疑。而随着组织规模的不断扩大,组织的治理机构和管理高层更迫切需要以真实可靠的会计信息做出重大决策。鉴于内部审计范围的广度和深度及内部审计工作的经常性,内部审计机构和人员对组织的业务活动和内部控制制度都比较熟悉,因此较之于外部审计,内部审计具有得天独厚的优势,内部审计机构和人员能够掌握更多的舞弊线索或较早察觉容易引发舞弊的制度缺陷,更容易发现各种舞弊问题。众所周知,美国世界通信公司的重大舞弊行为既不是由人才济济、经费充裕的美国证券监督委员会发现的,也不是由经验丰富、技术精湛的安达信发现的,更不是由薪酬丰厚、权高位重的董事会发现的,而是由三位"不自量力、多管闲事"的内部审计师首先发现的。

当前,中国经济、政治、社会所发生的深刻变化为内部审计行业的发展提供了巨大的空间。伴随着企业改革的日益深入,如何建立和健全公司治理结构,优化内部控制,促进企业资源的有效利用,避免舞弊和浪费,已成为当前全社会面临的重大课题。内部审计在规范组织内部控制、提高组织经济效益、推动市场经济健康发展等方面发挥着越来越重要的作用。

"内部审计,是指组织内部的一种独立客观的监督和评价活动,它通过审查和评价经营活动及内部控制的适当性、合法性和有效性来促进组织目标的实现。"中国内部审计协会自2000年起组织专家起草、研讨内部审计准则。2003年3月4日审计署发布《关于内部审计工作的规定》,中国内部审计协会于同年4月12日发布了《内部审计基本准则》《内部审计人员职业道德规范》和《内部审计具体准则》第1—10号;2004—2007年中国内部审计协会又先后共发布《内部审计具体准则》第11—27号及《内部审计实务指南第1号——建设项目内部审计》和《内部审计实务指南第2号——物资采购内部审计》。为了进一步完善内部审计准则体系,指导内部审计实践,中国内部审计师协会于2013年、2016年对《中国内部审计准则》进行了较大的修改与完善。《第2309号内部审计具体准则——内部审计业务外包管理》于2019年6月1日起施行。

中国内部审计准则体系的构建为本书的撰写奠定了坚实的基础,为内部审计机构和人员执行内部审计工作提供了行为规范和行动指南,有利于提高内部审计工作质量,也为内部审计事业的进一步发展创造了更为有利的条件。为贯彻全国本科教育会议精神,深入推进高校教育信息化工作,促进"互联网+教育"背景下"十三五"高校教材建设工作,充分发挥新形态教材在课堂教学改革和创新方面的作用,不断提高课堂和课程教学质量,根据浙江省教育厅"十三五"期间将建设1000种新形态教材的要求,我们编写了这本《内部审计》教材,并有幸入选。本书的编写参考了2007年10月浙江人民出版社出版的《内部审计》教材(主编:张红英),但无论是内容还是形式以及所依据的政策法规,都有了全新的变化,可以说是一部全新的教材。考虑到中国内部审计准则也有较多变化,市场上《内部审计》教材较少,需求较大,我们在编写过程中,力求突出以下特点:

系统性。本教材从分析内部审计产生与发展动因、揭示内部审计性质入手,系统地阐述了内部审计的基本理论、基本方法和基本框架内容,阐述公司治理与内部审计的关系。

新颖性。本教材以修改后的《中国内部审计准则》为基础,全面吸收并展现了内部审计的最新内容及成果,体现了内部审计的特征。同时创新教材形态,通过移动互联网技术,以纸质教材为载体,嵌入视频、音频、作业、试卷、拓展资源、主题讨论等数字资源,将教材、课堂、教学资源三者融合,实现线上线下结合的教材出版新模式。

实用性。本教材在介绍内部审计原理和方法的同时,结合内部审计工作实际,结合案例分析说明内部审计具体操作程序,包括内部审计报告编制技巧等,同时通过各种题型的作业练习和辅助材料延伸阅读,加深对重要内容的理解和把握,体现了实用性和可操作性相结合。

本教材可作为内部审计机构和人员理解和运用审计准则的参考用书,也可作为大专院校内部审计教学用书及相关研究人员的参考用书。

本教材共15章,由张红英副教授主编。第一、二、三章由张红英副教授编写;第四、五章由彭兰香讲师编写;第六、八、十一章由王萌(在读)博士编写;第七、十章由李文贵教授编写;第九章由顾慧莹博士编写;第十二章由季伟伟博士编写;第十三章由陈翔宇博士编写;第十四、十五章由陈效东副教授编写;最后由张红英副教授对书稿进行了总纂和修改。

在本书编写过程中,我们参阅并引用了国内外许多同行的观点或材料,对此深表谢意。对于教材中的疏漏、错误和不当之处,恳请读者提出宝贵意见。

张红英

2019 年 10 月于杭州

目 录

第一章　公司治理与内部审计 ………………………………………………………… 1
　第一节　公司治理 …………………………………………………………………… 1
　第二节　内部审计的产生与发展 …………………………………………………… 9
　第二节　内部审计的性质 …………………………………………………………… 18
　第四节　国际内部审计师协会与中国内部审计协会 …………………………… 24
　第五节　国际注册内部审计师 ……………………………………………………… 26
第二章　内部审计规范 ………………………………………………………………… 29
　第一节　内部审计准则概述 ………………………………………………………… 30
　第二节　内部审计人员职业道德规范 ……………………………………………… 33
　第二节　内部审计质量控制 ………………………………………………………… 40
第三章　内部审计程序 ………………………………………………………………… 56
　第一节　审计准备阶段 ……………………………………………………………… 56
　第二节　审计实施阶段 ……………………………………………………………… 60
　第三节　审计终结阶段 ……………………………………………………………… 63
　第四节　后续审计 …………………………………………………………………… 65
第四章　审计证据 ……………………………………………………………………… 70
　第一节　审计证据的含义、类型和标准 …………………………………………… 70
　第二节　审计证据的获取和评价 …………………………………………………… 73
第五章　审计工作底稿 ………………………………………………………………… 79
　第一节　审计工作底稿的含义和编制目的 ………………………………………… 79
　第二节　审计工作底稿的分类 ……………………………………………………… 80
　第三节　审计工作底稿主要内容和编制 …………………………………………… 84
　第四节　审计工作底稿的复核制度、管理和查阅 ………………………………… 86
　第五节　审计档案工作 ……………………………………………………………… 88
第六章　内部审计重要性与审计风险 ………………………………………………… 93
　第一节　内部审计重要性 …………………………………………………………… 93
　第二节　内部审计的审计风险 ……………………………………………………… 97
第七章　内部审计方法 ………………………………………………………………… 104
　第一节　内部审计技术方法 ………………………………………………………… 104
　第二节　分析程序 …………………………………………………………………… 115

第八章　内部控制审计……125
第一节　内部控制概述……126
第二节　内部控制审计……131

第九章　舞弊审计……143
第一节　舞弊审计概念及一般原则……143
第二节　舞弊的预防、检查、报告……145
第三节　现金舞弊案例……147

第十章　风险管理审计……152
第一节　企业风险管理审计概述……152
第二节　企业风险管理框架……155
第三节　风险管理审计的主要阶段……159
第四节　风险管理审查与评价的基本方法……161
第五节　企业风险管理审计的内容……172

第十一章　人际关系与内外协调……177
第一节　人际关系……177
第二节　内部审计与外部审计的协调……182

第十二章　信息系统内部控制及其审计……189
第一节　信息系统审计概述……189
第二节　计算机会计信息系统的特点……190
第三节　计算机会计信息系统对传统内部审计的影响……192
第四节　计算机会计信息系统内部控制……194
第五节　计算机会计信息系统内部控制及其审计……200

第十三章　内部审计报告……210
第一节　内部审计报告的定义和编制原则……210
第二节　审计报告的主要内容……215
第三节　审计结果的交流与沟通……218
第四节　审计报告的呈报与保管……223

第十四章　经济责任审计……229
第一节　经济责任审计概述……229
第二节　经济责任审计的特点、内容及评价……231
第三节　经济责任审计的基本程序与评价方法……236

第十五章　绩效审计……245
第一节　绩效审计概述……245
第二节　绩效审计的内容……248
第三节　绩效审计的程序……252
第四节　绩效审计的方法……254
第五节　绩效审计的评价……259

参考文献……268

第一章 公司治理与内部审计

 学习目标(Learning Objectives)

1. 了解公司治理模式;
2. 掌握内部审计产生和发展的因素;
3. 掌握内部审计的产生和发展过程,包括国际和中国;
4. 掌握内部审计的特征;
5. 了解国际内部审计发展趋势。

第一节 公司治理

一、公司治理概念

公司治理(Corporate Governance),是研究企业权力安排的一门科学,可以分为狭义的公司治理和广义的公司治理两个层次。

狭义的公司治理是指所有者(主要是股东)对经营者的一种监督与制衡机制,通过制度安排来合理地界定和配置所有者与经营者之间的权利与责任关系,其特点是通过股东大会、董事会、监事会及经理层所构成的公司治理结构的内部治理,以保证股东利益的最大化,防止经营者与所有者利益的背离。

广义的公司治理是指通过一整套包括正式或非正式的、内部或外部的制度来协调公司与所有利益相关者(股东、债权人、职工、潜在的投资者等)之间的利益关系,以保证公司决策的科学性、有效性,从而最终维护公司各方面的利益。

公司治理讨论的基本问题,就是如何使企业的管理者在利用资本供给者提供的资产发挥资产用途的同时,承担起对资本供给者的责任,利用公司治理的结构和机制,明确不同公司利益相关者的权力、责任和影响,建立委托代理人之间激励兼容的制度安排。

在我国,理论界对公司治理具有代表性的定义有吴敬琏、林毅夫、李维安、张维迎和朱长春等的定义。

吴敬琏(1994)认为公司治理结构是指由所有者、董事会和高级执行人员即高级经理人员三者组成的一种组织结构。要完善公司治理结构,就要明确划分股东、董事会、经理人员各自的权力、责任和利益,从而形成三者之间的关系。

林毅夫(1997)是在论述市场环境的重要性时论及这一问题的。他认为,"所谓的公司治理结构,是指所有者对一个企业的经营管理和绩效进行监督和控制的一整套制度安排",并随后引用了米勒(1995)的定义作为佐证。他还指出,人们通常所关注或定义的公司治理结构,实际指的是公司的直接控制或内部治理结构。

李维安和张维迎都认为公司治理有广义和狭义之分。李维安(2000)认为狭义的公司治理,是指所有者(主要是股东)对经营者的一种监督与制衡机制。其主要特点是通过股东大会、董事会、监事会及管理层所构成的公司治理结构的内部治理;广义的公司治理则是通过一套包括正式或非正式的、内部或外部的制度或机制来协调公司与所有利益相关者(股东、债权人、供应者、雇员、政府、社区)之间的利益关系。张维迎(1999)的观点是,狭义的公司治理结构是指有关公司董事会的功能与结构、股东的权力等方面的制度安排;广义地讲,是指有关公司控制权和剩余索取权分配的一整套法律、文化和制度性安排,这些安排决定公司的目标,谁在什么状态下实施控制,如何控制,风险和收益如何在不同企业成员之间分配这样一些问题,并认为广义的公司治理结构是企业所有权安排的具体化。

Shleifer 和 Vishny(1997)在一篇关于公司治理的经典论述中提出:公司治理是保证融资供给方(投资者)投资收益的方式。由于代理问题,外部投资者担心自己的利益在不完美的世界中会由于经理的败德行为而受到侵占。经理如何才能够采用一种机制得到外部投资者的融资?或者说,如何才能够保证给予外部投资者应有的投资收益?这就需要给予外部投资者一些权利:一种是给予外部投资者强有力的法律保护;另一种是所有权集中,也就是形成大投资者(大股东)。这就是公司治理的两种主要治理模式。

朱长春(2014)在清华大学出版社出版的《公司治理标准》一书中提出:公司治理,从广义角度理解,是研究企业权力安排的一门科学。从狭义角度理解,是基于企业所有权层次,研究如何授权给职业经理人并针对职业经理人履行职务行为行使监管职能的科学。基于经济学专业立场,企业有两个权——所有权和经营权,二者是分离的。企业管理(Corporate Management)是建构在企业"经营权层次"上的一门科学,讲究的就是企业所有权人向经营权人授权,经营权人在获得授权的情形下,以实现经营目标而采取一切经营手段的行为。与此相对应,公司治理(Corporate Governance)则是建构在企业"所有权层次"上的一门科学,讲究的是科学地向职业经理人授权,科学地对职业经理人进行监管。

二、公司治理模式

公司治理模式主要有三种:英美模式、日德模式和家族模式。

(一)英美模式

英美公司内部治理结构的基本特征是通过公司的基本章程来限定公司不同机构的权利并规范它们之间的关系。各国现代企业的治理结构虽然都基本遵循决策、执行、监督三权分立的框架,但在具体设置和权利分配上却存在着差别。

股权激励的理解

1. 股东大会

从理论上讲,股东大会是公司的最高权力机构。但是,英美公司的股东非常分散,而且相当一部分股东是只有少量股份的股东,其实施治理权的成本很高。因此,不可能将股东大会作为公司的常设机构,或经常就公司发展的重大事宜召开股东代表大会,以便做出有关决策。在这种情况下,股东大会就将其决策权委托给一部分大股东或有权威的人来行使,这些人组成了董事会。股东大会与董事会之间的关系实际上是一种委托代理的关系:股东们将公司日常决策的权力委托给由董事组成的董事会,而董事会则向股东承诺使公司健康经营并获得满意的利润。

2. 董事会

董事会是股东大会的常设机构。董事会的职权是由股东大会授予的。关于董事会的人数、职权和作用,各国公司法均有较为明确的规定,英美也不例外。除公司法的有关规定外,各个公司也都在公司章程中对有关董事会的事宜进行说明。公司性质不同,董事会的构成也不同。在谈到公司治理问题时,常常要根据不同性质的公司具体分析。为了更好地完成其职权,董事会除了注意人员构成之外,还要注意董事会的内部管理。英美公司的董事会在内部管理上有两个鲜明的特点:

第一,在董事会内部设立不同的委员会,以便协助董事会更好地进行决策。一般而言,英美公司的董事会大都附设执行委员会、任免委员会、报酬委员会、审计委员会等一些委员会。这些委员会一般都是由董事长直接领导,有的实际上行使了董事会的大部分决策职能。因为有的公司董事太多,如果按正常程序进行决策,则很难应付千变万化的市场环境。也有可能因为决策者既是董事长同时也是最大股东,对公司事务有着巨大的影响力,所以不愿让太多的人分享他的决策权。在这种情况下,董事会是股东大会的常设机构,而执行委员会又成为董事会的常设机构。除这样一些具有明显管理决策职能的委员会外,有的公司还设有一些辅助性委员会,如审计委员会,主要是帮助董事会加强其对有关法律和公司内部审计的了解,使董事会中的非执行董事把注意力转向财务控制和存在的问题,从而使财务管理真正起到一种制衡的作用,增进董事会对财务报告和选择性会计原则的了解;报酬委员会,主要是决定公司高级人才的报酬问题;董事长的直属委员会,由董事长随时召集讨论特殊问题并向董事会提交会议记录和建议的委员会,尽管它是直属于董事长的,但它始终是对整个董事会负责,而并不只是按董事长的意图行事。美国的有些公司还成立了公司治理委员会,用以解决专门的公司治理问题。

第二,将公司的董事分成内部董事和外部董事。内部董事又称执行董事,指承担企业具体运营职责,并就该职务负有专业责任的董事,如总经理、常务副总经理等。外部董事也称外聘董事,指不是本公司职工的董事,包括不参与管理和生产经营活动的企业外股东和企业聘任的非股东的专家、学者等。外部董事一般在公司董事会中占多数,但一般不在公司中任职;内部董事一般都在公司中担任重要职务,是公司经营管理的核心成员,美国大多数公司企业的内部董事人数为3人,很少有超过5人的。外部董事有的是私人投资者,他们通过在股票市场上购买公司股票而成为公司大股东,但他们往往对公司的具体业务并不了解,大部分外部董事作为其他公司的代表进入公司董事会,而这些公司又常常是法人持股者。自20世纪70年代以来,英美公司中的外部董事比例呈上升趋势。按理讲,外部董事比例的增加会加强董事会对经营者的监督与控制,但是,英美大公司中同时存在的一个普遍现象是公司首席执行官兼任董事会主席。这种双重身份实际上使董事会丧失了独立性,使得董事会难以发挥监督职能。

3.首席执行官(CEO)

从理论上讲,董事会有权将部分经营管理权力转交给代理人代为执行。这个代理人就是公司政策执行机构的最高负责人。这个人一般被称为首席执行官,即CEO。在多数情况下,首席执行官是由董事长兼任的。即使不是由董事长兼任,担任此职的人也几乎是公司的执行董事并且是公司董事长的继承人。但是,由于公司的经营管理日益复杂化,经理职能也日益专业化,大多数公司又在首席执行官之下为其设一助手,负责公司的日常业务,这就是首席营业官,即COO(Chief Operation Officer)。此外,公司还设有其他一些行政职务,如首席财务官等。在英美公司的行政序列中,以首席执行官的地位最高,其次为公司总裁,再次为首席营业官,接下来是首席财务官。在总裁以下,各公司还常常设有多名负责具体业务的副总裁,包括执行副总裁和资深副总裁。这些副总裁一般都负责公司的一个重要业务分部,或者是作为公司董事长和首席执行官的代表担任重要子公司的董事长兼首席执行官。首席执行官是作为公司董事会的代理人而产生的,授予他何种权利、多大的权利以及在何种情况下授予,是由各公司董事会决定的。首席执行官的设立,体现了公司经营权的进一步集中。

4.外部审计制度的导入

需要注意的是,英美公司中没有监事会,而是由公司聘请专门的审计事务所负责有关公司财务状况的年度审计报告。公司董事会内部虽然也设立审计委员会,但它只是起协助董事会或总公司监督子公司财务状况和投资状况等的作用。由于英美等国是股票市场非常发达的国家,股票交易又在很大程度上依赖于公司财务状况的真实披露,而公司自设的审计机构难免在信息发布的及时性和真实性方面有所偏差,所以,英美等国很早便出现了由独立会计师承办的审计事务所,由有关企业聘请他们对公司经营状况进行独立审计并发布审计报告,以示公正。英美等国公司每年的财务报告书都附有审计事务所主管审计师签发的审计报告。政府的审计机构也在每年定期或不定期地对公司经营状况进行审计并对审计事务所的任职资格进行审查。这种独立审计制度既杜绝了公司的偷税漏税行为,又在很大程度上保证了公司财务状况信息的真实披露,有助于公司的守法经营。

(二)德日模式

德日模式被称为银行控制主导型,其本质特征表现在以下方面:

1.商业银行是公司的主要股东

目前德日两国的银行处于公司治理的核心地位。在经济发展过程中,银行深深涉足其关联公司的经营事务中,形成了颇具特色的主银行体系。所谓主银行是指某企业接受贷款中居第一位的银行,而由主银行提供的贷款叫作系列贷款,包括长期贷款和短期贷款。

日本的主银行制是一个多面体,主要包括三个基本层面:一是银企关系层面,即企业与主银行之间在融资、持股、信息交流和管理等方面结成的关系;二是银银关系层面,即指银行之间基于企业的联系而形成的关系;三是政银关系,即指政府管制当局与银行业之间的关系。这三层关系相互交错、相互制约,共同构成一个有机的整体,或称为以银行为中心的、通过企业的相互持股而结成的网络。在德国,政府很早就认识到通过银行的作用来促进经济的增长。开始银行仅仅是公司的债权人,只从事向企业提供贷款业务,但当银行所贷款的公司拖欠银行贷款时,银行就变成了该公司的大股东。至于银行可以自己持有一家公司多少股份,在德国没有法律的限制,但其金额不得超过银行资本的15%。一般情况下,德国银行持有的股份在一家公司股份总额的10%以下。

另外德国银行还进行间接持股,即兼作个人股东所持股票的保管人。德国大部分个人股东平时都把其股票交给自己所信任的银行保管,股东可把他们的投票权转让给银行来行使,这种转让只需在储存协议书上签署授权就可以了,股东和银行的利益分配一般被事先固定下来。这样银行得到了大量的委托投票权,能够代表储户行使股票投票权。到1988年,在德国银行储存的股票达4115亿马克,约为当时国内股票市场总值的40%,加上银行自有的股票(约为9%),银行直接、间接管理的股票就占德国上市股票的50%左右。

商业银行虽然是德日公司的最大股东,呈现公司股权相对集中的特征,但是二者仍然存在一些区别。在日本的企业集团中,银行作为集团的核心,通常拥有集团内企业较大的股份,并且控制了这些企业外部融资的主要渠道。而德国公司则更依赖于大股东的直接控制,由于大公司的股权十分集中,使得大股东有足够的动力去监控经理层。另外由于德国公司更多地依赖于内部资金融通,所以德国银行不像日本银行那样能够通过控制外部资金来源对企业施加有效的影响。

2.法人持股或法人相互持股

法人持股,特别是法人相互持股是德日公司股权结构的基本特征,这一特征尤其在日本公司中更为突出。二战后,股权所有主体多元化和股东数量迅速增长是日本企业股权结构分散化的重要表现。但在多元化的股权结构中,股权并没有向个人集中而是向法人集中,由此形成了日本企业股权法人化现象,构成了法人持股的一大特征。

由于德日在法律上对法人相互持股没有限制,因此德日公司法人相互持股非常普遍。法人相互持股有两种形态:一种是垂直持股,如丰田、住友公司,它们通过建立母子公司的关系,达到密切生产、技术、流通和服务等方面相互协作的目的;另一种是环状持股,如三菱公司、第一软银集团等,其目的是相互之间建立起稳定的资产和经营关系。

总之,公司相互持股加强了关联企业之间的联系,使企业之间相互依存、相互渗透、相互制约,在一定程度上结成了"命运共同体"。

3.严密的股东监控机制

德日公司的股东监控机制是一种"主动性"或"积极性"的模式,即公司股东主要通过一个能信赖的中介组织或股东当中有行使股东权力的人或组织,通常是一家银行来代替他们控制与监督公司经理的行为,从而达到参与公司控制与监督的目的。如果股东们对公司经理不满意,不像英美两国公司那样只是"用脚投票",而是直接"用手发言"。但是德日公司的监控机制的特征有所不同。

(1)德国公司监控机制的特征

德国公司监控机制的特征表现在两个方面:

①德国公司的业务执行职能和监督职能相分离,并成立了与之相对应的两种管理机构,即执行董事会和监督董事会,亦称双层董事会。依照法律,在股份公司中必须设立双层董事会。监督董事会是公司股东、职工利益的代表机构和监督机构。德国公司法规定,监督董事会的主要权责,一是任命和解聘执行董事,监督执行董事是否按公司章程经营;二是对诸如超量贷款而引起公司资本增减等公司的重要经营事项做出决策;三是审核公司的账簿,核对公司资产,并在必要时召集股东大会。德国公司监事会的成员一般要求有比较突出的专业特长和丰富的管理经验,监事会主席由监事会成员选举,须经 2/3 以上成员投赞成票而确定,监事会主席在表决时有两票决定权。由此来看,德国公司的监事会是一个实实在在的股东行使控制与监督权力的机构,因为它拥有对公司经理和其他高级管理人员的聘任权与解雇权。这样无论从组织机构形式上,还是从授予的权力上,都保证了股东确实能发挥其应有的控制与监督职能。

如果公司经理和高层管理人员管理不善,银行在监事会的代表就会同其他代表一起要求改组执行董事会,更换主要经理人员。由此可见,德国在监事会成员的选举、监事会职能的确定上都为股东行使控制与监督权提供了可能性,而银行直接持有公司股票,则使股东有效行使权力成为现实。

②德国公司监控机制有别于其他国家的重要特征是职工参与决定制度。由于德国在历史上曾是空想社会主义和工人运动极为活跃的国家,早在 200 年前早期社会主义者就提出职工民主管理的有关理论。1848 年,在法兰克福国民议事会讨论《营业法》时就提议在企业建立工人委员会作为参与决定的机构。1891 年重新修订的《营业法》首次在法律上承认工人委员会。德国魏玛共和国时期制定的著名的《魏玛宪法》也有关于工人和职员有权平等地与企业家共同决定工资和劳动条件,工人和职员在企业应拥有法定代表并通过他们来保护自身的社会经济利益等规定。尤其在二战以后,随着资本所有权和经营权的分离,德国职工参与意识进一步兴起,德国颁布了一系列关于职工参与决定的法规。目前,在德国实行职工参与制的企业共有雇员 1860 万,占雇员总数的 85%。在德国的职工参与中,可以分为三种形式。第一种是在拥有职工 2000 名以上的股份有限公司、合资合作公司、有限责任公司,其参与方式的法律依据是 1976 年通过的《参与决定法》。它涉及的主要是监事会的人选。监事会的人数视企业规模而定,在 2000 名以上的企业有监事会成员 20 名。职工进入监事会的代表中,职工和高级职员是按比例选举的,但每一群体至少有一名代表。第二种是拥有 1000 名以上职工的股份有限公司、有限责任公司等企业,其参与决定的方式涉及董事会和监事会。董事会中要求有一名劳工经理参加。监事会的人数定为 11 人,席位分配的过程是,劳资双方分别提出 4 名代表和 1 名"其他成员",再加 1 名双方都能接受的"中立的"第三方。其中的"其他人员"规定为不允许与劳资双方有任何依赖关系,也不能来自那些与本企业有利害关系的企业。第三种是雇工 500 名以上的股份公司、合资合作公司等,规定雇员代表在监事会中占 1/3,在监事会席位总数多于 1 个席位时,至少要有 1 名工人代表和 1 名职工代表。职工代表由工人委员会提出候选人名单,再由职工直接选举。

这样职工通过选派职工代表进入监事会参与公司重大经营决策,即所谓"监事会参与决定",使得企业决策比较公开,有利于对公司经营的监督,同时还有利于公司的稳定和持续发展。因为职工在监事会中占有一定的席位,在一定程度上减少了公司被兼并接管的可能性。这也是德国公司很少受到外国投资者接管威胁的主要原因之一,从而保护了经理人员做出长期投资的积极性。

(2)日本公司监控机制的特征

日本银行的双重身份,决定了其必然在固定行使监控权力中,发挥领导的作用。日本银行及其法人股东通过积极获取经营信息对公司主管实行严密的监督。一方面,银行作为公司的主要股东,在盈利情况良好的条件下,银行只是作为"平静的商业伙伴"而存在。另一方面,如果公司盈利开始下降,主银行由于所处的特殊地位,能够很早就通过营业往来账户、短期信贷、与公司最高管理层商业伙伴的长期个人交往等途径获取信息,及时发现问题。如果情况继续恶化,主银行就可以通过召开股东大会或董事会来更换公司的最高领导层。日本的董事会与美国很相似,基本上是实行业务执行机构与决策机构合二为一。但是日本董事会的股东代表特别少,从总体上看具有股东身份的仅占9.4%(主要股东为5.7%,股东代表为3.7%),而在上市公司特别是大公司中,具有股东身份的仅占3.9%,其余大部分都是内部高、中层的经理管理人员等,从董事会成员构成可以看出,董事会不是股东真正行使监控权力的机构。

(三)家族模式

1.企业所有权或股权主要由家族成员控制

在韩国和东南亚的家族企业中,家族成员控制企业的所有权或股权表现为五种情况。第一种情况是,企业的初始所有权由单一创业者拥有,当创业者退休后,企业的所有权传递给子女,由其子女共同拥有。第二种情况是,企业的初始所有权由参与创业的兄弟姐妹或堂兄弟姐妹共同拥有,待企业由创业者的第二代经营时,企业的所有权则由创业者的兄弟姐妹的子女或堂兄弟姐妹的子女共同拥有。第三种情况是,企业的所有权由合资创业的具有血缘、姻缘和亲缘的家族成员共同控制,然后顺延传递给创业者第二代或第三代的家族成员,并由他们共同控制。第四种情况是,家族创业者或家族企业与家族外其他创业者或企业共同合资创办企业时,由家族创业者或家族企业控股,待企业股权传递给家族第二代或第三代后,形成由家族成员联合共同控股的局面。第五种情况是,一些原来处于封闭状态的家族企业,迫于企业公开化或社会化的压力,把企业的部分股权转让给家族外的其他人或企业,或改造企业公开上市,从而形成家族企业产权多元化的格局,但这些股权已经多元化的家族企业的所有权仍然主要由家族成员控制着。上述五种情况中的每一种情况,在韩国和东南亚的家族企业中都大量存在着,而且上述五种情况包括了韩国和东南亚家族企业所有权或股权由家族成员控制的基本概况。

2.企业主要经营管理权掌握在家族成员手中

在韩国和东南亚的家族企业中,家族成员控制企业经营管理权主要分两种情况:一种情况是企业经营管理权主要由有血缘关系的家族成员控制;另一种情况是企业经营管理权主要由有血缘关系的家庭成员和有亲缘、姻缘关系的家族成员共同控制。

3.企业决策家长化

由于受儒家伦理道德准则的影响,在韩国和东南亚家族企业中,企业的决策被纳入家族内部序列,企业的重大决策如创办新企业、开拓新业务、任免人事、决定企业的接班人等都由家族中的同时也是企业创办人的家长一人做出,家族中其他成员做出的决策也须得到家长的首肯,即使这些家长已经退出企业经营的第一线,但由家族第二代成员做出的重大决策,也必须征询家长的意见或征得家长的同意。当家族企业的领导权传递给第二代或第三代后,前一代家长的决策权威也同时赋予第二代或第三代接班人,由他们做出的决策,其他家族成员一般也必须服从或遵从。

4. 经营者激励约束双重化

在韩国和东南亚的家族企业中,经营者受到来自家族利益和亲情的双重激励和约束。对于家族第一代创业者而言,他们的经营行为往往是为了光宗耀祖或使自己的家庭更好地生活,以及为自己的子孙后代留下一份产业。对于家族企业第二代经营者来说,发扬光大父辈留下的事业、保值增值作为企业股东的家族成员的资产、维持家族成员亲情的需要,是对他们的经营行为进行激励和约束的主要机制。因此,与非家族企业经营者相比,家族企业经营者的道德风险、利己的个人主义倾向发生的可能性较低,用规范的制度对经营者进行监督和约束已经成为不必要。但这种建立在家族利益和亲情基础上的激励约束机制,使家族企业经营者所承受的压力过大,也为家族企业的解体留下了隐患。

5. 企业员工管理家庭化

韩国和东南亚的家族企业不仅把儒家关于"和谐"和"泛爱众"的思想用于家族成员的团结上,而且还推广应用于对员工的管理上,在企业中创造和培育一种家庭式的氛围,使员工产生一种归属感和成就感。例如,马来西亚的金狮集团,在经济不景气时不辞退员工,如果员工表现不佳,公司不会马上开除,而是采取与员工谈心等形式来分析问题和解决问题,这种家庭式的管理氛围在公司中产生了巨大的力量。韩国的家族企业都为员工提供各种福利设施如宿舍、食堂、通勤班车、职工医院、浴池、托儿所、员工进修条件等。韩国和东南亚家族企业对员工的家庭式管理,不仅增强了员工对企业的忠诚感,提高了企业经营管理者和员工之间的亲和力和凝聚力,而且还减少和削弱了员工和企业间的摩擦和矛盾,保证了企业的顺利发展。

6. 银行的外部监督弱

在东南亚,许多家族企业都涉足银行业。其中,一些家族企业的最初创业就始于银行经营,然后把企业的事业领域再拓展到其他产业;也有一些家族企业虽然初始创业起步于非银行领域的其他产业,但当企业发展到一定程度后再逐步把企业的事业领域拓展到银行业。银行必须服从于家族的整体利益,为家族的其他系列企业服务。许多没有涉足银行业的家族企业一般都采取由下属的系列企业之间相互担保的形式向银行融资,这种情况也使银行对家族企业的监督力度受到了削弱。在韩国,银行作为政府干预经济活动的一个重要手段,是由政府控制的。一个企业的生产经营活动只有符合政府的宏观经济政策和产业政策要求,才会获得银行的大量优惠贷款,否则就很难得到银行的贷款。所以,韩国的家族企业为了生存和发展,都纷纷围绕政府的宏观经济政策和产业政策创办企业,从事经营活动。这种情况使得韩国的家族企业得到了没有来自银行约束的源源不断的贷款。除筹资功能外,银行在韩国只是一个发放贷款的工具,而对贷款流向哪些企业,获得贷款企业是否健康则很少关心。

7.政府对企业的发展有较大的制约

韩国和东南亚的家族企业在发展过程中都受到政府的制约。在东南亚国家,家族企业一般存在于华人中间,而华人又是这些国家的少数民族(新加坡除外),且掌握着国家的经济命脉;华人经济与当地土著经济之间存在着较大的差距。因此,华人家族企业经常受到政府设置的种种障碍的限制。为了企业的发展,华人家族企业被迫采取与政府及政府的公营企业合作,与政府公营企业合资以及在企业中安置政府退休官员和政府官员亲属任职等形式,来搞好与政府的关系。而在韩国,政府对家族企业的制约主要表现在政府对企业发展的引导和支持上。凡家族企业的经营活动符合国家宏观经济政策和产业政策要求的,政府会在金融、财政、税收等方面给予各种优惠政策进行引导和扶持,反之,政府会在金融、财政、税收等方面给予限制。因此,在韩国和东南亚,家族企业的发展都受到政府的制约。但在东南亚,政府对家族企业采取的主要措施是限制,而在韩国,政府对家族企业采取的主要措施则是引导和扶持。

康得新敲响中国上市公司治理的警钟

第二节 内部审计的产生与发展

一、国际内部审计的产生和发展

(一)古代内部审计阶段

据史料记载,大约公元前510年左右,古罗马的奴隶主建立了许多大庄园,雇用了大批奴隶。一些大奴隶主为了坐享其成,将自己的庄园委托给精明强干的代理人去管理,于是在奴隶主和代理人之间产生了委托的受托责任关系。奴隶主通常委派其亲信或管家作为独立的第三者去审查代理人是否诚实地履行了其受托管理责任。应该说,当时的这些亲信或管家并不是真正意义上的专司内部审计的内部审计人员,因为除了"内部审计",他们往往还要承担其他工作。

进入中世纪和近代以后,古代内部审计继承了早期内部审计的思想,并且有了长足进展,主要标志是出现了独立的内部审计人员。在这一时期,内部审计主要采用寺院审计、行会审计、银行审计和庄园审计等形式。在这一时期,内部审计的目的仍然是查错防弊。

1.寺院内部审计

这是西欧寺院经济的审计制度。11世纪以来,寺院在西欧极为普遍,一些寺院兴办了各种类型的手工作坊,拥有大量的财产。为加强管理,寺院配备了各种专职管理人员,为监督管理人员经济责任的履行情况,还适当配备了具有一定专业会计知识的人充当审计人员,负责对财务收支和会计账目进行检查。

2.行会审计制度

在英国,11—12世纪就出现了行会,每个行会一年要召开1～4次总会,议事内容是选举产生理事和审计人员。理事是行会的执行机构,主要负责征收会费和罚款,记录反映行会经济业务的会计事项,调查行会的财产状况和仲裁会员间的经济纠纷。审计人员从行会成员中选举产生,是行会成员的代表,主要职责是定期检查理事报送的会计账簿,并在大会上向全体成员报告审查的结果。

3.银行内部审计

在文艺复兴时期,资本主义商品经济在北部城邦如威尼斯、热那亚和佛罗伦萨得到迅速发展。佛罗伦萨是当时意大利的金融中心,在西欧各地,到处有佛罗伦萨的代理店,为了对这些分店加强控制,银行家们采用了内部审计的形式。

4.庄园内部审计

庄园既是封建制度下的政治单元,又是独立的经济单位。庄园主不再亲自参与庄园的管理,而将直接管理庄园的责任委托给数名庄园管理者去管理,其中包括审计人员。审计人员负责对庄园财务总管编制的反映庄园经济事项的会计账簿定期进行检查,根据审查的结果,提出审计意见并呈送给庄园主或向其作口头汇报。

通过对几种内部审计形式的介绍可以看出,在封建时代就出现了独立的内部审计人员,但它的审计目的仍然是差错防弊,审查单位内部承担经济责任者的诚实性。

(二)近代内部审计阶段

股份有限公司出现,客观上要求会计把重点从经营角度放在财产的所有权和损益的计算上,企业的股东和债权人为维护自己的利益,需要审计人员对企业的会计资料进行审查,并陈述审计意见。但这一时期,实行内部审计的企业不多,而且没有设置专职机构。19世纪末20世纪初,资本主义发展进入垄断阶段,托拉斯、康采恩等垄断企业经营规模庞大,经营地点分散,经营业务复杂,实行分权管理和多级控制。日常管理职责的履行状况如何,各部门的经营活动是否合规合理,各分支机构的经营目标能否实现,客观上需要有一个专门的职能部门去审查、评价和报告,即进行信息反馈。这样,在企业内部就形成了一个与业务控制并列的相对独立的控制系统——内部审计。

1875年,德国最大的军火制造商克虎伯公司开始设置内审部门开展财务合规性审计。在美国,具有显著规模经济性的铁路行业则最先配备内审人员,巡视各路站,检查公司制定的财务制度的遵守情况和有关会计记录的真实性、正确性。此后,这些国家的其他行业和其他国家的大型企业也相继实行了内部审计制度。这时,内部审计的主要目标在于保护资产的安全与完整,检查揭示舞弊或其他不规范的行为。其工作范围主要是审查反映经济活动的财务会计资料,也从事一些较低水准的会计和管理程序的遵循性检查,并逐步向经营管理领域延伸。

(三)现代内部审计的兴起

20世纪40年代以后,企业的内部结构和外部环境进一步复杂化,尤其是跨国公司迅速崛起,管理层次的分解比以往任何时候都更迅速,企业管理者对于降低成本,提高经济效益的要求也更加迫切。这种新的发展使企业管理当局和外部审计人员对内部审计更加关注,并从各自的角度促进内部审计的发展。

1941年是现代内部审计发展的一座重要里程碑,这一年在美国发生了两件对现代内部审计兴起有着重大影响的事件。第一件是在约翰·舍斯顿的领导下,24位有识之士倡导成立了内部审计师协会,它是目前世界上唯一致力于推动内部审计和内部审计人员向前发展的国际性组织,通常称之为国际内部审计师协会(Institute of Internal Auditors,简称IIA)。该组织的成立,大大推动了内部审计的发展。到1995年为止,协会已在全国各地拥有150多个成员组织,会员约54 000人。第二件就是维克多·布瑞克(Victor Brink)出版了第一部论述内部审计的专著《内部审计——程序的性质、职能和方法》,该书的出版标志着内部审计学的诞生。

在研究现代企业内部审计的发展时,一般以70年代为界将其划分为两个时期。20世纪40年代到70年代属于现代企业内部审计的初期,财务审计居于主要地位,企业内部审计的目标同近代企业内部审计相比没有太多的变化,还只是一个过渡阶段。直到1941年,才有关于内部审计的《内部审计学》一书出现。另外,许多国外学者认为这一时期是绩效审计、经营审计等一系列新兴审计项目的萌芽阶段。

70年代后,绩效审计、经济责任审计、3E审计(经济、效率、效果)、5E审计(经济、效率、效果、合理、环境审计)等新兴审计项目发展起来,逐渐取代了财务审计的主导地位。内部审计受到了前所未有的重视,企业内部审计机构直接隶属于企业最高权力机构,向总经理、董事长参加的或董事会领导的审计委员会负责;审计目标除要加强经营管理,提高经济效益外,还要考虑如何为企业在竞争中防范风险提供服务。因此,企业内部审计的职能也由原来的防护性职能转变到建设性职能;在审计方法方面,国外大力开发计算机辅助审计,对软件的研究开发投入大量资金;企业内部审计人员的素质也比以前任何时期都有较大的提高,他们不仅掌握会计、审计、定量分析、商法、内部控制、计算机电子数据处理等方面的知识,还懂得现代企业管理的基本知识和方法和其他一些相关领域的知识。

二、中国内部审计的产生和发展

(一)萌芽时期

我国内部审计的产生要追溯到奴隶社会。在西周时期,朝廷设有天、地、春、夏、秋、冬六卿管理朝政,六卿下面分设若干官职。其中"司会"是天官之长,设在大宰之下,其主要职责是负责稽核全国财计,同时还负责对上报的财产和业绩资料进行审查。司会的出现,标志着我国内部审计有了萌芽。

19世纪下叶,随着我国民族资本主义工商业的产生和发展,我国出现了一些按照西方企业管理模式建立的银行、造船厂等较大型的企业,并大多在企业内部设立"稽核"职务和部门,实行内部审计制度。

(二)初步发展时期

我同内部审计是伴随着国家审计一起产生和发展完善的。1983年9月,国家审计署成立。审计署成立后,相继出台和颁布了一系列与内部审计相关的法规和制度。1983年,国务院转发了审计署《关于开展审计工作的几个问题的请示》,该报告中提出了建立内部审计监督制度问题。1985年12月5日,审计署发布《审计署关于内部审计工作的若干规定》,这是审计署成立后发布的第一个关于内部审计工作的法规文件,也是中国第一个内部审计的部门规章,对我国内部审计工作进行了规范。1989年2月2日,审计署在对上述规定进行了修改和完善,颁布了《审计署关于内部审计工作的规定》。随着内部审计相关法规和制度的出台,我国国有企业和政府部门都成立了相应的内部审计机构或配备了内部审计人员,在加强组织内部管理和协助组织完成经营管理目标等方面发挥着越来越重要的作用。

1987年中国内部审计学会成立,2001年更名为"中国内部审计协会"。

(三)不断完善时期

2003年3月4日审计署发布了《审计署关于内部审计工作的规定》,并于2003年5月1日实施,该规定的出台标志着我国内部审计工作走上了法制化、制度化、规范化的征途。2003年4月12日颁布了《中国内部审计基本准则》《内部审计人员职业道德规范》和10个内部审计具体准则,并从2003年6月1日起开始实施。直至今日,我国已正式颁布了27项内部审计具体准则及2个实务指南。目前,我国已初步形成了以基本准则为指导,以具体准则为主线,兼顾特定业务操作指南,适应我国内部审计发展进程,科学性、现实性和前瞻性相统一,能够独立实施和执行的与国际内部审计准则趋同的中国内部审计准则体系,在我国各类组织的内部审计活动中,充分发挥了规定、提高和促进作用,有利于我国内部审计事业的健康发展。

2006年,我国对《中华人民共和国审计法》进行了修订,并于2006年6月1日起生效。新修订的审计法第29条规定:"依法属于审计机关审计监督对象的单位,应当按照国家有关规定建立健全内部审计制度;其内部审计工作应当接受审计机关的业务指导和监督。"

理解本条规定,应把握以下四点:

(1)本条规定所概括的应当建立健全内部审计制度的单位范围,与原《审计法》的规定相比并没有缩小,反而有所扩大,并且具有一定弹性。与原《审计法》的规定相比,将不属于政府部门的国家机关、使用财政资金的事业组织、国有资本占控股或者主导地位的企业和金融机构等均纳入了应建立健全内部审计制度的单位范围。而且现行及今后其他法律、法规规定的属于审计监督对象的单位,均应当依法建立健全内部审计制度。

(2)建立健全内部审计制度不仅仅是国家审计的必要补充。内部审计能够为属于审计机关审计监督对象的单位加强内部控制,提高财政收支、财务收支的真实、合法和效益程度,能够协助审计机关履行好职责,这是法律要求其必须建立健全内部审计制度的一条重要理由。但内部审计的功能和作用不仅限于此,内部审计产生的根本动因应当是单位内部管理的需要。内部审计是为增加组织价值,促进组织目标实现而存在的。

(3)《审计法》规定范围之外的单位也可以建立健全内部审计制度。本条规定涉及的单位必须建立健全内部审计制度。其他的单位,如私营企业、国有资本非控股企业等,也可以根据自身管理的需要,建立健全内部审计制度。

(4)审计机关可以通过内部审计职业组织对内部审计工作进行业务指导和监督。根据本条规定,内部审计工作应当接受审计机关的业务指导和监督。目前,中国内部审计协会和各地内部审计协会根据审计机关的委托,承担着对内部审计工作的业务指导和监督职能,为内部审计工作的健康发展发挥了重要作用。虽然在《审计法》中没有对内部审计协会的职能和地位做出明确规定,但可以考虑在《审计法实施条例》修订中明确其法律地位,原则性规定"审计机关对内部审计工作的业务指导和监督,可以通过内部审计职业组织进行"。

三、内部审计产生和发展的影响因素

1. 外部因素——企业外部竞争的压力

19世纪上半叶,英国的股票市场尚处初级阶段,很不规范,高度的投机性业务使许多公司破产。为维护自己的切身利益,股份公司的股东和债权人要求对公司的会计资料进行审计并陈述审计意见。面对这些情况,英国议会于1844年颁布公司法,规定公司应设立由董事以外的第三者出任的"监事"职务,并从中推选出会计师,由他们对公司的财务报表进行审查,向股东大会提出关于资产负债表与账务处理的合理性和准确性的报告。这从法律上初步确立了企业内部审计的地位。后来许多国家纷纷在有关法律中要求其企业建立内部审计制度。随着企业外部竞争的日益加剧和市场环境的不断变化,管理当局迫切需要了解关于企业生产经营的大量信息以辅助决策。而这大量的信息能为决策所用,首先必须对其质量提供一定的保证,该需求决定了内部审计的职能范围由财务审计发展到经营审计直至管理审计。外部的竞争压力,使内部审计的发展获得了企业管理当局的支持,这不仅使其业务范围日益得到扩展,而且加强了内部审计部门的权威性和独立性,为进行高质量的内部审计提供了保障。

2. 内部因素——职业界的不懈努力

(1) 国际内部审计师协会(The Institute of Internal Auditors,IIA)所做的努力

IIA于1947年、1968年和1978年相继颁布了《内部审计师职责说明书》《内部审计师职业道德规范》和《内部审计职业实务准则》,之后又在实践中不断地充实原有理论,探索新的方向。IIA从1971年开始,在协会教育委员会下建立了一个分会,由Rober E.Gobeil领导,以建立和发展职业所需要的一般知识结构。经过该委员会的努力,他们建立了包括会计、财务、审计、行为科学、交流、计算机系统、经济、商法、数量分析以及系统科学在内的职业所需要的一般知识体系。自1973年开始,协会推行注册内部审计师(CIA)考试和授证制度。CIA考试现已演进为一种国际性的职业水平考试,在遴选和造就优秀的内审人员方面发挥了重要作用。

(2) 内部审计部门自身所做的努力

为了更有效地服务于企业,内部审计部门十分重视对自身的组织、计划、人事和质量管理。如在组织管理方面,基本上改变了以往仅凭企业领导口头指示开展工作的做法,而用经过董事会核准的内部审计章程来明确规定内审部门的职责、权利和目标;在计划管理方面,很多内审部门制订了由长期战略计划(确定审计频率)、年度项目计划(配备审计资源)和项目执行计划(安排项目实施)三个层次构成的审计计划体系;在人事管理方面,建立了一套严格的审计人员选拔、任用、培训和业绩评价的制度,保证和提高了审计人员的素质。据全美天然气协会和爱迪生电力协会1989年调查,美国公用行业内审人员中具有学士学位的占73%,具有硕士或博士学位的占20%,其中取得注册会计师、注册内部审计师、注册信息系统审计师等各种专业证书的高达53.5%;质量管理方面,大多数企业内审

部门已建立起健全的质量保证体系,该体系一般包括项目负责人进行的现场监督、未参与该项目的其他高级审计人员进行的内部审查(复核审计工作底稿,检查审计工作程序执行),以及聘请注册会计师、管理咨询顾问等外部专家对内审部门工作质量和业绩进行的独立评价。

3.思想因素——内部控制思想的发展

组织变革所带来的内部控制管理思想的演进,对内部审计的影响是显而易见的。总体说来,内部控制思想主要经历了以下几个阶段:

(1)"内部牵制"阶段

在20世纪40年代以前,人们通常使用"内部牵制"概念。《科氏会计辞典》将内部牵制定义为"以提供有效的组织和经营,并防止错误和其他非法业务发生的业务流程设计"。其主要特点是以任何个人或部门不能单独控制任何一项或一部分业务的方式进行组织上的责任分工,每项业务通过正常发挥其他个人或部门的功能进行交叉检查或交叉控制。

(2)"内部控制制度"阶段

40年代以后,审计理论与实务工作者和职业团体都把注意力转移到内部控制上,内部控制制度包括组织机构的设计和企业内部采取的所有协调方法和措施。这些方法和措施旨在保护企业的资产,检查会计信息的准确性和可靠性,提高经营效率,推动企业既定的管理政策。内部控制制度按其特点分为内部会计控制和内部管理控制,内部会计控制是内部控制的核心。

(3)"内部控制结构"阶段

1988年美国注册会计师协会发布的第55号《审计准则说明书》提出了内部控制结构的概念,并将内部控制定义为"为合理保证公司实现具体目标而设立的一系列政策和程序"。该说明书认为内部控制结构由下列三个要素组成:控制环境、会计系统、控制程序。

(4)"内部控制框架"阶段

1992年9月,美国注册会计师协会、国际内部注册会计师协会、财务经理协会、美国会计协会和管理会计协会共同组成的专门委员会——COSO委员会(即美国反对虚假财务报告委员会下属的发起人委员会,The Committee of Sponsoring Organizations of the Treadway Commission)发布了《内部控制——整体框架》的研究报告,提出了"内部控制框架"的概念。COSO委员会提出,内部控制是由企业董事会、经理阶层和其他员工共同制定并予以实施的过程。控制的目标是提高经营效率,取得好的经营效果;合理保证财务报告的可靠性;遵循有关的法规制度。控制的构成要素包括:控制环境(control environment)、风险评估(risk assessment)、控制活动(control activities)、信息与沟通(information and communication)、监控(monitoring)。

纵观内部控制概念的演进历史,我们可以看出,内部控制概念的演进和审计理论与实践的发展是相互促进的。一方面,人们对内部控制认识的不断深化既是社会经济发展的需要,又来自于审计活动的要求。另一方面,内部控制概念的每一次扩展,都对审计产生了重大影响,特别是体现在审计方式和审计内容的变革上。在审计方式的变革上,不论是从账目基础审计(transaction-based auditing)发展为制度基础审计,还是由制度基础审计进而发展为目前为审计界广泛关注的风险基础审计,在很大程度上都是由于人们在内部

控制概念认识上的深化所引起的

四、国际内部审计发展趋势

近年来,内部审计的发展和其作用的发挥在世界各国产生了广泛的影响,得到了政府部门、企业组织和学术界等的充分肯定。然而,要使内部审计在新的世纪里更加受到重视,内部审计人员必须不断努力。目前,国际内部审计师协会已成立专门小组研究内部审计发展的未来趋势。其研究表明,内部审计呈现出以下十大发展趋势:

(一)审计模式:从控制导向审计转向风险导向审计

在过去,控制导向审计是内部审计人员普遍使用的审计方法,它使审计人员容易将审计重点偏向于单位的内部控制系统,而忽视了组织本身的目标。在未检查组织目标和所处风险前直接评估控制程序,其意义不大,因为审计人员无法判断哪些是最重要的控制点以及缺少哪些控制。这一审计模式已经带来许多问题。事实上,没有风险就没有控制,控制只为管理风险而存在。不分析风险而想有效地评价控制是不可能的。最新的控制模型如美国的COSO报告、加拿大的COCO报告、英国的Cadbury报告及南非的King报告,将风险评估引入内部控制并将其列为控制的核心,在风险管理上向前迈进了一步,不仅是管理上重要的里程碑,也是审计特别是内部审计发展的重要里程碑。以风险评估为基础的风险导向审计使审计人员开始关心组织所面临的风险,审计人员必须根据风险评估的思路开展对内部控制的评估,使审计报告将目前的控制和风险评估连接起来。

(二)着眼点:从经营风险转向经营环境

环境是风险的根源,控制系统就是针对环境设计的。风险的来源——对组织产生威胁的危险和创造潜在收益的机遇,必须成为风险分析的焦点。这些条件、危险和机遇就是可能影响组织的经营环境。组织的经营环境包括:

(1)一般环境:国际的、经济的、法规的、政治的、环保的、知识的、科技的、社会的;

(2)社会环境:社会的、私人的、非营利性的、公共的,以及宗教的;

(3)行业环境:各类不同的私人行业、公共行业、中介行业,以及这些行业的产品、流程、资源和其他市场要素;

(4)组织环境:权力、规模、文化、历史、地理、社会学等子环境;

(5)内部审计应用环境:经营、财务报告、遵循性、信息系统、质量、环保、安全。

(三)内容:从检查过去转向着眼未来

内部审计人员一般通过对历史的回顾和评价,提出改进以后工作绩效的建议。虽然历史交易和记录可以用以预测未来,内部审计评价和建议对未来具有参考价值,但是,在快速变迁的过程中,以史为鉴只是隔靴搔痒,甚至是南辕北辙,只有着眼于未来才能提高控制和绩效。内部审计人员必须转变成未来情况的预期者——直接预测环境风险,判断组织是否采取了适当的预防和应对措施,是否具有足够的适应变化的能力,提出相应的改进建议。这对现有内部审计的开展方式提出了挑战,并对内部审计人员的胜任能力提出了更高的要求。

(四)职能:从评价转向预测、咨询和保证

评价一直是内部审计的基本功能,是内部审计履行其职责和发挥作用的重要手段。这是以经验管理假设为基础的。在工业经济时代,影响企业经营的外部环境因素和内部因素基本上是稳定的,或虽有变化但变化具有连续性的特征,从而基本可以从过去推断未来。但在知识经济到来的今天,经营管理的上述背景正在发生变化,影响企业经营的环境不仅日益复杂,而且愈来愈不稳定,其变化更加迅速和彻底;多样化的顾客需求和频繁变化的市场要求企业活动的内容与方式及时调整。在这样的背景中,未来的变化和现状截然不同,二者之间没有任何继承性,因而应对环境变化的适时调整是难以在过去累积的历史经验中找到现成答案的。批评过去没有任何价值,管理层面对着未来的挑战。因此"评价"一词应停止使用,而代以零起点的预测。内部审计必须更多地参与面向未来的规划与决策工作,对未来风险发生的可能性时时关注。

(五)内审人员:从关注未来转向多角度思考问题

在审计过程中,内部审计人员对每一审计事项的现状进行了解和分析,提出审计发现和审计建议。内部审计将注意力集中于当前事项是必需的,它能使审计人员从审计的视角,对组织的各个部分逐一地理解和思考。但是,这些项目之间互相割裂,缺乏全局观和整体感,而且审计人员站在局外人的立场所提出的建议可能脱离实际资源条件,或超出组织和相关责任人的能力范围。相比而言,多角度的关注更有意义,即在同一时间、同一地点,假设自己作为职能经理和员工,对此事项会作何反应,有哪些要求和顾虑。只有全面考虑各相关人员的局限和所受影响,内审人员才能提出切实可行的建议,促进自身作用的发挥和组织价值的增加。

(六)性质:从单纯强调独立转向注重价值转变

在国际内部审计师协会颁布的《内部审计实务标准》中,独立性的要求居于首位。一般认为,独立性是内部审计工作的必要条件。内部审计的独立性是指内部审计人员独立于他们所审查的活动之外,即内审人员不能承担经营责任。要做到这一点,内审人员必须置身于从设计、执行到记录的全部管理职能之外,不能参与组织的业务经营活动。但果真如此的话,内部审计就无法深刻全面地理解组织的生产经营和内部关系,无法提出切合组织需要的建议。虽然内审职能的独立是一个有用的属性,但如果独立妨碍了参与,则会有反效果。这是因为独立性只是内部审计鉴证服务中必要的特征之一,但是,判断内部审计是否成功最重要的标准是其服务给组织提供的价值。因此,如果对独立性的强调损害了内部审计的价值的增加,则应当优先考虑后者。

(七)素质要求:从掌握审计知识转向掌握经营知识

内部审计人员一直把控制当作金钥匙——对任何组织、任何功能都普遍适用。他们认为通过对控制进行测试,可以了解所有的业务并提出建议。因而审计人员不需要过细认识生产经营,只要具备一些基本了解并掌握审计工具就足够了。这是控制导向审计思维模式的产物。如今这一点不再正确。内部审计应以帮助实现组织目标、增加价值为己任,目标及风险是内部审计的出发点和归宿。对经营活动的深刻了解是对症下药的前提,因而内审人员需要关于当前经营的真实的知识,而不仅仅是虚拟的流程,以提供有效的服务。

(八)审计种类:从经营审计转向战略审计

内部审计从财务审计发展到经营审计已经经历了很长时间,但一些组织的内审至今还没有实现这一转变。但是新的变化已经发生,即对组织战略——那些关系到组织未来的关键的长远计划、投资和决策等,必须优先安排审计。对组织来说,这些确实是重要事项,关系到组织的生死存亡,需要进行有效的控制。如果没有正确的战略方针,经营的改善只会使企业在错误的道路上越走越远,加速组织的灭亡。因此对组织战略的审计是内部审计的根本环节,也是内部审计发展的方向。战略决策和战略管理是管理职能中最重要和最高的层次,内审要提升自身地位和价值,应参与到高层次的管理活动中来。

(九)地位:从强迫审计转向主动邀请审计

长期以来,内部审计是以"警察"的形象出现,其身份是监督者,对被审部门的业务和管理进行评价和发表意见,因此是组织中不受欢迎的人。哪些项目将纳入年度审计计划取决于内审人员的判断,不管被审计部门是否愿意,他们都得接受审计并予以配合。现在这一情况已发生了变化。即使没有受到邀请,内部审计仍能决定审计什么,但是经理们已经开始主动邀请内部审计的参与了。内部审计以其对组织全面深入的了解,客观而开放的视角,以及可以影响高层的特殊地位,能够促进被审部门经营和管理的改善,赢得他们的信任和尊重。内部审计如果确实能够增加组织价值,理应成为需求驱动而非供给驱动。

(十)审计方式:从说服转向协商

内部审计报告是审计的主要产品。一直以来衡量审计报告是否成功的标准是其是否有说服力,一份有说服力的报告意味着内审人员的观点将被接受。由于审计报告中所提问题是否受到重视,所提建议能否付诸实施,直接取决于管理当局的兴趣和决心,因而审计人员往往通过增强事实的准确性、清晰性,建议的可行性,采用图表、照片、幻灯等多种手段,来争取管理当局的重视和支持。如今这一标准已经受到了质疑,因为被动接受审计人员观点的被审部门缺乏足够的选择空间和内在动力。协商取代说服成为传递审计信息和寻求问题解决办法的方式,它注重获取对组织最佳的结果,既考虑职能经理的目标,又考虑内审人员对动态环境未来关口、风险和现有控制的预期。这种方式使得职能经理与内部审计的合作更加广泛,在决策中发挥更为积极主动的作用。

我国内部审计起步较晚,发展历程不同于西方,因而与西方现代内部审计存在着不小的差距,可以说还处于初级发展阶段。但是,要在新的世纪中抓住历史机遇,在新经济的发展中争取自己的一席之地,我国内部审计不能亦步亦趋,甘为人后,而要直接进入内部审计发展的最前沿。因此,西方内部审计的未来发展趋势对我国内部审计的发展具有重要的借鉴意义。

第二节　内部审计的性质

一、内部审计的定义

（一）中国内部审计定义的演变

1. 1985年第一次定义

1985年12月5日，审计署发布了《审计署关于内部审计工作的若干规定》，提出："内部审计是部门单位加强财务监督的重要手段，是国家审计体系的组成部分。国家行政机关、国营企业、事业组织应建立内部审计监督制度，以健全内部控制，严肃财政纪律，改善管理，提高效益。"这是我国第一次以法规形式明确内部审计的定义，确立了内部审计的法律地位。

2. 1989年第二次定义

1989年12月2日，审计署发布了《审计署关于内部审计工作的规定》，指出"内部审计是我国审计体系的组成部分"，同时规定"内部审计机构在本单位主要负责人的领导下，依照国家法律、法规和政策，对本单位及下属单位的财政收支及其经济效益进行内部审计监督，独立行使内部审计职权，对本单位领导人负责并报告工作"该定义明确了内部审计与国家审计的不同。

3. 1995年第三次定义

1995年审计署以第1号令下发了《审计署关于内部审计工作的规定》，对内部审计定义作了如下修改："内部审计是部门、单位实施内部监督，依法检查会计账目及其相关资产，监督财政收支和财务收支真实、合法、效益的活动。国务院各部门和地方人民政府各部门、国有的金融机构和企业事业组织，以及法律、法规、规章规定的其他单位，依法实行内部审计制度，以加强内部管理和监督，遵循国家财经法规，促进廉政建设，维护单位合法权益，改善经营管理，提高经济效益。"该定义明确了内部审计的特征即服务的内向性，同时，明确了内部审计是一种独立的审计活动，而非仅仅是一种查错防舞弊的手段。

4. 2003年第四次定义

2003年审计署以第4号令下发了《审计署关于内部审计工作的规定》，其中第二条规定："内部审计是独立监督和评价本单位及所属单位财政收支、财务收支、经济活动的真实、合法和效益的行为，以促进加强经济管理和实现经济目标。"

该定义的突出贡献在于：(1)进步拓宽了内部审计的职能，由原来的"监督"改为"监督和评价"并重；(2)在定义中第一次明确提出了独立性原则；(3)进步拓宽了内部审计的业务范围，在原先财务审计的基础上拓展到了经营审计、管理审计等新领域；(4)扩大了规定的适用范围，原来的规定仅适用于国家机关、事业单位和国有企业，新规定则适用于所有组织的全部业务。

5. 2003年第五次定义

2003年,中国内部审计协会颁布了《中国内部审计准则》,在内部审计基本准则第二条规定:"内部审计是指组织内部的一种独立客观的监督和评价活动,它通过审查和评价经营活动及内部控制的适当性、合法性和有效性来促进组织目标的实现。"

该定义的突出贡献在于:(1)明确了内部审计的目标是促进组织目标的实现,揭示了内部审计的努力方向;(2)不但强调审计的独立性原则,也强化了客观性原则;(3)把内部控制也作为内部审计对象,强调了内部控制审计对内部审计的重要性。

6. 2013年第六次定义

2013年,中国内部审计协会修订内部审计准则,将内部审计定义为:"内部审计是一种独立、客观的确认与咨询活动,它通过运用系统、规范的方法,审查和评价组织的业务活动、内部控制和风险管理的适当性和有效性,以促进组织完善治理、增加价值和实现目标。"

新修订的内部审计准则力求反映国际、国内内部审计实务的最新发展与变化,与IIA对内部审计的定义接轨。

(二)国外内部审计定义的演变

国际内部审计师协会自1941年成立以来,也对内部审计定义进行了多次的修改。

1. 1947年第一次定义

1947年,IIA制定了《内部审计职责说明》,对内部审计及其职责第一次下了一个较完整的定义:"内部审计是建立在审查财务、会计和其他经营活动基础上的独立评价活动。它为管理提供保护性和建设性的服务,处理财务与会计问题,有时也涉及经营管理中的问题。"该定义首次将内部审计定位为"独立评价活动",并明确了内部审计的对象是审查财务会计和其他经营活动。

2. 1957年第二次定义

IIA经过10年的努力,于1957年对内部审计作了如下修改:"内部审计是建立在审查财务、会计和经营活动基础上的独立评价活动。它为管理提供服务,是一种衡量、评价其控制有效性的管理控制。"该定义不仅比原定义精炼,而且首次将内部审计定位为"是一种衡量、评价其控制有效性的管理控制",体现了内部审计是一种较高层次的监督,从而大大提高了内部审计的地位。同时该定义将评价经营活动审计和财务审计并列起来,这是内部审计的一个重大转变,表明IIA已开始重视经营审计,预示着内部审计重心的转移。

3. 1971年第三次定义

1971年,IIA将内部审计定义为"内部审计是建立在审查经营活动基础上的独立评价活动,并为管理提供服务,是一种衡量、评价其控制有效性的管理控制"。该定义取消了原定义中"建立在财务会计基础上"这句话,更加明确地揭示了内部审计将以经营审计为重心。

4. 1978年第四次定义

1978年,IIA再次对内部审计定义作了修改,认为"内部审计是建立在以检查、评价组织为基础的独立评价活动,并为组织提供服务"。该定义最引人注意的是将管理服务改为"为组织服务",扩大了内部审计的服务范围,要求内部审计人员要具有大局观,站在整个组织的立场上审查和评价问题。

5. 1990年第五次定义

1990年，IIA进一步将内部审计定义为"内部审计工作是在一个组织内部建立的一种独立评价职能，目的是作为对该组织的一种服务工作，对其活动进行审查和评价。"该定义强调内部审计"是在一个组织内部建立的"，以区别于外部审计。

6. 1993年第六次定义

1993年，IIA重新修改了内部审计定义，认为"内部审计是在一个组织内部建立的一种独立评价活动，其目的是协助该组织的管理成员有效地履行他们的职责"。该定义首次解决了内部审计是为谁服务的问题。

7. 2001年第七次定义

2001年，IIA再次修改了内部审计定义，认为"内部审计是一种独立、客观的保证和咨询活动。其目的在于为组织增加价值和提高组织的运作效率。它通过系统化和规范化的方法，评价和改进风险管理、控制和治理过程的效果，帮助组织实现其目标"。

8. 2004年修订的专业实务标准中的定义

2004年IIA在新修订的《内部审计实务标准》中将内部审计定位为"内部审计是一种独立、客观的确认和咨询活动，旨在增加价值和改善组织的运营。它通过应用系统的、规范的方法，评价并改善风险管理、控制和治理过程的效果，帮助组织实现其目标。"该定义强调内部审计的以下特殊功能：

(1) 增加价值——内部审计师在提供确认和咨询服务的过程中，通过以下方式来增加价值：改进实现组织目标的机会，确认运营的改进，和/或者降低风险。

(2) 确认服务——一种为了对组织的风险管理、控制或治理过程进行独立评价而客观地审查证据的行为。例如，对财务、绩效、合规性、系统安全和应尽责任的审查等。

(3) 咨询服务——提供建议以及相关的客户服务活动，这种服务的性质与范围是与客户协商确定的，目的是在内部审计师不承担管理层职责的前提下，增加价值并改进组织的治理、风险管理以及控制过程，例如顾问、建议、协调、培训等。

从以上定义看，国际内部审计研究的主要问题如下：内部审计为谁服务；如何给内部审计定位；内部审计的工作条件和人员品质；内部审计的工作范围等方面。同时，从内部审计定义的演变过程我们也看到，内部审计也受审计环境的很大影响，随着审计环境的变化，内部审计也要随之发展和完善。

二、内部审计的目标和对象

(一) 内部审计目标

内部审计目标是内部审计工作的努力方向，也是内部审计职业存在的根本价值所在。只有明确了内部审计的目标，内部审计职业才能获得社会的广泛认可和尊重。正因为如此，内部审计职业界从内部审计产生的那一天起，就一直在努力探讨内部审计的目标定位问题。内部审计定义的演变过程其实也是对内部审计目标的探讨过程。经过长达60多年的努力，IIA认为"内部审计是一种独立、客观的确认和咨询活动，旨在增加价值和改善组织的运营。它通过应用系统的、规范的方法，评价并改善风险管理、控制和治理过程的效果,帮助组织实现其目标。"从该定义中我们可以很清晰地看出,内部审计的目标是为组织增加价值并改善组织的运营,从而帮助组织实现其目标。

我国内部审计的目标确立过程与IIA相类似。应该说内部审计职业界对内部审计目标的认识走了一个大弯路。其实内部审计作为组织内部的一种职能和活动,与组织内部其他部门如采购、生产、营销、管理及财务部门一样,都是为组织目标的实现服务,只是不同部门在促进组织目标实现过程中分工不同、定位不同、服务的角度而已。一个组织总目标的实现依赖于组织内部所有部门的共同努力才能完成。中国内部审计协会2003年颁布的《中国内部审计准则》规定:"内部审计,是指组织内部的一种独立客观的监督和评价活动,它通过审查和评价经营活动及内部控制的适当性、合法性和有效性来促进组织目标的实现。"该定义的突出贡献在于明确了内部审计的目标是促进组织目标的实现,揭示了内部审计的努力方向。

(二)内部审计对象

内部审计对象是内部审计机构和人员为了实现内部审计目标而审核的项目,即内部审计的客体或范围。凡是有利于内部审计目标实现的内容,都应该列入内部审计的范围。IIA在其颁布的内部审计实务标准中认为,内部审计机构和人员要想实现其帮助组织实现其目标的任务,必须关注组织的风险管理、内部控制和治理过程,并对其做出评价。同时,IIA强调以上三者之间没有轻重之分,内部审计机构和人员在审计过程中,不能厚此薄彼,有所舍弃。

中国内部审计协会2003年颁布的《中国内部审计准则》规定:"内部审计,是指组织内部的一种独立客观的监督和评价活动,它通过审查和评价经营活动及内部控制的适当性、合法性和有效性来促进组织目标的实现。"可见,我国是将组织的经营活动和内部控制作为内部审计对象来明确的。在这里,经营活动和内部控制包括各种业务活动、管理活动及其相关内部控制,其中也包括财政收支活动与控制,以此来概括我国内部审计对象是充分、适当的,这也是我国内部审计区别于外部审计的重要特征。虽然没有列入治理过程,和国际相比还存在一定的距离,但这与我国国情是相符合的。

三、内部审计的特征

内部审计是组织内部的一种独立客观的监督和评价活动,它通过审查和评价经营活动及内部控制的适当性、合法性和有效性来促进组织目标的实现。内部审计具有不同于外部审计的特征,并在经济发展中发挥着独特的作用。与外部审计相比,内部审计具有以下几个特征:

(一)审计服务的内向性

内部审计的目的在于促进组织经营管理和经济效益的提高,因而内部审计既是本组织的审计监督者,也是根据组织管理要求提供专门咨询和服务者。服务的内向性是内部审计的基本特征。内部审计一般在本组织主要负责人领导下进行工作,只向本组织管理层负责。

(二)审计工作的相对独立性

内部审计同外部审计一样,都必须具有独立性,在审计过程中必须根据国家法律法规及有关财务会计制度,独立地检查、评价本组织及所属各部门、各单位的财务收支及与此相关的经营管理活动,维护国家利益。但也应该承认,由于内部审计机构是组织内设的机构,内部审计人员是本组织的职工,这就使内部审计的独立性受到很大的制约。特别是遇到国家利益与组织利益冲突的情况下,内部审计机构的独立决策可能会受到本组织利益的限制。

(三)审计程序的相对简化性

内部审计的程序主要包括规划、实施、终结和后续审计四个阶段。由于内部审计机构对本组织的情况比较熟悉,在具体实施审计过程中,各个阶段的工作都大为简化。一是规划阶段中的许多工作,往往可以结合日常工作进行,从而使规划工作量得以减少,时间也大为缩短。审计项目计划通常由内部审计机构根据上级部门和本组织的具体情况拟定,并报本部门、单位领导批准后实施。二是内部审计的实施过程,针对性比较强,许多资料和调查都依赖内部审计人员平时的积累。三是内部审计机构提出审计报告后,通常由所在组织具审计意见书或做出审计决定。四是被审计单位对审计意见书和审计决定如有异议,可以向内部审计机构所在组织负责人提出。

(四)审查范围的广泛性

内部审计主要是为组织经营管理服务的,这就决定了内部审计的范围必然要涉及组织经营活动的方方面面。内部审计既可进行内部财务审计和内部经济效益审计,又可进行事后审计和事前审计;既可进行防护性审计,又可进行建设性审计,审查范围极其广泛。

(五)对内部控制进行审计

内部审计是内部控制的重要组成部分,内部控制又是内部审计的重要内容。通过对本组织内部控制制度及经营管理情况的检查,总结经验,找出差距,为本组织改进经营管理、完善内部控制制度服务。这不仅是内部审计的基本职能,也体现了内部审计"对内部控制进行审计"的特征。

(六)审计实施的及时性

内部审计机构是本组织内部的一个部门,内部审计人员是本组织的职工,可根据需要随时对本组织的问题进行审查。一方面,内部审计机构和人员可以根据需要,简化审计程序,及时开展各项审计工作;另一方面,内部审计机构和人员可以通过日常了解,及时发现组织经营管理中存在的问题或问题的苗头,并且迅速与有关职能部门沟通或向组织适当管理者层反映,以便及时采取措施,做到防患于未然。

四、内部审计的地位和作用

(一)内部审计的地位

从内部审计的性质来看,内部审计是建立于各组织内部的审计机构,它从属于本单位的领导,是为本单位服务的。内部审计的目的是协助该组织的管理层有效地履行他们的职责。这就决定了内部审计具有其特殊的地位和作用:内部审计独立于单位内部其他各职能管理部门,接受本单位最高领导决策层的直接领导,并独立开展工作,充当他们的参谋和助手,成为组织整个管理体系中不可或缺的特殊的一环,服务于本组织的总体目标。内部审计本身具有这种的特殊地位,是其他部门所不能取代的。

(二)内部审计的作用

内部审计的作用是随着内部审计目标的变化而变化的。传统内部审计注重财务收支活动的审计,主要是起到了防护性作用;而现代审计从财务审计扩展到了经营审计,内部审计更多地发挥了建设性作用。从内部审计所开展的工作来看,不同行业不同组织的内部审计工作各有侧重,各有其特色和针对性,即便是同一行业、同一组织,在不同时期,其内部审计工作的目的、内容、方法、手段也都不尽相同。内部审计活动的广泛性、多样性决定了内审所起的作用也是多方面的。目前,内部审计具有监督和服务两大职能,得到社会上的广泛认同。内部审计的监督职能,不仅仅指对国家政策、法规、制度的遵循情况进行审计,还包括对本单位内部制定的政策、规章、制度、计划的执行情况和执行效果进行监督、检查、反馈、跟踪等等。而内部审计的服务功能又可具体表现为以下多个方面:

1.参谋与助手作用

现代内部审计已经从一般的查错防弊,发展到对内部控制和经营管理情况的审计,涉及生产、经营和管理的各个环节。内部审计不仅可以确定本组织的经营活动是否符合国家的经济方针、政策和有关法令,又可以确定组织内部的各项制度、计划是否得到落实,是否已达到预期的目标和要求。通过内部审计所搜集到的信息,如生产规模、产品品种、质量、销售市场等,或发现的某些具有倾向性、苗头性、普遍性的问题,都是组织管理做出经营决策的重要依据。内部审计通过调查、了解、评价、分析、判断等为组织适当的管理层出谋划策,以促进管理,提高效益。

2.咨询建设作用

由于内部审计对本组织内部的经营活动及其面临的风险等有着较全面的认识,开展咨询服务有得天独厚的优势。例如,内部审计部门通过参与某些项目、工程的有关规章制度、计划方案的制定,提供相关的审计建议等。内部审计的咨询服务活动丰富了增值型内部审计的内涵,有利于更好地促进组织目标的实现。

3.风险管理作用

内部审计机构和人员应时时关注组织可能面临的各种风险,并履行起风险管理职能,识别风险、评估风险,为应对风险出谋划策。

4.保护作用

内部审计通过对经营活动全过程的审查及对有关经济指标的对比分析,通过查错纠弊、揭示差异,分析差异形成的因素,评价经营业绩,总结经济活动的规律,从中揭示未被充分利用的人财物的内部潜力,并提出改进措施,可以极大地促进经济效益的提高,为本组织经营活动的平稳发展保驾护航。

5.调解协调作用

内部审计工作综合性强,涉及面广,在多个职能部门之间开展工作时,经常可以起到沟通协调的作用。

6. 其他服务作用

例如，内部审计部门对外开展的咨询服务等等。由此可见内部审计在多个方面有着重要的作用。

第四节　国际内部审计师协会与中国内部审计协会

一、国际内部审计师协会

（一）协会简介

国际内部审计师协会(Institute of Internal Auditors,简称 IIA)是由内部审计人员组成的国际性审计职业团体,成立于1941年,其前身美国内部审计师协会。1941年以前美国只有个别的内部审计人员、内部审计小组或机构。由于当时企业规模较小,管理水平较低,那时的内部审计一般是在单位内部的会计机构管理和控制之下,从事一些防护性审查,保护财产,查找弊端。而且人数较少,在单位的地位和作用很低,不构成单位内部一项独立的职能,被视为会计的秘书。随着公司规模的扩大,管理阶层需要别人的帮助,这种情况为内部审计的发展提供了机会。1941年春,在公用事业部门有两个组织——爱迪生电力研究所和美国电气化联合会,首先建立了内部审计分委会。4月邀请北美公司内部审计负责人约翰·B.瑟斯顿(John B.Thurstion)作为《内部审计——管理之必需》的讲演,使会议的参加者受到很大的鼓舞。会后他们在纽约一致认为:在公用事业行业中,内部审计要作为独立的职业从会计行业分离出来。就在这时维克托·Z.布林克(Victor Z.Brink)出版了《内部审计的性质、作用和程序方法》一书,把内部审计提高到理论的高度,进一步推动了内部审计人员建立内审职业机构的兴趣。于是在1941年9月23日由24名会员成立了创立委员会,由阿瑟·E.霍尔德(Arthur.E.Hald)任主席。10月27日通过了协会章程。1941年12月9日举行了第一次年会,选举约翰·B.瑟斯顿为第一任主席,宣告美国内部审计师协会成立,它标志着内部审计从此成为一种独立的职业。

协会成立初只在纽约设有分会,后来发展到底特律、芝加哥、费城、洛杉矶和克利夫兰。然而,至此协会也只是美国的协会。1944年协会在加拿大多伦多设立分会,开始跨越国境。随后,1948年又在伦敦设立分会,逐步发展成为国际性组织。协会面向全球,以"经验分享,共同前进"作为自己的座右铭。进入20世纪90年代以来,协会更把"在全世界范围内提高内部审计的形象"作为战略目标。国际内部审计师协会由国家分会、各国的一般分会、审计俱乐部和个人会员组成。我国中国内部审计学会在1987年加入该组织。

（二）机构设置

国际内部审计协会的组织机构主要有理事会、执行委员会、国际委员会和总部。

1.理事会

理事会是协会的最高领导机构,由执行委员会委员、大区组织和地区组织的主任和一般主任组成。他们来自各行各业的内部审计师,作为志愿者为协会无偿服务,任期一年。

理事会的主要职责是审批协会工作计划、预算,受理各委员会提出的建议,指导协会的工作。

2.执行委员会

执行委员会由理事会主席、第一副主席、三位副主席、国际秘书、国际司库、三名近期前任理事会主席组成。负责监督协会日常工作。

3.国际委员会

国际委员会是下列各机构的总称,在组织体系上属于执行委员会领导。各国际委员会的成员全部是由志愿者担任。

(1)专业实务部,负责发表《内部审计实务标准》(以下简称《标准》。"标准"一词亦译为"准则")。

(2)高级技术委员会,负责发表《内部审计实务标准公告》。

(3)专业标准委员会,负责发表《内部审计实务标准说明》。(注:中文版没有译出)

(4)专业问题委员会,就一些专业性问题向协会提出建议。

4.总部

总部负责处理协会的日常事务工作,由协会常任主席领导,设在美国佛罗里达州。总部下设与各国际委员会对口的机构以为其服务。总部还设有财务部,以处理协会日常财务收支。

国际内部审计师协会在联合国经济和社会开发署享有顾问地位,是最高审计机关国际组织的常任观察员,是国际政府财政管理委员会、国际会计师委员会的团体会员。协会现有196个分会,分布在全球100多个国家和地区。

(三)国际内部审计师协会的主要职责

(1)为会员履行各项专业职责和促进内部审计事业的发展提供服务。

(2)在国际范围内开展全面的专业开发活动,制定内部审计实务标准和颁发内部审计师证书。

(3)为协会会员和全世界公众提供研究、传播和发展内部审计,包括内部控制以及有关课题的知识与信息。

(4)加强各国内部审计师之间的联系,交流内部审计信息和各国内部审计经验,促进内部审计教育事业的发展。

(5)进入90年代后,IIA把在全球范围完善内部审计形象,突出介入风险管理和高层管理的必要性,指导内部审计适应形势发挥作用作为其战略方向。而发展并推广全球性的国际注册内部审计师认证考试,全面提高内部审计人员的专业胜任能力,则是其主要措施之一。

协会每年举行一次年会。围绕各国内部审计师普遍关注的问题和面临的挑战确定主题和分题。由与会代表各自提交论文,参加分组讨论,互相交流经验,探讨新的理论。大会期间还展示内部审计最新的成果和书刊。

(四)国际内部审计师协会出版的主要刊物

(1)《内部审计师》(*The internal Auditor*),是一本学术性双月刊;

(2)《今日内部审计协会》(*The IIA Educator*),是一本新闻简讯双月刊;

(3)《国际内部审计师协会教育者》(The IIA Educator),是由学术界出版的简讯。

二、中国内部审计协会简介

中国内部审计协会(China Institute of Internal Audit,简称CIIA)前身为中国内部审计学会,成立于1987年。1998年经审计署批准,将学会更名为协会,使其成为对企业、事业行政机关和其他事业组织的内审机构进行行业自律管理的全国性社会团体组织。中国内部审计协会依据《中华人民共和国审计法》《审计署关于内部审计工作的规定》《中国内部审计协会章程》开展工作。秉承服务、管理、宣传、交流的宗旨,为中国内部审计的规范化建设、理论探索和实践经验的创新交流、内审人员岗位培训及后续教育、指导内审机构的业务建设、开展国际间的互动学习、提高内审工作的科学技术水平,提供全方位的服务。

第五节 国际注册内部审计师

一、国际注册内部审计师考试简介

"国际注册内部审计"(International Certified Internal Auditor,简称CIA)考试由IIA下属的Certification Department出题并在全世界50多个国家用20多种语言进行统一考试,全球统一阅卷评分,证书由IIA颁发,但审计署会出具中文的对应证书,所以CIA英语的证书是全球一样的。中国很多跨国公司现在已经看重这个证书了。证书永久有效,但必须参加IIA的后续教育。CIA资格和证书是目前唯一全世界认可的会计审计领域的最高资格和荣誉。此项考试的权威性源于"三个全球统一":统一考试时间、统一考试内容、统一批阅试卷。

国际注册内部审计师考试在中国

IIA的核心宗旨是:Progress、Through、Sharing,即经验共享,共同进步。CIA考试每年考2次,即每年5月和11月的第三个周末进行考试,全世界统一命题,统一时间考试,但由于时差的存在,在美国和在中国的考试时间实际上相差8~12个小时。从2001年起,CIA资格考试在中国的时间改为每年11月份,每年一次。拥有"国际注册内部审计师"资格在美国被称为"Global Excellence"的标志。到目前为止,全球约有4万多人获得了CIA资格证书。

二、CIA的作用与意义

为了借鉴西方先进的科学管理技术和方法,提高我国的现代科学管理水平,培养一批具有国际水平的企业管理人才,使之具备与国外同行在同一层次上对话的资格,维护我方利益,增强我国企业国际竞争的优势,为经济建设和现代企业制度服务,不断提高我国内部审计人员的素质,推进我国内部审计工作法制化、制度化和规范化的进程,中国内部审计协会于 1998 年 6 月与 IIA 签订协议,将 CIA 考试引入中国,并取得了成功。实践证明,参加 CIA 资格考试,有利于促进我国内审人员专业知识和技能的提高,使已经达到国际水平的专业人才显现出来,向国际同行证明我们的实力;有利于加快我国内部审计工作与国际惯例接轨的进程,进一步提高我国内部审计的国际地位。开展 CIA 考试,对提高内审人员的业务素质,促进内审工作上层次,推动我国内审事业的发展,意义十分重大。

三、CIA 与传统的内部审计人员的差异

正确评估自身实力是企业参与竞争的先决条件,同时也为领导者做出正确决策提供数据支持,而这项工作主要是由企业的内部审计师来完成的。与传统的内部审计人员仅仅停留在内部财会及查账相比,CIA 更强调与企业管理层之间的互动性,他们是"警察",同时也是"高参"。国际企业把 CIA 定位为:核心、增加价值、改善运作、实现组织目标。世界 500 强大企业均设有由高素质 CIA 组成的专门审计部门,许多资深 CIA 人士还进入了跨国公司的决策层。据了解,IBM 公司 30% 的管理人员是内部审计部门培养出来的,这项考试为他们"打开了对外学习的一扇窗口"。

资格证书取得条件与后续教育

本章小结

内部审计是指组织内部的一种独立客观的监督和评价活动,它通过审查和评价经营活动及内部控制的适当性、合法性和有效性来促进组织目标的实现。内部审计是在受托经济责任关系下,基于经营管理和控制的需要而产生和发展起来的。本章在分析国内外内部审计发展历程的基础上,剖析内部审计产生和发展的动因,阐述内部审计的本质,以及内部审计未来发展方向和趋势等基本问题。通过对本章的学习,要求学生在了解内部审计产生的原因及发展过程的基础上,重点掌握内部审计的含义,把握内部审计的本质特征,把握内部审计未来发展趋势。同时了解国际内部审计协会机构的设置和国际内部审计师考试情况。同时要求学生自学国际内部审计协会对内部审计的定位,试比较我国内部审计定位与国际内部审计协会对内部审计定位的不同。本章的教学重点和难点是内部审计的基本概念和性质,以及内部审计的特征。

复习思考题

1. 内部审计产生的主要原因是什么?
2. 请谈谈你对内部审计未来发展趋势的认识。
3. 试比较我国内部审计定位与国际内部审计定位的不同。
4. 内部审计的主要职能是什么?与 CPA 审计的职能有何不同?
5. 内部审计有何特征?试比较内部审计与 CPA 审计的不同。
6. 关于 IIA 你了解了多少?谈谈你对 CIA 职业发展前景的看法。

本章练习题

单选题

1. 商业银行（　　）对股东大会负责,并对商业银行经营和管理承担最终责任。
   A.高级管理层　　B.监事会　　C.董事会　　D.职代会

2. 商业银行股东大会应当由董事会在每一会计年度结束后（　　）个月内召集和召开。因特殊情况需要延期召开的,应当向银行业监督管理机构报告,并说明延期召开的事由。
   A.3　　B.6　　C.9　　D.12

3. 商业银行（　　）对董事会负责,同时接受监事会监督。高级管理层依法在其职权范围内的经营管理活动不受干预。
   A.职代会　　　　　　　　B.高级管理层
   C.专门委员会　　　　　　D.专门委员会工作小组

4. 商业银行独立董事不得在超过（　　）家商业银行同时任职。
   A.4　　B.3　　C.2　　D.1

5. 主管审计师刚收到下一个业务以及已指定的审计小组的通知,那么确定审计事件预算的恰当阶段是（　　）。
   A.在内部审计活动的业务工作进度表形成期
   B.初步调查之后
   C.最初计划会议期间
   D.所有现场工作结束以后

第二章 内部审计规范

> **学习目标(Learning Objectives)**
> 1. 掌握我国内部审计准则的基本框架、特点；
> 2. 掌握内部审计职业道德的含义和基本要求；
> 3. 掌握内部审计职业道德的基本原则、主要内容；
> 4. 掌握内部审计质量控制的含义、基本内容；
> 5. 掌握内部审计机构质量控制和内部审计项目质量控制的主要内容；
> 6. 掌握内部审计质量考核评价的内容和方法；
> 7. 掌握内部审计质量的外部评价制度。

内部审计准则是内部审计职业规范体系的重要组成部分，是对内部审计机构及内部审计人员执业行为的规范，是衡量内部审计质量的权威性标准，同时也是内部审计职业发展的必然产物。2003年3月4日，中国国家审计署发布《关于内部审计工作的规定》；同年4月12日发布了《内部审计基本准则》《内部审计人员职业道德规范》和《内部审计具体准则》第1~10号；2004—2007年中国内部审计协会又先后发布《内部审计具体准则》第11~27号；2005年年初中国内部审计协会发布了《内部审计实务指南第1号——建设项目内部审计》和《内部审计实务指南第2号——物资采购内部审计》，初步形成了以基本准则为指导，以具体准则为主线，兼顾特定业务操作指南，适应我国内部审计发展进程，科学性、现实性和前瞻性相统一，能够独立实施和执行的中国内部审计准则体系。2013年，中国内部审计协会以公告形式发布了新修订的《内部审计基本准则》《内部审计人员职业道德规范》《内部审计具体准则》(20个)，并于2014年1月1日起施行。2016年又对《中国内部审计准则》进行了较大的修改和补充，新准则的发布标志着我国内部准则体系进一步完善和成熟，并逐步与国际惯例接轨。

《我国内部审计的职能定位——基于新内部审计准则的新思考》

第一节 内部审计准则概述

一、制定内部审计准则的必要性

内部审计准则是内部审计职业规范体系的重要组成部分,是对内部审计机构及内部审计人员执业行为的规范,是衡量内部审计质量的权威性标准。这一规范的制定,将促进我国内部审计事业的全面发展,更好地为社会主义市场经济服务。

(一)有助于提高社会公众对内部审计职业的信心

内部审计通过发挥其基本职能,能够审查、揭露违法违规行为;同时,通过对经营活动及内部控制的审查和评价,能够解决组织本身存在的问题,提高管理效率和效果,从而促进组织目标的实现。内部审计准则是对内部审计机构及内部审计人员执业行为的规范,能够有效指导内部审计工作,提高内部审计的质量,为有关各方提供衡量内部审计工作的权威性标准。因而,制定内部审计准则有助于增强社会公众对内部审计职业的信心。

(二)有助于我国内部审计职业逐步迈向国际化

全球经济一体化的趋势要求我国内部审计职业不能停留在"闭门造车"的阶段,而应充分借鉴国际内部审计先进理论、技术及经验,将我国内部审计事业融入世界内部审计的一体化之中,促进我国内部审计事业的快速发展。充分借鉴国际内部审计惯例,制定适合我国国情的内部审计准则,就成为我国内部审计职业走向国际化的必然需要。

(三)有利于内部审计人员依法审计、适法而为

1994年,我国颁布了《中华人民共和国审计法》,明确了内部审计的法律地位;2006年修订后的《中华人民共和国审计法》进一步强化了内部审计的范围和职能。1995年、2003年审计署先后两次发布了《关于内部审计工作的规定》,对内部审计机构、人员、职责权限等作了进一步规定。2013年修订后的中国内部审计准则规范了内部审计机构和人员的执业行为和执业过程,明确了内部审计机构和人员的责任。建立与国际内部审计惯例相衔接、与民间审计和政府审计准则相协调的审计准则,可大大增加内部审计工作的适应性,实现依法审计、适法而为。

(四)有助于提高我国内部审计水准

制定内部审计准则既要借鉴先进国家内部审计成功的先例和国际惯例,又要随着环境的变化,从理论和实践上去研究准则如何来适应这种变化,还要充分考虑我国国情和内部审计工作的实际需要。因此,制定内部审计准则有助于提高我国内部审计的专业化水准,有助于促进相关学术研究的发展。同时,内部审计准则对内部审计工作做出了具体规范,按照内部审计准则执业,需要从业人员有一个从理解到熟悉运用的过程,这一过程本身就是内部审计从业人员不断学习,提高素质和技能的过程。

二、内部审计准则的基本框架

(一)国际内部审计师协会(IIA)专业实务框架
国际内部审计师协会专业实务框架共分为六个层次:

1.内部审计定义

内部审计是一种独立、客观的保证工作和咨询活动。它的目的是为组织增加价值并提高组织的运作效率,它采取系统化、规范化的方法来对组织的风险管理、控制及治理过程进行评价,提高它们的效率,从而帮助实现组织目标。

《内部审计实务标准》基本框架

2.内部审计师协会职业道德规范

职业道德规范:正直、客观、保密、适任。

3.属性标准

属性标准说明了开展内部审计活动的机构及人员的特点,包括:(1)宗旨、权利和职责;(2)独立性和客观性;(3)熟练性与应有的职业审慎性;(4)质量保证与改进项目。

4.工作标准

工作标准描述了内部审计活动的性质并提出了衡量内部审计活动开展的质量准绳。主要内容有:(1)管理内部审计活动;(2)工作性质;(3)审计业务计划;(4)开展审计业务;(5)报告审计结果;(6)监测进程;(7)管理层对风险的接受。

5.实施标准

实施标准是属性标准和工作标准在特定类型的审计活动中的具体体现。属性标准和工作标准只有一套,实施标准有很多套。每种主要类型的内部审计活动都有一套实施标准。

6.指南

以上1~5个层次内容都是强制性的,而第6个层次内容是非强制性。

(二)中国内部审计准则体系的框架
我国内部审计准则与国际内部审计准则规范的内容及范围是一致的。在充分借鉴《内部审计实务标准》的基础上,结合中国实际,我国的内部审计准则分为三个层次:

1.基本准则

内部审计基本准则是内部审计机构和人员实施内部审计时应当遵循的基本规范,是制定内部审计具体准则和内部审计实务指南的基本依据。

2.具体准则

内部审计具体准则是依据内部审计基本准则制定的,是内部审计机构和人员实施内部审计时应当遵循的基本规范。

3.实务指南

内部审计实务指南是依据内部审计基本准则和内部审计具体准则制定的,为内部审计机构和人员实施内部审计提供具有可操作的指导意见。

为了适应内部审计的最新发展,更好地发挥内部审计准则在规范内部审计行为、提升内部审计质量方面的作用,中国内部审计协会分别于2013年、2016年对2003年以来发布的内部审计准则进行了全面、系统的修订。

三、内部审计准则的特点

(一)将内部控制与风险作为内部审计准则的核心概念

内部审计准则规范了内部审计活动的方方面面,内容丰富多样,但是却始终围绕着一些核心概念而展开。内部审计准则最核心的概念有两个:内部控制与风险。

内部审计与内部控制之间的关系是相互依存的,内部审计是内部控制的要素之一,其职能是对其他内部控制要素的再控制;而内部控制又是内部审计的直接对象,通过内部审计的检查、评价而不断促进内部控制的健全、完善。从一定程度上说,内部审计就是通过对内部控制的审查和评价进而把握整个管理活动的。因此在内部审计基本准则中,明确提出内部审计的对象是"经营活动和内部控制"。

风险是指对目标的实现产生影响的可能事件,是由后果与可能性二者加以衡量的。随着组织经营内外环境的日益复杂,"风险"已成为管理的一大核心概念,把风险控制在组织可以接受的水平之下是组织目标实现的一个必要条件。内部审计人员应该通过检查、评价、报告风险管理过程的充分性和有效性并提出改进建议来协助管理层的工作。

(二)财务审计与管理审计的融合是内部审计准则的基本内容

随着经济环境的变化,组织经营管理的发展,内部审计已将其领域从财务审计扩展到管理审计,这是内部审计发展的基本趋势。随着一些大中型企业现代企业制度的建立健全,管理层对内部审计提出了新的要求,要求内部审计承担对经营活动、内部控制、管理事项等的监督、评价,为改善经营、提高效率服务。内部审计准则的内容体现了这两方面活动的要求,既考虑财务面,也考虑管理面,体现二者的有机融合。

(三)以防弊、兴利、增值的共存为内部审计准则的基本理念

防弊是内部审计的传统目标。随着内部审计范围向管理审计领域的延伸,内部审计的目标转向了兴利,即帮助组织提高经营效率。防弊、兴利及增值是内部审计发展不同阶段的目标,但是三者之间是共存的。防弊是兴利与增值的基础;兴利与增值是一致的,兴利是增值的外在表现,增值则是兴利的内在要求。防弊不能成为兴利和增值的绊脚石,强调兴利和增值不能以牺牲防弊为代价。内部审计准则体现了这三个目标共存的基本理念。

(四)充分考虑信息技术进步对内部审计准则的影响

伴随着信息技术的急剧变化,内部审计的审查对象——经营活动与内部控制渐趋自动化。在自动化环境下,审计的范围不仅包括传统的控制活动、业务环节,还包括信息系统的设计与运行情况。当前,虽然电子数据处理系统在我国并未完全取代手工业务处理系统,但是愈来愈多的企业采用ERP系统,会计电算化、计算机审计的浪潮已不可阻挡。信息技术对审计对象及审计方法两方面的影响是内部审计准则制定中必须考虑的因素,也是现实性、前瞻性的要求。

(五)坚持国际化与国家化统一的基本立场

国际内部审计师协会(IIA)是内部审计职业的国际性组织。IIA 制定了一整套科学、完善的专业实务准则框架,并在许多国家的内部审计实务中得以推广应用,这一套专业实务准则反映了内部审计理论与实务的最新发展。充分借鉴国际内部审计准则和西方发达国家内部审计先进经验,使内部审计准则具有国际化的特点,这是我国内部审计事业融入世界内部审计一体化之中的需要。

内部审计准则是对内部审计人员从事内部审计活动的规范,这一规范要能让内部审计人员认可并主动执行,就必须符合中国文化所倡导的基本价值观,具有国家化的特点,符合"和"(和谐)"合"(合作)精神。内部审计和组织其他部门之间必须保持一种互信、和谐、协调的关系,强调内部审计机构与被审计单位、组织管理层之间的沟通,强调审计人员参与被审计单位及组织管理层的业务活动和管理活动,体现参与式内部审计"以人为本"的理念。

第二节 内部审计人员职业道德规范

一、制定内部审计职业道德的必要性和目的

(一)内部审计职业道德的必要性

内部审计职业道德,是指内部审计人员的职业素质、职业品德、专业胜任能力以及职业责任的总称。内部审计职业道德规范是对内部审计人员职业道德行为的标准规范。

帕玛拉特审计

内部审计是组织内部一种独立、客观的监督和评价活动,它的目的是通过对组织的经营活动及内部控制的适当性、合法性和有效性进行审查、评价,促进组织目标的实现。内部审计是专业性较强的职业,这一职业的复杂性,使外部人员难以对内部审计过程及内部审计人员出工作做出评价。因此,有必要针对内部审计人员制定职业道德规范,对他们在工作中的操守、品质进行约束,促使他们认真工作。同时,职业道德规范的建立是内部审计职业取得外界理解与支持,增加外界对内部审计职业的信赖的必然要求。

从上个世纪 80 年代内部审计重新登上历史舞台的二十几年来,内部审计为我国社会主义市场经济健康、规范地发展做出了很大的贡献。但由于历史和现实的种种原因,内部审计人员尚未普遍树立起强烈的风险意识、责任意识和道德意识,还存在一些有违职业道德的现象。因而在建立社会主义市场经济体制的进程中强调内部审计人员的职业道德,更有其深刻的现实意义和深远的历史意义。

中国内部审计学会自 1987 年组建以来,一直非常重视内部审计的道德标准建设和道德教育。1998 年更名为中国内部审计协会后,从 2000 年初,在国家审计署的领导下,专门设立了一个准则委员会来负责内部审计准则的起草、修改和论证工作。2003 年 4 月 12

日，中国内部审计协会依据《中华人民共和国审计法》《审计署关于内部审计工作的规定》及相关法律法规，经国家审计署批准，印发了《内部审计职业道德规范》。2013年5月中国内部审计协会对已有的内部审计人员职业道德规范进行了修订，并于8月发布了《中国内部审计准则第1201号——内部审计人员职业道德规范》。其体例结构上与其他准则保持一致，采用分章表述的形式，分为总则、一般原则、诚信正直、客观性、专业能力、保密和附则七个部分，对职业道德要求进行了较为详细的规定。

(二)内部审计职业道德的目的

制定内部审计人员职业道德规范的目的，具体概括为以下三个方面：

(1)确立衡量内部审计人员行为的道德标准，约束内部审计人员职业行为，促使内部审计人员恪守独立、客观、正直、勤勉的原则，以应有的职业谨慎态度提供各种专业服务，有效发挥内部审计的监督、评价与服务作用。

(2)明确内部审计人员的职业要求和职业纪律，促使内部审计机构和内部审计人员遵守内部审计准则及相关的职业准则，不断提高技术技能和道德水准，维护和提高内部审计人员的职业形象以取得外界理解与支持，增加外界对内部审计职业的信赖。

(3)明确内部审计人员的职业责任，维护内部审计人员的正当权益，维护国家利益、组织利益、员工利益，保护投资者和其他利害关系人的合法权益，促进社会主义市场经济的健康发展。

内部审计职业道德规范适用于内部审计人员和内部审计机构执行业务的全过程和对各类组织所进行的内部审计。

二、内部审计职业道德的含义

(一)内部审计职业道德的含义

内部审计职业道德，是对内部审计人员的职业品德、职业纪律、专业胜任能力及职业责任等的总称。中国内部审计协会颁布的《中国内部审计准则第1201号——内部审计人员职业道德规范》指出，内部审计人员职业道德是内部审计人员在开展内部审计工作中应当具有的职业品德、应当遵守的职业纪律和应当承担的职业责任的总称。

1. 职业品德

职业品德是指内部审计人员所应当具备的职业品格和道德行为。它是职业道德体系的核心部分，其基本要求是独立、客观、正直、勤勉。

2. 职业纪律

职业纪律是指约束内部审计人员职业行为的法纪和戒律，尤指内部审计人员应当遵循的职业准则及国家其他相关法规。

3. 专业胜任能力

专业胜任能力是指内部审计人员所应当具备胜任其专业职责的能力。

4. 职业责任

职业责任是指内部审计人员对国家、组织、员工和其他利害关系人所应当履行的责任。

(二)职业道德的基本要求

内部审计职业道德的基本要求包括两个方面:一是严格遵守中国内部审计准则及中国内部审计协会制定的其他规定;二是不得从事损害国家利益、组织利益和内部审计职业的活动。

1.内部审计人员在履行职责时,应当严格遵守中国内部审计准则及中国内部审计协会制定的其他规定

我国内部审计准则的制定是在参考了国际内部审计师协会所颁布的内部审计实务标准的基础上,结合考虑了我国的经济情况及内部审计工作的实际情况制定的,具有一定的科学性、现实性和前瞻性。

中国内部审计准则包括内部审计基本准则、内部审计具体准则和内部审计实务指南三个层次。

内部审计基本准则是内部审计准则的基础,是制定具体准则和实务指南的依据;内部审计具体准则是对内部审计人员实施内部审计活动过程中具体问题的规范;内部审计实务指南是针对内部审计过程中具有典型意义或特殊业务制定的规范性操作指南。

内部审计基本准则和内部审计具体准则针对内部审计工作各个环节中的重大问题提出了原则性的指导,可时又具有操作性,有一定的灵活性。它是内部审计人员在实施内部审计时必须遵循的执业标准,内部审计人员应认真遵守内部审计准则等规定;内部审计实务指南,只是提供一个示范和模板的作用,不要求内部审计人员在执业过程中强制执行。

2.内部审计人员不得从事损害国国家利益、组织利益和内部审计职业荣誉的活动

内部审计人员作为组织经营活动和内部控制的评价者与监督者,应保持自身的诚实、正直,忠于国家,忠于组织,维护职业荣誉,不能从事有损国家利益、组织利益和内部审计职业荣誉的活动。

三、职业道德的基本原则

IPPF 中的"职业道德规范"

《第1201号——内部审计人员职业道德规范》在第二章"一般原则"中提出的基本道德原则包括诚信正直、客观性、专业胜任能力和保密。

(一)诚信正直

内部审计人员在开展内部审计业务时,应当诚实、守信,不应有下列行为:(1)歪曲事实;(2)隐瞒审计发现的问题;(3)进行缺少证据支持的判断;(4)做误导性或者含糊的陈述。

内部审计人员在实施内部审计业务时,应当廉洁、正直,不应有下列行为:(1)利用职权谋取私利;(2)屈从于外部压力,违反原则。

(二)客观性

客观性指内部审计人员对有关事项的调查、判断和意见表述,不受外来因素的影响,应当基于客观的立场,以客观事实为依据,实事求是,不掺杂个人的主观愿望,也不为委托单位或第三者的意见所左右;在分析、处理问题时,不能以个人的好恶或成见、偏见行事。

内部审计人员开展内部审计业务前,应当采取下列步骤对其客观性进行评估:(1)识别可能影响客观性的因素;(2)评估可能影响客观性因素的严重程度;(3)向审计项目负责人或者内部审计机构负责人报告客观性受损可能造成的影响。

内部审计人员应当识别下列可能影响客观性的因素:(1)审计本人曾经参与的业务活动;(2)与被审计单位存在直接利益关系;(3)与被审计单位存在长期合作关系;(4)与被审计单位管理层有密切的私人关系;(5)遭受来自组织内部和外部压力;(6)内部审计范围受到限制;(7)其他。

内部审计机构负责人应当采取下列措施保障内部审计的客观性:(1)提高内部审计人员的职业道德水准;(2)选派适当的内部审计人员参加审计项目,并进行适当分工;(3)采用工作轮换的方式安排审计项目及审计组;(4)建立适当、有效的激励机制;(5)制定并实施系统、有效的内部审计质量控制制度、程序和方法;(6)当内部审计人员的客观性受到严重影响,且无法采取适当措施减弱影响时,停止开展有关业务,并及时向董事会或者最高管理层报告。

(三)专业胜任能力

内部审计人员应当具备履行职责所需的下列专业知识、职业技能和实践经验:(1)审计、会计、财务、税务、经济、金融、统计、管理、内部控制、风险管理、法律和信息技术等专业知识,以及与组织业务活动相关的专业知识;(2)语言文字表达、问题分析、审计技术应用、人际交通、组织管理等职业技能;(3)必要的实践经验及相关职业经历。

内部审计人员应当通过后续教育和职业实践等途径,了解、学习和掌握相关法律法规、专业知识、技术方法和审计实务的发展变化,保持并提升专业胜任能力。内部审计人员开展内部审计业务时,应当保持职业谨慎,合理运用职业判断。

(四)保密

内部审计人员应当对实施内部审计业务所获取的信息保密,非因有效授权、法律规定或其他合法事由不得披露。内部审计人员在社会交往中,应当履行保密义务,警惕非故意泄密的可能性。内部审计人员不得利用其在开展内部审计业务时获取的信息谋取不正当利益,或者以有悖于法律法规、组织规定及职业道德的方式使用信息。

四、职业谨慎和职业判断

内部审计职业道德要求"内部审计人员应当保持应有的职业谨慎,并合理使用职业判断"。

(一)职业谨慎

应有的职业谨慎要求内部审计人员应该具备谨慎态度和技能。内部审计人员在实施内部审计活动时,应具备一丝不苟的责任感,秉持应有的职业谨慎,注意评价自己的能力、知识、经验和判断水平是否胜任所承担的责任,严格遵守职业技术规范和道德准则,对其所负责的各项业务妥善规划与监督。根据所审查项目的复杂性度,运用必需的审计程序,警惕可能出现的错误、遗漏、消极怠工、浪费、效率低下和利益冲突等情况,小心避免可能发生的违法乱纪的情形等。对于审查中发现的控制不够充分的环节,应提出合理可行的改进措施。

应有的职业谨慎只是合理的谨慎,而不是意味着永远正确、毫无差错,内部审计人员只能是在合理的程度上开展检查和核实的工作,而不可能进行详细的检查,内部审计工作并不能保证发现所有存在的问题。

(二)职业判断

审计职业判断是审计工作的重要组成部分,它贯穿于整个审计工作的全过程。从对被审计单位的选择、内部控制制度测试结果的评估、重要性原则的运用、审计抽样方法的选择及其结果的评价,直至决定审计意见的表述,都离不开审计人员的职业判断。职业判断水平的高低直接影响着审计工作的成败。因此,合理使用职业判断,提高职业判断的准确性,是降低审计风险、实现审计目标的一个重要途径。职业判断除了依据专业标准外,在较大程度上还依赖于审计人员的自身经验。通过审计人员的职业判断,可以将审计风险降低到一个合理的可接受水平。职业判断的准确性程度越高,审计风险水平就越低,反之亦然。

职业判断能力是内部审计人员学识、经验、能力和道德水平的综合反映。

五、专业胜任能力

内部审计人员要提供高质量的专业服务,除必须具有良好的职业道德外,还必须具备较强的业务能力。对内部审计人员的专业胜任能力的要求主要包括:

(一)总体要求

内部审计人员应当保持和提高专业胜任能力,遵守内部审计准则等职业规范,合理运用会计准则及国家其他相关技术规范。

(二)专业胜任能力

内部审计人员必须拥有实施内部审计活动所必需的知识、技能和其他能力。内部审计人员应当具备的专业胜任能力通常包括:(1)专门学识。主要是会计、审计、税收、管理、相关法规和其他有关专门知识。(2)职业经验。主要是实践经验。(3)专用训练。不断学习专门知识和不断增加实践经验。(4)业务能力。分析、判断能力,口头与书面表达能力,交际技能,与组织的经营活动相关的业务知识。内部审计人员所掌握的专业知识应能达到这样一个水平:能够发现组织经营过程中存在的或潜在的问题,提出解决问题的建议,并将审计结果清楚地表达出来,经济、有效地完成审计业务。

(三)几项具体要求

1.不得从事不能胜任的业务

如果内部审计人员不具备完成某项专业服务的专业知识、技能或经验,但却从事了这样的业务,往往会导致审计质量无法满足有关各方的需要或维护国家、组织、员工的利益。因此,首先内部审计机构不能从事业务能力不能胜任或不能按时完成的业务;其次,内部审计机构不得委派内部审计人员承办其专业能力不能胜任的业务;再次,内部审计人员不得承办其专业能力不能胜任的工作。

२.内部审计人员不得宣称自己具有本不具备的专业知识、技能或经验

内部审计人员依法取得了从业资格证书,就表明在该领域具备了一定的知识。但一个合格的内部审计人员不仅要充分认识自己的能力,对自己充满信心,更重要的是,必须清醒认识到自己在专业胜任能力方面的不足,不高估,不虚报。如果内部审计人员缺乏足够的知识、技能和经验,但却宣称自己具有提供专业服务的知识、技能和经验,就构成了一种欺诈。

3.对助理人员和其他专业人员的责任

审计项目负责人要对助理人员和其他专业人员的工作结果负责。要求对助理人员和其他专业人员的业务能力进行评价;业务执行之前对其进行必要培训;在业务执行过程中,对其进行切实的指导、监督、检查。

(四)利用专家工作

内部审计人员并非所有领域的专家,可能并不具备完成特定局部业务的专业知识、技能或经验,所具有的专业知识并不能保证对审查的所有事项都能做出合理的判断。例如某些生产过程中的技术问题,或对某些物品的估价就超出了内部审计人员的知识范围和专业能力。当所审查的事项需要运用到某些特定领域的专业知识时,内部审计人员应当聘请相关的专家协助,所聘请的专家可能来自组织的外部,也可能来自组织内部其他部门或机构。

在聘请有关专家时,内部审计机构应当对有关专家的独立性和专业胜任能力进行评价;内部审计人员要对专家的工作结果负责。

同时,内部审计人员在利用专家工作时,不仅自己要遵守职业道德,也应当提请并督导专家遵守职业道德,确保执业质量。

六、诚实服务

内部审计职业道德要求"内部审计人员应诚实地为组织服务,不做任何违反诚信原则的事情。"

内部审计是组织经营管理过程中的一个重要环节,是为了促进组织目标的实现而服务的。内部审计人员隶属于组织,是组织的成员,其工作目标应该是促进组织目标的实现。因此,内部审计人员应当尽职尽责,诚实地为组织服务,不能违反诚信原则,从事有损组织的活动。

七、保密

内部审计人员对于执行业务过程中知悉的商业秘密、所掌握的被审计单位的资料和情况,应当严格保守秘密。这一责任不因审计业务结束而终止。在内部审计机构及外勤工作处所以外的任何地点和场所均不应谈论可能涉及被审计单位机密的情况;除非得到被审计单位的书面允许或法律、法规要求公布者外,不得提供或泄露给第三者,也不能将其用于私人目的;要防止因为这些信息与资料的泄露给组织带来损失;还应当采取措施,

确保协助其工作的业务助理人员和专家信守保密原则。当然,保密责任不能成为内部审计人员拒绝按专业标准要求揭示有关信息、拒绝出庭作证的借口。

在通常情况下,内部审计人员应当对执业过程中获悉的被审计单位的信息保密,但是如果被审计单位存在违法违规行为,就面临着法规强制内部审计人员披露信息的要求。

内部审计人员在以下情况下可以披露被审计单位的有关信息:

(1)取得被审计单位的授权;

(2)根据法规要求,为法律诉讼准备文件或提供证据,以及向有关机构报告发现的违反法规行为;

(3)向组织适当管理层报告有关信息。

内部审计机构应制定严格的审计档案管理制度,限制无关人员对审计档案资料的接触。

八、信息披露

内部审计人员有责任将审计过程中所了解的重要事项如实进行反映,在审计报告中应客观地披露所了解的全部重要事项。否则,可能会使所提交的审计报告产生曲解或使潜在的风险不为组织的管理层所重视。

在内部审计活动中,内部审计人员可能会碰到这样一种情况,即发现一些可能会对组织产生重大影响的现象,但是又没有足够充分的证据表明一定会产生影响。在这种情况下,内部审计人员不能隐瞒这些事项,应当在审计报告中进行客观披露,但不能随便得出结论。

在决定披露有关信息时,内部审计人员应当考虑以下因素:(1)是否了解和证实了所有相关信息;(2)信息披露的方式和对象;(3)可能承担的责任和后果。

九、交流与沟通

内部审计职业道德要求"内部审计人员应具有较强的人际交往技能,妥善处理好与组织内外相关机构和人士的关系"。

内部审计工作的性质决定了内部审计人员经常需要与组织内外不同机构和人士进行接触、交流与沟通。内部审计人员的工作需要去揭露被审计单位的错误或不足之处,因此,内部审计人员与被审计对象之间存在着潜在的冲突倾向。处理好与被审计对象之间的人际关系,增加交流与合作,可以减少被审计对象的抵触情绪,减少工作阻力,对于顺利开展内部审计工作具有良好的促进作用。另外,内部审计是为组织服务的,与组织管理层以及被审计单位以外的其他部门和人员保持良好的人际关系,也是提高服务质量、促进组织目标实现的必然要求。

内部审计人员在人际关系的处理中,应注意保持内部审计的独立性和客观性。

十、后续教育

内部审计工作与组织经营管理的各个方面紧密相连。内部审计人员的知识结构和专业水平不能只限于一个狭窄的范围之内,而应广泛涉猎,吸取多方面的知识。而且身处新经济时代,各类知识的更新与发展很快,只有不断地学习,接受后续教育,才能保持良好的专业水平,胜任内部审计工作。

内部审计人员职业后续教育是指内部审计人员为保持和提升其专业素质、执业能力和职业道德水平进行的学习及其相关活动。内部审计人员接受职业后续教育是提高专业胜任能力与执业水平的重要手段,也是内部审计人员行业造就一支业务过硬、素质合格队伍的有效途径。众所周知,内部审计人员执业环境(包括法律、社会、经济等因素)是不断发展变化的,对内部审计人员的专业胜任能力和执业水平的要求也是在不断变化的。内部审计人员只有不断接受职业后续教育,掌握和运用相关的新知识、新技能和新法规,才能满足执业的需要,保证执业质量。这不仅是内部审计人员职业自身发展的需要,也是社会各方面对内部审计人员的必然要求。因此,内部审计人员职业后续教育应当贯穿于内部审计人员整个执业生涯。

第二节 内部审计质量控制

一、内部审计质量控制的必要性和目的

(一)内部审计质量控制的必要性

内部审计质量控制的基本作用:一是指导、监督内部审计机构质量控制的指南和依据;二是衡量、判断和评价不同审计单位质量控制程序有效性的标准和尺度。它是保证内部审计准则得到遵守和落实的重要手段,是内部审计机构内部控制体系的核心内容。内部审计质量控制的好坏,关系着内部审计工作的质量,也关系着内部审计的信誉。

在我国,内部审计人员的整体素质还不高,在质量控制方面还存在一系列问题,给内部审计工作造成了一定的影响。为促进内部审计事业不断发展、内部审计工作规范有序、内部审计人员的素质和业务水平逐步提高,规范内部审计人员编制和出具审计报告的行为,有其深刻的现实意义和深远的历史意义。2013年中国内部审计协会依据《中华人民共和国审计法》《审计署关于内部审计工作的规定》及相关法律法规,经国家审计署批准,印发了《内部审计具体准则第2306号——内部审计质量控制》。

(二)内部审计质量控制的目的

建立内部审计质量控制规范是为了规范内部审计质量控制工作,保证内部审计质量。内部审计质量控制规范有助于内部审计机构负责人、项目负责人以及内部审计人员充分理解质量控制政策和质量控制程序,明确各自在质量控制工作中的责任,建立健全内部审

计的质量控制制度,严格实施质量控制政策和程序,从而保证内部审计质量。

二、内部审计质量控制的含义

(一)内部审计质量控制的含义

内部审计质量控制是指内部审计机构为确保其审计质量符合内部审计准则的要求而制定和执行的政策和程序。

内部审计质量控制的根本目的在于确保审计质量符合内部审计准则的要求。内部审计准则是衡量内部审计质量的标准和尺度,内部审计工作执行过程中需要依靠一定的政策和程序来控制其质量,确保质量符合标准,避免出现偏差。这些政策和程序就构成了内部审计质量控制。内部审计质量控制是由质量控制政策和质量控制程序两个层面构成的。

控制政策是内部审计机构为确保审计质量符合内部审计准则的要求而确定的基本方针和政策。

控制程序是内部审计机构为贯彻执行审计质量方针和政策而采取的具体措施和方法。

内部审计质量控制政策与程序会随着内部审计机构的规模、主要的内部审计活动的不同而有所差异,因此内部审计机构应根据实际情况制定内部审计质量控制。

(二)对审计质量的领导责任

内部审计机构应当制定政策和程序,培育以质量为导向的审计文化。内部审计机构负责人对制定并实施系统、有效的质量控制政策与程序负总体责任。具体来说,内部审计机构负责人的责任主要体现在三个方面:

1. 对内部审计活动负有总体责任

审计计划的制定、审计报告的签发、内部审计与外部审计的协调、内部审计机构的管理等工作都需要内部审计机构负责人参与、审批以及决策。

2. 对制定内部审计质量控制政策与程序负责

作为内部审计机构管理的内容之一,内部审计质量控制政策与程序制定的最终责任也在于内部审计机构负责人。内部审计机构负责人必须依据内部审计准则,充分考虑本组织内部审计活动的特点,领导制定适合本组织的质量控制政策与程序,并且不断健全完善其系统性。

3. 对内部审计质量控制政策与程序执行的有效性负责

虽然质量控制政策与程序的实施是由不同层次的内部审计人员具体执行的,但是内部审计机构负责人必须采取措施,确保所有内部审计人员充分了解并严格执行所制定的质量控制政策与程序。

同时,内部审计机构负责人及其做出的示范,对内部审计机构的审计文化有重大影响。内部审计机构的管理层应当通过清晰、一致及经常的行动示范和信息传达,强调质量控制政策和程序的重要性。

三、内部审计质量控制的目标

(一)内部审计质量控制的目标

一般来说,内部审计质量控制的目标包括三个方面:

1.审计活动遵循内部审计准则和本机构审计工作手册的要求

内部审计准则是审计活动的规范,是审计质量的衡量标准。审计工作手册是内部审计机构依据审计准则,考虑自身审计业务特点而制定的内部审计规程。内部审计活动遵循内部审计准则和本机构审计工作手册是确保审计质量的基本要求。

2.审计活动的效率及效果达到既定要求

审计活动的效率是指审计活动的产出与投入的对比,审计活动的效果是指审计活动的产出。审计活动不仅要实现遵循相关标准的基本目标,还应提高效率,以尽可能少的资源投入获得尽可能多的产出,其产出质量同时还应该是有效的,能够为改善组织经营活动和内部控制做出贡献。

3.审计活动能够促进组织目标的实现,增加组织的价值

这是内部审计质量控制终极目标。内部审计活动的根本目标是促进组织目标的实现,增加组织价值。

无论是内部审计活动遵循相关标准,还是在效率和效果方面达到既定要求,其根本都在于提高内部审计质量,从而增加组织价值,促进组织目标实现。

(二)实现质量控制目标的措施

内部审计机构负责人应当树立质量至上的意识。内部审计机构应当通过下列措施实现质量控制的目标:

(1)合理确定管理责任;

(2)建立以质量为导向的业绩评价政策和程序;

(3)投入足够的资源制定和执行质量控制政策和程序,并形成相关文件记录;

(4)承担质量控制制度运作责任的人员,应当具有足够、适当的经验和能力以及必要的权限以履行其责任。

四、内部审计质量控制的基本内容

(一)内部审计质量控制的一般要求

内部审计机构应当执行质量控制政策和程序,以确保所有审计均按照法律法规的规定、内部审计职业道德规范、业务准则的要求执行。内部审计质量控制政策和程序的性质、时间安排和范围取决于诸多因素,如业务规模和性质、组织结构以及适当的成本—效益考虑。因此,不同内部审计机构采用的政策和程序存在差别,对采用的政策和程序所形成的记录也存在差别。

内部审计机构质量控制制度一般应包括针对下列要素而制定的政策和程序:

(1)对业务质量承担的领导责任;

(2)职业道德规范；

(3)人力资源；

(4)业务执行；

(5)业务工作底稿；

(6)审计报告；

(7)监控。

为了规范质量控制政策和程序,便于质量控制政策和程序的执行,内部审计机构应当将质量控制政策和程序形成书面文件,传达给全体人员。

(二)内部审计质量控制的基本内容

内部审计质量控制的基本内容一般包括内部审计督导、内部自我质量控制与外部评价三个方面。

1. 内部审计督导

督导是内部审计机构负责人和审计项目负责人对分派给其下属人员的工作的完成情况进行的指导、监督和复核。不同内部审计机构的质量控制有一定的差异,有些小规模的内部审计机构出于成本的限制,其质量控制政策和程序可能会不完善,但是督导却是不可缺少的。内部审计督导是内部审计质量控制的最基本内容,是保障审计质量的重要手段。《内部审计具体准则第 9 号——内部审计督导》
对内部审计督导做出了详细的规范。需要特别说明的是,从内容上看,内部审计项目质量控制与内部审计督导有相似之处。督导强调两个关键点:一是督导的对象是人,是对下属人员的监督与指导;二是督导是有层次的,是自上而下由内部审计机构负责人和项目负责人分别对各自下属的人员进行。机构负责人对督导负有主要责任,项目负责人负责审计现场的督导工作。内部审计项目质量控制的主要内容也是指导、监督以及复核,但它更强调的是在审计项目执行过程中所运用的控制质量的具体程序和方法。项目质量控制规范的重点在于具体的程序和方法,督导规范的重点在于对人的监督指导。

2. 内部自我质量控制

内部自我质量控制是内部审计机构负责人和审计项目负责人通过适当的手段对内部审计质量所实施的控制。内部自我质量控制是内部审计质量控制的主要内容,是从审计机构内部出发,采取适当的控制政策和程序对审计质量进行的控制。内部自我质量控制能够在不同层面上对审计质量进行事前、事中以及事后的控制。

3. 外部评价

外部评价是由内部审计机构以外的其他机构和人员对内部审计质量所进行的考核与评价。对审计质量的控制有一个非常重要的作用,就是对审计业务的执行情况进行事后的考核和评价,这种考核和评价能够提供审计质量的反馈,便于内部审计人员改进操作规程,提高审计质量。由外部独立、合格的其他机构或人员进行的考核和评价,就是外部评价。外部评价能够提供较为客观、独立的评价意见,是促进内部审计质量提高的重要途径。

五、内部审计机构质量控制

内部自我质量控制包括内部审计机构质量控制与内部审计项目质量控制两个层次。

(一)机构质量控制的含义

内部审计机构质量控制是为合理保证所有内部审计活动符合内部审计准则的要求而制定的控制政策和程序。审计质量与许多因素相关,例如:审计业务的分派、审计人员的胜任能力及职业道德、审计过程中对审计方案的执行等。这些因素可以分成两类:一类是影响所有内部审计活动的因素;另一类是仅影响某项具体的审计项目的因素。内部审计机构质量控制就是针对前一类因素而制定的政策和程序。它将影响所有的内部审计活动,目的在于使所有内部审计服务均符合内部审计准则的要求。

(二)机构质量控制应考虑的因素

内部审计机构负责人在制定机构质量控制政策和程序时要充分考虑本机构的特点。其应考虑的因素主要有:

1.内部审计机构的组织形式及授权状况

内部审计机构的组织形式及授权状况越复杂,在制定机构质量控制政策和程序时就应该越谨慎。例如,拥有许多子公司和分支机构的集团公司,其内部审计机构的组织及授权层次一般比较复杂。内部审计机构质量控制政策和程序的制定应充分、谨慎考虑不同层次的内部审计机构的实际情况,以保证在整个组织所有层次的内部审计活动都能达到一定的质量要求。

2.内部审计人员素质的与专业结构

内部审计人员素质的高低与专业结构的多样化程度将直接影响内部审计机构质量控制的重点。如果内部审计人员素质不高或者其专业构成单一,在制定内部审计机构质量控制政策和程序时就应将不断培训提升人员胜任能力列为重点,同时应强调适当运用咨询手段,以获取专家在审计活动中的协助。

3.内部审计业务的范围与特点

如果内部审计范围较小、业务单一,机构质量控制政策和程序可以较为简单;如果内部审计业务范围较大、业务性质复杂,包括各种类型的审计业务,那么在机构质量控制的制定中就应充分考虑这些因素,在其内容上应涵盖所有业务范围可能会遇到的所有情况。

4.成本与效益原则的要求

机构质量控制在制定时要受到成本的限制,因此复杂、详细的质量控制并非是最好的。在内部审计机构较小、业务简单、人员有限时,复杂详细的质量控制的成本将超过其带来的效益。因此,机构质量控制必须符合内部审计机构的实际情况。

(三)机构质量控制的主要内容

内部审计机构质量控制的主要内容包括:

1.遵守职业道德规范

内部审计职业道德规范的遵守是保障内部审计质量的基本前提。内部审计机构应采取措施宣扬、教育并且监督所有内部审计人员遵守职业道德规范。

2.保持并不断提升内部审计人员的专业胜任能力

内部审计机构应当采取措施不断提升所有人员的专业能力,促使内部审计人员胜任其所承担的工作,以保证审计质量达到要求。内部审计机构可以采取的措施包括:(1)招聘控制;(2)在职培训及后续教育;(3)晋升控制。

3.合理分派内部审计业务

合理分派内部审计业务是保证不同业务领域都能由胜任的内部审计人员执行的重要途径。内部审计机构应制定分派业务的政策和程序,充分考虑业务性质、特点,配备由相应知识结构、专业经验素质的人员组成的内部审计项目组执行业务。

4.依据内部审计准则制定操作规程

内部审计准则是所有审计业务都应遵循的规范,但是由于其内容较为简洁、抽象,因此内部审计机构一般应根据准则制定适应本组织特征的、更为详细的业务操作规程,并要求内部审计人员按此进行工作,以保证审计质量。

5.适当运用咨询手段

在内部审计业务涉及某些特殊的专业领域时,需要聘请专家提供专业服务,利用专家服务做出客观的审计结论。另外,为了避免重复审计,内部审计可以利用外部审计的工作成果,这需要适当咨询外部审计人员,与其协调沟通。因此,内部审计机构负责人必须制定运用咨询手段的政策和程序,对何时寻求专家协助、如何聘请专家、如何利用外部审计工作成果等做出规范。

6.进行审计质量的内部考核与评价

考核与评价是在审计业务执行后对其质量的事后反馈与控制,是质量控制的重要手段。考核与评价的结果将有助于未来工作的改进与完善。在机构内部对审计质量的考核与评价可以采取不同方法,一般是持续或定期进行。

7.评估审计报告的使用效果

审计报告是内部审计活动成果的体现,是内部审计人员与被审计单位、组织管理层和其他相关机构沟通交流的媒介,审计报告是内部审计活动价值的体现。因此,审计报告是否对被审计单位、组织管理层和其他相关机构有效,是审计质量高低的体现。内部审计机构必须制定相关的质量控制政策和程序,以评估审计报告使用效果,内部审计是否增加了组织的价值,从而促进审计质量的提高。

8.监控内部审计机构质量控制政策与程序的执行

监控内部审计机构质量控制政策与程序的执行,是为了对控制政策与程序的再控制。内部审计机构质量控制政策与程序是否切实得以执行,是否有效,要靠监控环节来评价和确定。

六、内部审计项目质量控制

(一)项目质量控制的含义

内部审计项目质量控制是为合理保证审计项目的实施符合内部审计准则的要求而制定的控制程序与方法。内部审计项目质量控制

《内部审计项目质量控制的方法》

程序与方法应体现内部审计机构质量控制的要求。项目质量控制是针对具体项目的控制程序和方法进行的规范。机构质量控制要实现目的，必须以单个项目的质量都符合规范要求为基础。因此，内部审计质量控制除了需要机构质量控制这一层次外，还需要项目质量控制这一层次对其进行补充。

(二)项目质量控制应考虑的因素

内部审计项目负责人在实施内部审计项目质量控制程序与方法时应考虑的因素主要有：

1.审计项目的性质及复杂程度

项目质量控制是针对具体项目的控制程序和方法进行的规范，因此审计项目的性质和复杂程度将影响项目具体控制程序和方法的复杂性。在较为复杂的项目审计中，项目负责人在指导、监督以及复核方面的项目质量控制程序与方法就应该较为详细、具体。

2.参与该项目的内部审计人员的专业胜任能力

项目参与人员的专业胜任能力也直接影响了项目质量控制程序和方法。如果内部审计人员比较缺乏该项目的审计经验，那么项目负责人在指导以及监督等方面应该特别强调。

(三)项目质量控制的主要内容

内部审计项目质量控制的主要内容包括：

1.指导内部审计人员执行审计计划

审计项目负责人负责制定项目审计计划以及审计方案。审计计划是否得以执行、执行情况的有效性直接影响审计项目的质量。因此，项目负责人应将指导内部审计人员执行审计计划作为项目质量控制重要内容之一，在计划制定完毕后下达给项目组的所有成员。项目负责人对于安排给项目组人员的工作应当给予适当指导，包括讲清项目组人员的工作责任，要求其完成的程序及审计目标，被审计单位的业务性质和需要特别关注的重大会计或审计问题，以及其他可能影响具体审计程序的性质、时间和范围的事项。项目负责人在指导审计业务时应当告知项目组成员下列事项：(1)项目组成员各自的责任；(2)被审计单位的业务性质；(3)与风险相关的事项；(4)可能出现的问题；(5)执行审计业务的方案。

2.监督内部审计过程

内部审计项目负责人需要对审计现场工作进行实时的监督，在审计过程中如果发现问题必须马上解决。监督内部审计过程能够为项目审计质量进行实时的控制。项目负责人应当在审计过程中履行以下工作职责：一是监督审计过程；二是了解审计期间出现的重要会计和审计问题，并及时提出处理意见，如有必要，可适当修改审计程序；三是解决项目组人员之间职业判断的分歧，必要时应向适当人员咨询。具体来说，项目负责人对审计业务的监督应当包括：(1)追踪审计业务的进程；(2)考虑项目组各成员的素质和专业胜任能力，以及是否有足够的时间执行审计工作，是否理解工作指令，是否按照计划的方案执行审计工作；(3)解决在审计过程中发现的重大问题，考虑其重要程度并适当修改原计划的方案；(4)识别在审计过程中需要咨询的事项，或需要由经验较丰富的项目组成员考虑的事项。

3.复核审计工作底稿及审计报告

内部审计机构应建立工作底稿及审计报告的分级复核制度,规范不同级别的复核责任、内容、重点以及涉及的专业判断。

在复核已实施的审计工作时,复核人员应当考虑:(1)审计工作是否已经按照法律法规、职业道德规范和审计准则的规定执行;(2)重大事项是否已提请进一步考虑;(3)相关事项是否已进行适当咨询,由此形成的结论是否得到记录和执行;(4)是否需要修改已执行审计工作的性质、时间和范围;(5)已执行的审计工作是否支持形成的结论,并已得到适当记录;(6)获取的审计证据是否充分、适当;(7)审计程序的目标是否实现;(8)审计报告的结论和建议是否恰当。

确定复核人员的原则是由项目组内经验较多的人员复核经验较少的人员执行的工作。项目负责人应当在审计过程的适当阶段及时实施复核,以使重大事项在出具审计报告前能够得到满意解决。项目负责人复核的内容包括对关键领域所做的判断,尤其是执行业务过程中识别出的疑难问题或争议事项、特别风险以及项目负责人认为重要的其他领域。项目负责人应当对复核的范围和时间予以适当记录。

在出具审计报告前,项目负责人应当通过复核审计工作底稿和与项目组讨论,确信获取的审计证据已经充分、适当,足以支持形成的结论和拟出具的审计报告。

七、内部自我质量控制的确定和审计质量考核评价

(一)内部自我质量控制的确定

内部审计质量控制要求"内部审计机构应将内部自我质量控制政策与程序列入审计工作手册,并以适当的方式传达给每一位内部审计人员"。

审计工作手册是内部审计机构根据审计准则的要求,充分考虑本组织审计活动的特点而制定的审计工作方面的操作规程,是内部审计机构进行审计管理、执行审计业务的规范。内部自我质量控制是审计机构内部实施的质量控制政策与程序,属于内部审计机构进行审计管理的内容之一,因此也是审计工作手册的内容之一。内部自我质量控制政策与程序必须以会议、文件、培训等适当方式传达给每一位内部审计人员。虽然质量控制的主要执行者是内部审计机构负责人以及审计项目负责人,但是按照规范执行业务,提高内部审计业务质量是每一位内部审计人员的责任。如果质量控制政策与程序没有得到适当传达,就会影响内部审计人员对其的理解,进而影响其执行的有效性以及审计质量。

(二)内部审计质量的考核与评价

内部审计质量控制要求"内部审计机构应通过持续和定期的检查,对内部审计质量进行考核和评价"。

内部审计质量的考核与评价分为内部评价与外部评价两个方面,其中内部评价是内部审计机构质量控制的重要内容之一。内部考核与评价可以持续进行,也可以定期进行。持续进行的考核与评价一般在项目负责人执行指导、监督与复核时就可以进行,能够提供对审计质量的即时反馈,便于立即改进和完善。定期进行的考核与评价一般比较正式,需要在多个方面对审计质量进行考核。

(三)内部评价的方法

审计质量内部考核和评价的方法主要有:

1.考核审计计划的完成情况

审计计划及其执行体现了审计准备、审计实施、审计报告的全过程。因此,考核是否按计划时间完成审计活动,是否有效执行了计划中要求的所有程序,是审计效率和效果的体现。

2.内部审计人员进行自我评价

审计质量考核和评价还可以采取由内部审计人员进行自我评价的方法。虽然内部审计人员自我评价的主观性较强,但是这种方法可以让内部审计人员对审计质量进行自我检查,发现不足之处,从而能够激发内部审计人员的主观能动性。

3.征求被审计单位和组织其他部门的意见

审计服务的对象是被审计单位与组织的其他部门。通过审计活动是否能够增加被审计单位和组织的价值,要从被审计单位和组织其他部门角度出发考虑。如果他们对审计服务较为满意,审计意见和建议能够促使其内部控制及经营活动的适当性、合法性、有效性的提高,那么审计就达到了预定目的。

(四)内部评价的报告

在内部评价工作结束后,内部审计机构负责人应当按照内部审计机构的隶属关系,将评价结果及时向组织适当管理层报告。

内部评价虽然是在内部审计机构内部进行的,但是应该将评价结果向对其负有领导责任的组织适当管理层报告,反映一定时期内部审计工作质量的具体情况,便于组织适当管理层及时掌握内部审计工作的状况。

八、外部评价制度

(一)外部评价制度

为了更好地对内部审计质量进行考核与评价,内部审计质量控制要求"内部审计机构负责人应按照组织适当管理层的要求,并结合实际情况,建立、实施外部评价制度"。

外部评价是由内部审计机构以外的其他机构和人员对内部审计质量所进行的考核与评价。外部评价制度的建立是为了对内部审计质量提供客观、独立的评价,从而促进审计质量的提高。内部审计机构负责人在建立外部评价制度时,要按照组织适当管理层的要求进行。由于不同组织的文化特点、管理模式有所区别,因而选择外部评价机构和人员的途径会有所不同,有些组织倾向于组织外部的机构和人员进行外部评价,有些组织出于商业保密的原因,不希望组织外部的机构和人员接触内部审计工作底稿等。因此建立实施外部评价制度时要考虑组织适当管理层的要求。

(二)外部评价机构与人员

1.外部评价机构与人员的选择

内部审计质量控制要求"内部审计机构负责确定外部评价机构,并报经组织适当管理层批准"。由于内部审计机构对于与其业务相关的其他机构和人员的专业水平及在行业中的信誉较为熟悉,因此选择外部评价机构与人员时可以由内部审计机构负责。但是为了保证外部评价的客观性、公正性,必须在组织适当管理层批准后才能确定。同时,在选择外部评价机构时,独立性和专业胜任能力应是重点考虑的因素。

2.外部评价机构与人员选择的范围

在进行外部评价时,内部审计机构可以从以下途径选择外部评价机构和人员:

(1)组织内部其他机构和人员。出于商业保密和便于协调沟通的考虑,对内部审计质量的评价可以由组织内部其他机构和人员进行。

(2)会计师事务所。由于会计师事务所对外提供的审计业务、管理咨询业务、评估业务,与组织内部审计提供的业务相似,因此可以由注册会计师对内部审计工作质量进行评价。

(3)管理咨询公司。管理咨询公司也提供管理咨询业务、评估业务等与内部审计相类似的业务,因此可以由管理咨询公司对内部审计工作质量进行外部评价。

(4)内部审计协会。内部审计协会是内部审计的职业团体,负责制定并解释内部审计准则,拥有内部审计学术以及实践方面的专家,因此可以提供较为权威、客观的评价意见。

(5)其他组织的内部审计机构。内部审计机构还可以向同行的其他专家寻求协助,可以聘请其他组织的内部审计机构进行外部评价。

(三)对外部评价机构与人员的要求

为了对内部审计质量提供客观、独立的评价,保证外部评价的质量,外部评价机构和人员应当遵循独立、客观、保密的原则,并应具有评价工作所需要的专业胜任能力。

(1)外部评价要能够切实反映审计质量,就要求外部评价机构和人员遵循独立和客观的原则,保持形式上和实质上的独立,以客观、公正的心态进行评价。这也是外部评价较内部评价优势的一个方面。

(2)在评价过程中外部评价机构和人员会接触内部审计工作底稿和审计报告,了解组织经营活动和内部控制等详细信息,因此,要求外部评价人员必须遵循保密原则,这是内部审计机构建立外部评价制度的前提条件。

(3)为了保证外部评价的质量,外部评价机构和人员必须具备所需要的专业胜任能力,熟悉其要评价的审计活动过程,这样才能够做出客观的判断和结论。

(四)外部评价的时间

外部评价一般定期进行。由于外部评价成本要高于内部评价,如果内部审计质量较高,在下述情况下可以适当延长外部评价的间隔:

(1)自上次外部评价后,内部审计机构的组织结构、规章制度、人员素质以及审计质量控制具有较大的稳定性。由于组织一般有保密的要求,因此外部评价的内容一般集中于内部审计机构的组织结构、规章制度、人员素质以及审计质量控制等较原则的方面。如果这些方面没有较大的变化,没有必要进行太频繁的外部评价。

(2)组织适当管理层在近期对内部审计质量的相关内容进行过考核与评价。组织适当管理层出于对内部审计机构管理的需要,会定期对内部审计质量相关内容进行考核与评价,这种考核一般涉及面较广,程度较深。如果近期进行过这样的考核,外部评价的时间间隔就可以延长。

(五)外部评价的内容

一般来说,外部评价的内容主要包括以下几个方面:

1. 内部审计机构组织结构的合理程度

外部评价可以对内部审计机构是否有合理的组织结构以及该结构各岗位的权责分配进行评价。组织结构的合理性有助于审计效率的提高。

2. 内部审计人员履行内部审计准则的情况

内部审计准则是执行审计业务的基本依据,外部评价可以对于内部审计人员是否履行内部审计准则以及是否有效履行做出评价。

3. 内部审计人员的专业胜任能力

外部评价可以针对内部审计人员的专业胜任能力。考核专业胜任能力可以从人员的知识结构、业务经验得出结论,也可以审阅工作底稿,从审计过程的书面记录评价其职业谨慎性和职业判断。

4. 内部审计目标的实现程度

外部评价可以针对年度审计计划的完成情况来考查内部审计目标的实现程度,也可以访问被审计单位以及组织其他机构获得其对内部审计工作是否促进本单位目标实现的评价。

5. 内部自我质量控制的适当性及有效性

外部评价可以审阅审计工作手册中记录的内部自我质量控制,分析其制度是否健全、适当,是否适合该内部审计机构的实际情况。除此之外,还应审阅相关底稿,测试质量控制政策与程序执行的有效性。

(六)外部评价报告

内部审计质量控制要求"外部评价人员在对内部审计质量做出评价后,应当出具外部评价报告,并提交给组织适当管理层"。

1. 外部评价报告

外部评价报告是对外部评价的过程、依据以及评价结论、建议的总结。外部评价报告反映了外部评价人员对内部审计机构审计质量的客观、独立的评价结论,对于内部审计机构改进工作具有很高的参考价值。外部评价报告应提交给领导内部审计机构的组织适当管理层,使其充分了解情况,敦促内部审计机构采取措施改进管理。

2. 外部评价报告的主要内容

(1) 对内部审计活动是否遵循内部审计准则发表意见。内部审计质量控制的首要目标就是使内部审计质量达到内部审计准则等既定要求。因此,内部审计活动是否遵循内部审计准则,是外部评价报告首要包括的内容。

(2) 内部审计工作存在的主要问题。外部评价过程中,对内部审计机构的管理、人员素质、组织结构、质量控制政策和程序方面都会进行考核。在评价报告中应将其中的主要问题列示出来,便于内部审计机构有针对性地进行改进。

(3) 对提高内部审计质量的建议。外部评价机构与人员可以在评价报告中提出提高内部审计质量的建议,以体现评价报告的建设性。

(4) 内部审计机构的反馈意见。评价报告正式提交之前必须征求内部审计机构的反馈意见。由于外部评价时间有限,评价机构与人员对内部审计业务的了解程度不可能非常细致,评价结论也可能存在一些误解。因此,评价报告正式提交之前必须征求内部审计机构的反馈意见,内部审计机构对问题有充分的解释权,包括反馈意见的评价报告可以为组织适当管理层提供更客观、全面的信息。

(七)外部评价后的改进

内部审计质量控制要求"内部审计机构应当对外部评价报告所提出的重大问题及时拟定改进方案或措施,改善内部审计质量"。

外部评价并非为了做出评价结论,其终极目的在于改进内部审计质量。因此,在外部评价报告提交后,内部审计机构必须根据评价结论采取措施改善管理,只有这样才能解决问题,不断提高审计质量。

本章小结

本章主要从三个方面阐述了内部审计的规范:内部审计准则、内部审计职业道德和内部审计质量控制。

内部审计准则是内部审计职业规范体系的重要组成部分,是对内部审计机构及内部审计人员执业行为的规范,是衡量内部审计质量的权威性标准。本章主要阐述制定内部审计准则的必要性、内部审计准则的基本框架、内部审计准则的特点等内容。

内部审计职业道德是对内部审计人员的职业品德、职业纪律、专业胜任能力及职业责任等的总称。本章主要从内部审计职业道德的必要性和目的、内部审计职业道德的含义、职业道德的基本原则、职业谨慎和职业判断、专业胜任能力、诚实服务、保密、信息披露、交流与沟通、后续教育等方面进行阐述。

内部审计质量控制是指内部审计机构为确保其审计质量符合内部审计准则的要求而制定和执行的政策和程序。本章主要从内部审计质量控制的必要性、目标、基本内容,以及内部审计机构质量控制、内部审计项目质量控制、内部自我质量控制的确定、审计质量内部考核评价和外部评价制度等方面进行阐述。

复习思考题

1. 试分析我国内部审计准则的主要特点。
2. 简述内部审计职业道德的含义。
3. 内部审计职业道德的基本要求是什么?
4. 内部审计职业道德的基本原则是什么?
5. 对内部审计人员的专业胜任能力有哪些要求?
6. 内部审计人员在哪些情况下可以披露被审计单位的有关信息?
7. 简述审计质量控制的含义。
8. 简述内部审计质量控制的目标。
9. 简述内部审计质量控制的基本内容。
10. 内部审计机构质量控制的主要内容包括哪几个方面?

11.内部审计项目质量控制的主要内容包括哪几个方面?
12.审计质量内部考核和评价的方法主要有哪些?

本章练习题

一、单选题

1.以下哪一项活动属于《国际内部审计专业实务框架》所述的正常确认业务?(　　　)

A.审核"是自己制造还是外部购买"的决策选择,并将相关建议报上级管理层批准

B.参与企业收购谈判

C.围绕新的生产设备,分析不同被选融资方案

D.对管理层的计划过程进行评估

2.以下哪一种情形违反了IIA的《职业道德规范》?(　　　)

A.在一起合伙人起诉某公司诈骗的案件中,该公司内部审计师被法庭传唤,他在法庭上泄露了机密审计信息。

B.某办公用品制造公司的内部审计师最近完成了对公司市场部进行的审计,基于本次审计经验,周末他花费几个小时为本地一家医院提供有偿咨询。

C.某内部审计师在当地举办的IIA会议上发表了一次讲演,概括了他为某公司电子数据交换系统进行审计而设计的程序,许多该公司主要竞争者的审计师都参加了这次会议。

D.在一次审计中,内部审计师了解到某公司将要推出一种能使该产业发生变革的新产品,新产品可能成功,该内部审计师告诉家人购买了该公司股票。

3.内部审计职业道德基本原则不包括(　　)。

A.客观　　　　B.诚信　　　　C.胜任　　　　D.独立　　　　E.审慎

4.2013年修订的《中国内审审计准则》开始施行的时间为(　　)。

A.2013年9月1日　　　　　　　　B.2013年12月1日

C.2014年1月1日　　　　　　　　D.2014年5月1日

5.制定《内部审计基本准则》的依据是(　　)。

A.《审计法》

B.《审计署关于内部审计工作的规定》

C.《审计法实施条例》

D.《审计法实施条例》及《审计法》,以及其他有关法律、法规和规章

6.根据《内部审计人员职业道德规范》,内部审计人员职业道德所涵盖的内容不包括(　　)。

A.职业品德　　　B.职业纪律　　　C.职业责任　　　D.职业声誉

二、多选题

1.内部审计职业道德基本原则包括(　　)。

A.独立　　　　B.客观　　　　C.公正　　　　D.诚信

E.胜任　　　　E.审慎　　　　F.保密

2.以下各项违背了内部审计师协会的《职业道德规范》的是（　　）。

A.某公司的内部审计师在完成对公司采购部门的审计活动后,利用周末时间在一家产品加工企业担任带薪顾问

B.因为受到法庭传唤,在需要时向法庭披露了可能对组织不利的、机密的审计资料

C.在审计过程中,内部审计师发现该公司推出的新产品市场前景很好,所以告知家人购买了该公司的股票

D.在审计活动完成后接受了公司提供的工作报酬

3.《国际内部审计实务准则》框架中属于强制性规范的部分包括（　　）。

A.内部审计定义　　　　　　　　B.发展与实务支持

C.职业道德规范　　　　　　　　D.内部审计实务标准

4.制定内部审计准则的目的是（　　）。

A.为内部审计人员免除审计责任　　B.指导内部审计工作

C.为考核内部审计工作质量提供准绳　　D.帮助公众了解内部审计

5.《中国内部审计准则》包括（　　）。

A.内部审计基本准则　　　　　　B.内部审计具体准则

C.内部审计职业道德规范　　　　D.内部审计实务指南

三、案例及分析

案例1

一、案情

××股份有限公司审计部审计人员赵明,2005年1月对股份有限公司所属一家彩电生产企业进行了年终审计。经审计得知该企业年内亏损严重,如果短期内无法扭转亏损,可能马上就要宣布破产。但赵明考虑为企业保守商业秘密,未在审计报告中予以反映。

张里也是××股份有限公司审计部审计人员。在对所属东方电子公司进行年度审计时,公司对其提出了一个要求,即希望半个月内完成所有的审计任务,并出具审计报告,以便向公司股东大会汇报。张里同意了这一条件,并按此要求编制项目审计计划。该项目的另一位审计人员黎明多年来一直协助东方电子公司编制会计报表。

为了及时完成任务,张里临时聘用了一批还没有毕业的会计专业的大学生。由于张里手上还有一个项目没有完成,因此,他对这些学生进行应急培训之后,即告诉他们如何核对账册、检查凭证等后,就让他们自己去东方电子公司进行审计,还指派了一个学习成绩较好的学生作为该项目的临时负责人,他自己则在另一家公司电话指挥。10天后,这些学生带回厚厚一叠工作底稿。因为时间有限,张里将这些工作底稿稍作整理,就草拟了审计报告,并在两周之内,提交给了东方电子公司。

二、分析

1.审计人员在明知企业的会计报表有其知悉的不利情况时,不能以保守商业秘密的理由隐瞒不报,而致使出具的审计报告存在重大漏报。

2. 审计人员不能承担时间上不能胜任的业务。

3. 审计人员黎明违反独立性原则。

4. 担任审计工作的审计人员应当具备专门学识与经验,经过适当专业训练,并具有足够的分析、判断能力。并且,审计人员执行审计业务,应当编制审计计划,对审计工作做出合理安排。

5. 审计人员对有关业务形成结论或提出建议时,应当以充分、适当的证据为依据,不得以其职业身份对未审计或其他未鉴定事项发表意见。

6. 审计人员没有保持应有的职业谨慎。

案例2

一、案情

某实业发展有限责任公司成立于2000年6月,注册资本1 000万元。至2005年8月31日,公司资产2 561万元,负债213万元,净资产2 344万元。

总公司审计部四名审计人员对该公司进行了审计,其中一人负责银行存款审计,审计时间为2005年11月7日至11月12日。审计小组出具的审计报告,列示了经审计确认的2005年8月31日的资产负债表和1997年6月—2002年8月的利润表,并对公司内部控制进行了正面评价,未对货币资金内部控制提出疑问。

审计报告出具后不久,公司发现,出纳采用伪造银行对账单等手段贪污公款80万元,即银行存款少80万元,并将此情况通报总公司审计部。

审查审计工作底稿,可见审计人员主要进行了四个审计程序:编制银行存款明细表,三核对相符;获取了银行对账单,其余额与明细账调节相符;摘录了30笔会计分录,无审计意见;复印了2张会计凭证及其原始单据,无审计意见。

二、分析

1. 审计程序方面存在的问题

(1)未进行内部控制的调查和符合性测试,完全依赖实质性测试。货币资金内部控制有"审核""核对""对账"三个控制点,从本案来看,前两项做得较好,后一个控制点缺失,对"由非出纳人员逐笔核对银行日记账和银行对账单,并编制银行余额调节表"未严格执行,因此,货币资金内部控制存在严重缺陷。

(2)未对银行存款余额进行函证,仅核对了银行对账单和调节表。因为"对账"控制点没有,与其相关的银行对账单和调节表的证明力大打折扣,而函证这一关键程序未执行。

(3)公司提供的银行对账单存在明显的异常,未引起注意并查明原因。如2004年12月与2005年8月的对账单字体明显不同,2004年12月31日对账单余额有手工改动痕迹(盖了银行章和人名章,后证实是伪造的)。

2. 项目组织管理方面存在的问题

(1)审计计划阶段没有编制审计计划,在审计总结中有这样的描述:本次主要针对以下会计科目的重点项目及大额业务采取凭证抽查等方法进行审计:应收账款、预收账款、应交税金和损益类科目。

(2)现场审计工作存在重大失误:其一,对重点项目采用凭证抽查的方法是不当的,分情形复核、函证、监盘才是最重要的审计方法;其二,从资产负债表分析,应收账款、预收账款、应交税金三个科目,其余额分别占资产比率仅为0.1%、2%、1%,而货币资金和长期投资分别占资产比率为37%和45%,却未作为审计重点。

(3)从审计工作底稿的内容来看,绝大部分是各种各样的复印件,包括账页、凭证、合同等,具有强大证明力的审计证据明显不足。

3.质量控制方面存在的问题

分级复核流于形式。从现有的工作底稿来看,项目负责人无任何复核记录,部门负责人仅签了一个名字,质量监督人员仅对审计报告的内容等提出了5条复核意见。具体来说:

(1)项目负责人:未编制审计计划并经核准;未详细复核全部审计工作底稿;未编制完整的审计工作总结。

(2)部门负责人:未对审计计划进行审核;未对重点审计项目工作底稿进行详细复核;未审核项目经理编写的审计总结和审计程序执行情况核对问卷(未签字)。

(3)质量监督人员:未审阅审计工作总结;未对重要的工作底稿进行复核。

4.整改建议

综上所述,这是一件严重的审计责任事故,虽然没有人来追究审计责任,但必须引以为戒。故提出如下整改建议:

(1)审计计划批准:项目计划和审计方案应当由内部审计机构负责人批准;各项审计工作,应严格按审计程序表执行,任何关键审计程序的改变,必须经计划批准人批准。

(2)要严格按照分级复核制度,进行分级复核程序,并编制复核记录。

(3)银行存款的审计,按审计程序表规定,所有余额均应进行函证;如客户原因或其他原因不能进行函证(如会计人员不配合,应与适当管理层沟通)时,应视为审计范围受到限制。

第三章 内部审计程序

  学习目标(Learning Objectives)

1. 理解内部审计程序的阶段划分及各阶段的主要工作；
2. 掌握审计计划的含义、层次及各层次包含的主要内容；
3. 理解审计通知书的含义和内容；
4. 理解后续审计的含义和意义，熟悉其主要步骤。

审计程序是指审计人员对审计项目从开始到结束的过程中采取的系统性工作步骤。在审计目标确定后，审计人员通过审计程序来实现审计证据的收集。不同审计主体的审计程序不尽相同，主要表现在审计程序各分阶段的具体内容不同。

内部审计程序通常包括准备阶段、实施阶段、终结阶段三个环节。在多数情况下，为了进一步跟踪审计结果的落实情况，还要开展后续审计。

值得注意的是，虽然内部审计应遵循一定的程序，但内部审计人员的工作过程却不是一个机械的过程。审计人员应充分运用自己的专业技能和职业判断，完成审计工作。

第一节 审计准备阶段

审计准备阶段也就是内部审计的规划阶段。这一阶段从选择审计项目、制定年度审计计划开始，到制定出项目审计计划、审计方案、向被审计单位发出审计通知书结束。审计准备阶段是内部审计工作的基础，直接影响审计工作的质量和效果，在内部审计程序中占有重要的地位。

一般来讲，审计准备阶段包括以下步骤：

一、选择审计项目，编制年度审计计划

选择审计项目是内部审计程序的第一步。审计项目是内部审计机构为了完成一系列相关目的而进行的特定行为，其中包括内部控制系统评估、舞弊测试、咨询等类型。内部审计机构负责人应对本单

百事集团内部审计案例

《内部审计基本准则第1101号》中关于作业准则的规定

位进行持续的风险评估,在对比基础上选择审计项目,并注意内部审计工作应与本单位的目标保持一致。

这个过程涉及两方面的工作:一是确认被审计事项;二是确定相关风险因素并评估其重要性程度。

被审计事项通常是从可审计事项中选择的。可审计事项是指内部审计机构可检查和评估的项目、部门或制度,一般包括:(1)政策、程序和惯例;(2)成本中心、利润中心和投资中心;(3)合同、项目;(4)生产或服务部门或流水线;(5)管理职能部门;(6)业务交易系统;(7)财务报表及信息系统等。

选择审计项目取决于组织内部的各种风险因素。内部审计机构应检查整个组织,评估各种事项的相关风险因素,并按照重要程度排出顺序,对风险较大者优先加以审核。常见的风险因素包括:(1)职工的道德水平及管理目标形成的压力;(2)管理人员的能力、胜任程度和正直程度;(3)资产的规模、流动性或营业额;(4)财务及经济状况;(5)竞争的情况;(6)经营活动的复杂性或不稳定性;(7)客户、供应商及政府法规的影响;(8)信息电算化程度;(9)内部控制的健全性及有效性;(10)业务的地域分散化程度;(11)机构、经营、技术或经济的变化;(12)管理人员的判断及会计估计。

内部审计机构选择审计项目,除了以风险评估为基础外,还要考虑其他有关方面提出的要求。当内部审计机构所在单位的董事会和高层管理人员根据掌握的信息,认为机构的某些项目、部门或制度可能存在重大问题,应引起内部审计机构的重视时,内部审计机构在安排审计项目时应优先考虑这些可能存在重大问题的审计对象。

还有一种情况是审计对象主动提出要求接受审计。内部审计是一种服务行为,目的是增加本单位的价值和改善经营。本单位各部门的管理人员是为了解自身运作可能存在的问题而提出审计要求。当审计对象请求内部审计部门评估或协助评估风险管理、控制和治理过程时,内部审计机构对于这些要求应给予充分考虑。

在选择审计项目的基础上,内部审计机构负责人应着手制定审计计划。

审计计划,是指内部审计机构和人员为完成审计业务,达到预期的审计目的,对一段时期的审计工作任务或具体审计项目做出的事先规划。审计计划一般包括年度审计计划、项目审计计划和审计方案三个层次。

年度审计计划是对年度的审计任务所做的事先规划,是组织年度工作计划的重要组成部分。年度审计计划应在下年度开始前由内部审计机构负责人编制完成,并报组织适当管理层批准,以指导内部审计机构下年度的工作。

在制定年度审计计划前,应了解以下情况,以评价各审计项目的风险程度:(1)组织的发展目标及年度工作重点;(2)严重影响相关经营活动的法规、政策、计划和合同;(3)相关内部控制的质量;(4)相关经营活动的复杂性及其近期变化;(5)相关人员的能力、品质及其岗位的近期变动;(6)其他与项目有关的重要情况。

年度审计计划应当包括以下基本内容:(1)内部审计年度工作目标;(2)需要执行的具体审计项目及其先后顺序;(3)各审计项目所分配的审计资源;(4)后续审计的必要安排。

二、委派审计人员,编制项目审计计划

在审计项目确定后,应根据项目需要委派审计人员组成审计组,指定审计组组长和主审人员。必要时,可聘请专业技术人员参加审计组的工作。

项目审计计划是对具体审计项目实施的全过程所做的综合安排。编制项目审计计划的过程在整个审计项目中占有重要地位。项目审计计划必须在审计工作开始前得到内部审计机构负责人的书面批准,审计项目应严格按照项目审计计划展开。在项目执行过程中如果需要调整审计计划,则必须得到批准。这是减少内部审计工作的随意性,提高内部审计工作质量的重要一环。

在具体实施审计项目前,审计项目负责人应充分了解被审计单位的以下情况,以制定项目审计计划:(1)经营活动概况;(2)内部控制的设计及运行情况;(3)财务、会计资料;(4)重要的合同、协议及会议记录;(5)上次审计的结论、建议以及后续审计的执行情况;(6)上次外部审计的审计意见;(7)其他与项目审计计划有关的重要情况。

通常情况下,编制项目审计计划的过程分以下几个步骤:

1. 查阅被审计单位以往的审计档案

被审计单位多数情况下并不是第一次接受审计。虽然即将进行的审计与以往的审计,其工作目的和范围可能不尽相同,但审计项目负责人却可以通过查阅档案获得被审计单位的背景资料,并为审计工作开始前的初步调查做好准备。被审计单位的背景资料包括:(1)任务、宗旨、目标及计划;(2)被审计单位的资料,包括职员数量和姓名、重要管理人员、工作说明、政策和程序手册以及该单位最近一些变化的详细情况,包括重大组织系统的变化;(3)被审计事项的预算资料、经营成果及财务数据;(4)以前的审计工作底稿;(5)其他审计工作的成果,包括已经完成或正在进行的外部审计师的工作;(6)被审计单位与外部的往来资料,用以确定可能出现的重大问题;(7)被审计事项有关的技术性文件。

2. 与被审计单位的管理层进行沟通

内部审计人员应在审计工作开始前与被审计单位的管理层人员进行沟通。沟通可以采用非正式的形式,然后再以备忘录加以确认,也可召开会议,讨论审计项目的关键事项。会议的议题通常包括:(1)审计项目的目的和审计范围;(2)审计工作的时间安排;(3)本次审计工作的主审人员;(4)整个审计工作的沟通程序,包括方法、时间安排、联络人;(5)被审计单位的经营活动和情况,包括目前管理层和主要制度的改变;(6)管理层关心或要求了解的事项;(7)内部审计机构感兴趣或关心的事项;(7)内部审计机构的报告程序和后续审计方法的说明。

通常情况下,会议将会决定审计项目的目的、时间、工作范围和有关准备工作的安排。会议讨论的有关事项和达成一致的结论应编写成会议纪要,分送有关人员,并存档于审计工作底稿。

3. 初步调查及调查总结

审计人员在审计项目开始前,可根据需要进行初步调查,以便熟悉被审计单位的营运活动、控制系统及风险,决定审计重点并征求被审计单位的意见。调查可采用以下形式:

(1)与被审计单位有关人员进行讨论;(2)访问与被审计事项有关的人员,如产品用户;(3)现场视察;(4)审核管理层的工作报告;(5)分析性复核;(6)绘制流程图;(7)对被审计对象进行全程跟踪式的测试;(8)书面记录主要的控制活动。

调查结束后,应编写调查总结。调查总结应确定:(1)被审计单位存在的重要问题以及对其进行深入调查的理由;(2)调查过程中得到的有关资料;(3)审计目的、审计程序及审计方法,如计算机技术的使用;(4)关键控制点、潜在的控制不足及过分控制;(5)对时间和其他资源需求的初步估计;(5)开始编写及完成审计报告的日期;(6)需要时,说明中止审计程序的理由。

应当注意的是,这次调查是对将审计的事项进行的一次初步的收集资料的过程,主要目的是了解被审计单位的事项,明确主要领域的审计重点。调查的重点取决于审计项目的性质,调查的工作范围和时间要求也并非一成不变,而是取决于一些相关因素。这些因素包括内部审计人员的专业素质和经验、对被审计事项的了解程度、审计项目的类型以及这项审计工作是计划安排的还是后续审计、被审计事项的规模和复杂性以及地理分布情况。

4.初步评估重要性与审计风险

内部审计人员在整个审计过程中,都应充分考虑重要性与审计风险的问题。重要性是指被审计单位经营活动及内部控制中存在偏离特定目标的差异或缺陷的严重程度。这一程度的差异或缺陷在特定环境下可能会影响管理层的判断或决策以及组织目标的实现。内部审计人员在编制项目审计计划、实施审计程序及评价审计结果时,应当合理考虑并运用重要性标准。在编制项目审计计划时,应当对重要性做出初步判断,以便合理估计所需审计证据的数量。重要性标准量越低,应当获取的审计证据越多。审计风险是指内部审计人员未能发现被审计单位经营活动及内部控制中存在的重大差异或缺陷而做出不恰当审计结论的可能性。内部审计人员在编制项目审计计划时,应当对审计风险进行初步评估,以便制定并实施相应的审计程序,将审计风险降低到可接受的水平。同时,内部审计人员应当考虑重要性与审计风险之间存在的反向关系。重要性标准量越高,审计风险越低;重要性标准量越低,审计风险越高。

5.编制项目审计计划

在初步调查以及对重要性和审计风险的评估完成后,审计组负责人应根据取得的材料编制项目审计计划。项目审计计划应包括以下内容:(1)审计目的和审计范围;(2)重要性和审计风险的评估;(3)审计小组构成和审计时间的分配;(4)对专家和外部审计工作结果的利用;(5)其他有关内容。

项目审计计划既可以按被审计单位的业务循环来编制,也可按业务部门编制,还可以按财务报表的项目来编制。而对某些类型的审计,如合同审计等,则可以按照被审计事项的特定内容划分审计范围,编制项目审计计划。例如合同审计就可以分为合同内容审计、合同手续审计、合同执行审计等。

三、制定审计实施方案,向被审计者发出审计通知书

审计方案是对具体审计项目的审计程序及其时间等所做出的详细安排。审计实施方案可以具体安排各项审计作业,并用于检查和控制审计项目的进度和质量,对整个项目起指导和控制的作用。审计项目负责人应根据项目审计计划制定审计实施方案。

审计项目负责人制定审计实施方案时应当考虑:(1)被审计事项的工作目标及其控制的方法;(2)被审计事项存在的重要风险、占有的资源、作用的机制以及风险潜在的影响如何保持在可接受的水平上;(3)被审计事项的风险管理和控制系统是否适当和有效;(4)对被审计事项的风险管理和控制系统做出显著改善的可能性。

审计实施方案应当包括以下基本内容:(1)具体审计目的;(2)具体审计方法和程序;(3)预定的执行人及执行日期;(4)其他有关内容。

审计项目负责人可以根据被审计单位的经营规模、业务复杂程度及审计工作的复杂程度确定项目审计计划和审计方案内容的繁简程度。

审计通知书是指内部审计机构在实施审计前,通知被审计单位或个人接受审计的书面文件。在实施审计前,内部审计机构应向被审计单位发出审计通知书,正式通知被审计单位做好准备,提供有关文件、会计凭证、账册和报表等资料,并为审计组提供必要的工作条件。审计通知书的主要内容包括:(1)被审计单位及审计项目名称;(2)审计目的及审计范围;(3)审计时间;(4)被审计单位应提供的具体资料和其他必要的协助;(5)审计小组名单;(6)内部审计机构及其负责人的签章和签发日期。

如要求被审计单位提前进行自查,应在审计通知书中写明自查的内容、要求和时间,并适当提前发出审计通知的时间。

应当指出的是,审计项目负责人可以根据被审计单位的经营规模、业务复杂程度及审计工作的复杂程度确定审计规划阶段工作的繁简程度,合并或省略某些步骤或采用以前审计工作的成果,或者参照权威内部审计机构的操作指南。审计项目规划阶段的各个步骤也并非截然分开的,审计人员应依靠自己的专业技能交叉考虑,做好审计项目的准备工作。

第二节 审计实施阶段

审计实施阶段是内部审计程序的中心环节。其主要工作是依据审计方案的要求,采用适当的审计技术和方法,对初步调查中确定的缺陷或问题进行深入细致的分析研究,获取充分、适当的审计证据,揭示审计发现的原因和结果,做出审计结论或意见,提出有价值的审计建议或改进措施。审计实施阶段的主要工作包括:审计测试;对审计发现进行因果分析;总结审计发现、结论和建议;编制审计工作底稿;与被审计单位沟通审计结果。

一、审计测试

审计测试是审计实施阶段的核心工作,包括控制测试和实质性测试。控制测试的对象是有关业务或部门的内部控制,测试目的是检查内部控制的健全性和有效性,确定内部控制的可信赖程度,并据以确定实质性测试的性质、时间和范围。实质性测试是在控制测试的基础上对被审计单位的会计资料及其所反映的经济活动的可靠性、完整性、合规性和效益性进行的测试。

(一)控制测试

控制测试的主要步骤包括:

1.调查和描述被审计单位或业务活动的内部控制

调查的基本方法是实地考察和现场观察,而前期的审计规划阶段主要是文字资料的收集和整理。事实上,调查与审计准备阶段的初步调查工作的目的和内容是一致的,只是更为深入。调查的基础是了解被审计单位的内部控制制度。由于这时审计项目已经开始,审计人员可采取预先设计好的问卷调查被审计对象的有关人员。同时,还要审阅被审计单位的政策和制度手册、会计凭证和相关原始记录。在调查完成后,审计人员应描述被审计单位的内部控制制度。审计人员可采用流程图、标准问卷和文字叙述三种方式结合来完成这项工作。通常情况下,描述内部控制系统的工作是对以往审计档案中材料的更新。

2.初步评价内部控制

该步骤的目的是初步评价内部控制的可信赖程度,评价其能否作为实质性测试的基础。内容是评价内部控制的健全性和有效性。如果内部控制能够预防各种错弊,就应视为可以信赖,可据此进行控制测试;如果内部控制不存在,或虽然存在但未能有效运行,或者进行控制测试不如直接进行实质性测试,可不进行控制测试,直接进行实质性测试。

3.控制测试

控制测试是针对初步评价确定为"可信赖"的内部控制进行的测试。测试的目的是检查内部控制的执行符合制度要求的程度。测试并不是针对所有的内部控制,而是针对关键控制项目或关键控制点。进行了上述步骤以后,即可对内部控制的可信赖程度做出最终评价,进而针对测试的结果确定实质性测试的性质、时间和范围。

(二)实质性测试

实质性测试是在对内部控制评价的基础上,依据对内部控制测试的结果(高、中、低信赖程度)确定实质性测试中样本的数量和范围。如果内部控制可信赖程度高,可相应减少实质性测试的数量和范围;如果内部控制可信赖程度低,应该扩大实质性测试的数量和范围;如果内部控制可信赖程度为中等,则应当采用适当的数量和范围。实质性测试主要针对业务活动、报表项目金额以及账户余额,测试目的是检查会计资料及其所反映的业务活动的可靠性、完整性、合规性和效益性。实质性测试要大量采用检查、核对、查询、盘点等取证方法,获取充分适当的审计证据,并通过审计工作底稿表现初步的审计意见和结论。

(三)审计测试应注意的问题

针对内部审计来说,控制测试是否进行,在审计准备阶段进行还是在实施阶段进行,要根据内部控制测试在以前是否进行过,内部控制有无重大变动等情况而定。但实质性测试必须进行。在进行审计测试过程中,内部审计人员应注意以下问题:

(1)被审计活动的总量及其复杂程度,特殊业务的性质及其处理要求。

(2)样本的规模适当,并具有代表性。

(3)获取的审计证据要充分和适当。所获取的审计证据的种类和数量应该覆盖审计方案中既定的审计范围,并且与审计目标相一致,能证实审计结论和建议。

二、对审计发现进行因果分析

作为一种审计技术和方法,因果分析适用于整个审计过程。在审计实施阶段,因果分析意味着对已经确认的审计发现进行深入细致的调查研究,以揭示审计发现的原因和导致的不良后果。通常,原因和结果是相对的,但不是绝对的,同一种原因可以导致不同的结果,而同一种结果可能由不同的或多种原因所致。这就要求内部审计人员有较强的分析判断能力,能在明辨是非的同时,分清事物的主次。因果分析还意味着确定用以评价的标准与实际状况的差异。在进行因果分析时,内部审计人员通常应考虑以下几个方面:

(1)原因和结果应该是紧密相关的。这意味着对原因的理解和认识能够足以说明和解释所产生的结果。

(2)在可能的情况下,应尽可能将控制缺陷导致的不良状况数量化,用数据来说明这种缺陷所造成的危害程度。

(3)如果因果分析表明存在一系列的问题,则可能暗示该领域或相关领域的内部控制失败。此时,内部审计人员就应该追踪检查,收集充分的证据,以证实这些领域内部控制失败的原因和程度。

(4)考虑原因来源于何处,有助于正确评估审计发现的性质和重要性,有助于提出解决问题的建议和措施。

三、总结审计发现、结论和建议

在审计实施阶段,审计项目负责人应该定期或不定期地召开审计小组的内部工作会议。在会议上,审计人员应该将其负责领域的工作进展情况作阶段性的总结和汇报。汇报应有书面纪录,应着重说明阶段性的审计发现、结论和建议。据此,审计项目负责人可以检查和评估各领域的工作进展情况,判断审计发现的性质和重要性,裁决审计证据,并对下一步的工作重点和方向提供具体的业务指导和部署。

在审计实施阶段的工作全部完成之后,每一位审计人员都应该对其负责的工作进行书面的总结,阐明审计发现、结论和建议。项目负责人应该在撰写审计报告之前将所有的审计发现、结论和建议进行归纳总结,形成要点式报告。这种报告应该言简意赅、提纲挈领地包括已经收集并纪录于工作底稿的确凿证据和分析内容,着重阐明审计发现、结论和建议,以及三者合乎逻辑的推理判断关系。通常与被审计单位讨论过的要点式报告,内部审计部主任可以视情况将其呈送给董事会审计委员会和企业管理当局。

四、完成审计工作底稿的编制工作

审计工作底稿,是指内部审计人员在审计过程中形成的工作记录,是联系审计证据和审计结论的桥梁。编制审计工作底稿就是将审计工作的执行情况纪录成文。事实上,从确定审计项目开始,直到完成审计报告和后续审计的全过程,都涉及审计工作底稿的编制工作。

在审计实施阶段,编制审计工作底稿就是要收集、整理、解释那些与审计目标相关的各种信息,并形成书面纪录。内部审计人员应该根据审计掌握的情况及时编制审计工作底稿,纪录所发现的问题及其前因后果,而不是等到审计工作完成后才着手编制。

一份编制良好的审计工作底稿应内容完整、记录清晰、结论明确,客观反映项目审计计划与审计方案的制定及实施情况,并包括与形成审计结论和建议有关的所有重要事项。

五、与被审计单位讨论审计结果

通常,审计发现、结论和建议都是针对存在的问题、控制缺陷或不规范活动而言的,其矛头往往直接指向被审计单位的管理人员和业务人员,这可能会给审计人员带来不少的麻烦。为防止或缓和这种不良状况的出现,确保被审计单位的管理人员和业务人员能够依据审计报告书中的建议和结论改进管理,完善内部控制,在审计实施过程中,审计人员应该适时地就发现的问题与被审计单位进行讨论,征求他们的意见和看法。这不但可以进一步确认揭示的问题和提出的审计结论、建议的正确性,同时也是对被审计单位的一种尊重,有助于培养双方良好的合作关系。与被审计单位讨论审计结果有两种基本方式:一是口头方式,二是编制书面的审计备忘录。通常情况下,后者是一种普遍采用且效果良好的讨论方式。

第三节 审计终结阶段

审计终结阶段又称审计报告阶段,在整个审计过程中占有非常重要的地位。该阶段中,内部审计人员所做的工作主要包括:整理和评价审计证据;复核审计工作底稿;撰写审计报告;征求被审计单位意见并修改审计报告;呈报审计报告;进行审计文件归档等。

一、整理和评价审计证据

审计实施阶段所搜集的审计证据是零星的、分散的,如果不将审计证据系统化,就不能揭示问题的实质。为了使在审计实施阶段收集的分散的个别证据结合起来形成具有充分证明力的证据,有效地

江铃汽车股份有限公司的风险导向审计

用来评价被审计单位的经济活动,得出正确的审计意见和结论,必须对收集到的证据进行整理和评价。整理和评价审计证据的过程,从根本上说,也是审计人员凭借政策水平、专业知识和个人实践经验对证据进行分析研究的过程。通过整理和评价,选出若干最有说服力的证据,作为编制审计报告、得出审计结论以及提出改进建议的依据。

二、复核审计工作底稿

审计工作底稿是审计人员根据自身的取证记录编写的。由于单个审计人员专业知识的局限性和判断能力的差异,在审计过程中难免有判断失误和计算误差的情况而影响审计工作质量。通过对审计工作底稿的复核,可以减少和消除各种审计差错,提高工作质量,降低审计风险,因此,对审计工作底稿的复核,是一项重要的必不可少的程序。

审计工作底稿的复核工作一般由编制人的上级或同级人员进行。复核人员在复核审计工作底稿时,应做好必要的复核记录,并以书面形式表示复核意见。

三、撰写内部审计报告

内部审计报告是内部审计人员根据审计计划对被审计单位实施必要的审计程序后,就被审计单位经营活动和内部控制的适当性、合法性和有效性出具的书面文件。内部审计人员应在审计实施结束后,以经过核实的审计证据为依据,形成审计结论与建议,出具审计报告。

内部审计报告一般由审计项目负责人编写。审计报告应当客观、完整、清晰、及时,具有建设性,并体现重要性原则。

四、征求被审计单位意见,修改审计报告

为了保证审计报告的客观、公正,并取得被审计单位、组织适当管理层的理解,内部审计机构与人员应在审计报告正式提交之前,按照《内部审计具体准则第11号——结果沟通》的要求进行沟通工作。沟通一般采取书面或口头方式,也可采用其他适当方式。沟通的主要内容包括审计概况、审计依据、审计结论、审计决定、审计建议等。

被审计单位对审计结果持有异议的,审计项目负责人及相关人员应进行研究、核实,必要时应修改审计报告。审计报告经过必要的修改后,应连同被审计单位的反馈意见及时送内部审计机构负责人复核。

五、审计报告的报送

审计报告要经过一定的审核程序才能发出。内部审计机构负责人或其他被指定的人员应审阅并批准审计报告,并决定报告报送的对象。发送内部审计报告的目的应是保证能够对审计意见给予应有注意的管理部门了解审计意见,即发送的对象所处的职位能够

针对审计报告的建议采取纠正措施或促使别人采取纠正措施。

内部审计机构应将审计报告提交被审计单位和适当管理层,并要求被审计单位在规定的期限内落实纠正措施。包含重要事项的内部审计报告,除了应该报送给最高管理层外,还应报送给董事会。如果审计报告涉及被审计单位最高管理层,则报告应直接报送给董事会或审计委员会。

六、审计文件归档

一个审计项目结束后,审计人员应将全部审计资料,包括审计项目计划、审计方案、审计工作底稿、各种审计证据、审计报告底稿及报告、审计结论或审计决定等分类存档,建立审计工作档案,以便日后查阅。

第四节 后续审计

一、后续审计的定义与意义

与外部审计师出具审计报告就意味着完成审计工作不同,内部审计师在审计报告发出后,仍然要对报告中所涉及的审计结果和审计建议进行跟踪,这就是后续审计。后续审计的目的是审查和监督被审计单位是否对报告中提示的问题进行了纠正和改进。

按照《内部审计具体准则第8号——后续审计》,后续审计是指内部审计机构为检查被审计单位对审计发现的问题所采取的纠正措施及其效果而实施的审计。

后续审计是内部审计工作中不可或缺的关键程序。它的作用不仅体现在保证内部审计的工作质量上,也体现在更充分有效地对组织起到风险预警的作用。具体来说,后续审计的作用包括以下几个方面:

1.后续审计能够帮助高级管理层完成组织职能

从某种意义上说,内部审计师从事的是高级管理者希望完成而不能直接参与的工作。例如,审查内部控制制度的改进情况,评价工作偏差与错弊的预防措施是否有效和充分等。后续审计中,内部审计师发挥了高层管理者的一部分职能,监控被审计对象的纠正措施,并追踪原有审计结果和审计建议的落实情况。

2.后续审计可为被审计对象革除管理上的弊端

内部审计人员通过收集证据、进行测试,分析了问题的实质,并初步评价了被审计对象。但被审计对象仍有可能表面上认可审计结论,但却没有采取任何实质性的改进措施,审计工作的成果也就失去了意义。后续审计能够防止这种情况的出现,使被审计单位得到真正的改进和提高。

3.后续审计是内部审计工作自身规范的一部分,有利于明确组织内部的责权划分

在审计报告中已经包括了被审计单位对审计工作的反馈,但只有经过后续审计才能

真正验证哪一方对存在问题的看法更具有合理性,进而真正解决被审计单位的有关部门存在的问题。

二、后续审计的主要步骤

后续审计通常包括以下步骤：

1. 认真分析被审计单位的反馈

被审计单位的反馈是指审计单位对审计报告中的结论、意见或建议的回应。反馈可分为四种类型：一是不反馈；二是反馈不充分；三是被审计单位存在分歧意见；四是被审计单位提交了不采取纠正措施的详细说明。内部审计师应有效地区分和充分了解被审计单位的反馈，还可以通过对反馈的认识选定今后的工作和方向，或者澄清事实，或是采取其他纠正措施。但审计师不能把自己的意见强加给被审计单位。

2. 对反馈不充分及没有反馈的问题与被审计单位进行探讨

通常情况下内部审计师可采用面谈或电话咨询的方式。探讨要采用客观和公正的态度，运用有效沟通和协调的技巧，注意不能产生侵权和越权的行为。探讨的内容可包括不反馈的原因，或被审计单位的其他考虑等。

3. 对重大的审计结果进行现场追踪审计和测试

现场追踪审计可采用的方法包括访问、面谈、测试以及检查纠正措施的纪录资料等。与审计实施阶段相似，后续审计的关键步骤在于取得现场追踪数据和实地考察资料并记录于审计工作底稿，形成文件，为以后的审计工作提供参考。

4. 针对已采取的各项措施进行评估，对控制风险进行重新评估

这是后续审计的实质性部分。风险评估采用的模型及风险排序等都可以与前期审计工作一致。

5. 提交后续审计报告

后续审计报告的目的是使管理层充分了解后续审计中澄清的事实及重新评估的风险程序。后续审计报告的内容包括后续审计的审计结果、风险重估结果以及被审计单位的反馈等。

三、后续审计中应注意的问题

内部审计组织必须进行后续审计，以确保被审计单位对审计报告中提出的审计结果采取适当的行动。内部审计组织应确认已经采取的纠正行动和正在达到要求的结果，或者确认高级管理层或董事会已经承担了对在报告中的审计结果不采取纠正行动而产生的风险。后续审计中应注意以下事项：

(1) 内部审计组织所进行的后续审计是指他们用以确认管理人员针对报告的审计结果而采取的行动是否合适、有效和及时的一个工作过程。这种结果也包括由外部审计师和其他人员所做的有关的审计结果。

(2) 管理层负责决定针对报告中的审计结果应采取的适当行动，内部审计机构负责人

负责评价管理层针对报告中审计结果为及时解决审计发现的问题而采取的行动。在确定后续审计的范围时,内部审计师应考虑由该组织中其他人员所进行的后续审计的程序。由于费用和其他考虑,高级管理层可以决定不采取纠正行动,并承担由此而产生的风险。高级管理层对所有重要审计结果所做的决定都应报告董事会。后续审计的性质、时间和范围应由内部审计机构负责人来确定。

(3)在确定合适的后续审计程序并编制后续审计方案时应考虑如下因素:①审计决定和建议的重要性;②纠正措施的复杂性;③落实纠正措施所需要的期限和成本;④纠正措施失败可能产生的影响;⑤被审计单位的业务安排和时间要求。

(4)内部审计机构负责人应制定包括下述内容的程序:①时间要求,要求管理层在要求的时间内对审计发现做出反应和答复;②评价管理层的反应和答复;③核实这种反应和答复(在必要情况下);④后续审计(在必要情况下);⑤向适当的管理层提交有关不令人满意的反应或行动的报告程序,包括风险的假设。

(5)用以有效地完成后续审计工作的技术包括:①向负责采取纠正行动的适当层次的管理人员说明审计报告中的审计发现;②在审计期间或在审计报告发出后的适当时期内,收集和评价管理层对审计结果的反应,如果管理层的反应和答复中包括了足够的资料,能使内部审计机构负责人评价纠正行动的适当性和及时性,则这种反应和答复是很有用的;③从管理层中获取定期的最新资料,以便评价管理层按照先前审计报告中的要求所做的纠正行动;④接受并评价来自其他负责进行后续审计程序的组织单位的报告;⑤向高级管理层或董事会报告有关审计结果的反应情况。

(6)其他:①被审计单位管理层的责任是对审计中发现的问题采取纠正措施。内部审计人员的责任是评价被审计单位管理层采取的纠正措施是否及时、合理、有效。②内部审计机构应在规定的期限内,或与被审计单位约定的期限内执行后续审计。③内部审计机构负责人应适时安排后续审计工作,并把它作为年度审计计划的一部分。④内部审计机构负责人如果初步认定被审计单位管理层对审计发现的问题已采取了有效的纠正措施,后续审计可以作为下次审计工作的一部分。⑤当被审计单位基于成本或其他考虑,决定对审计发现的问题不采取纠正措施,并做出书面承诺时,内部审计机构负责人应向组织的适当管理层报告。⑥内部审计人员在确定后续审计范围时,应分析原有审计决定和建议是否仍然可行。如果被审计单位的内部控制或其他因素发生变化,使原有审计决定和建议不再适用时,应对其进行必要的修订。⑦对于已采取纠正措施的事项,内部审计人员应判断是否需要深入检查,必要时可提出应在下次审计中予以关注的事项。

本章小结

审计程序是指审计人员对审计项目从开始到结束的过程中采取的系统性工作步骤。内部审计程序通常包括准备阶段、实施阶段、终结阶段三个环节。在多数情况下,为了进一步跟踪审计结果的落实情况,还要开展后续审计。

审计准备阶段也就是内部审计的规划阶段。这一阶段的工作步骤主要包括:选择审计项目,编制年度审计计划;委派审计人员,编制项目审计计划;制定审计实施方案,向被审计者发出审计通知书。

审计实施阶段又可称之为现场审计阶段,该阶段的主要工作包括:审计测试;对审计发现进行因果分析;总结审计发现、结论和建议;编制审计工作底稿;与被审计单位沟通审计结果。

审计终结阶段又称审计报告阶段,该阶段中内部审计人员所做的工作主要包括:整理和评价审计证据;复核审计工作底稿;撰写审计报告;征求被审计单位意见并修改审计报告;呈报审计报告;进行审计文件归档等。

后续审计,是指内部审计机构为检查被审计单位对审计发现的问题所采取的纠正措施及其效果而实施的审计。后续审计的作用主要包括:后续审计能够帮助高级管理层完成组织职能;后续审计可为被审计对象革除管理上的弊端;后续审计是内部审计工作自身规范的一部分,有利于明确组织内部的责权划分。后续审计通常包括以下步骤:认真分析被审计单位的反馈;对反馈不充分及没有反馈的问题与被审计单位进行探讨;对重大的审计结果进行现场追踪审计和测试;针对已采取的各项措施进行评估,对控制风险进行重新评估;提交后续审计报告。后续审计有诸多需要注意的事项,了解和把握这些事项,对有效开展后续审计是至关重要的。

复习思考题

1. 内部审计程序可划分为几个阶段?每个阶段的主要工作是什么?
2. 简述审计计划含义及其所包括的层次。
3. 简述审计计划各层次所包括的主要内容。
4. 编制项目审计计划的过程可分为哪几个步骤?
5. 简述审计通知书的含义及应包括的内容。
6. 简述后续审计的含义和意义。
7. 简述后续审计的主要步骤。

本章练习题

一、单选题

1. 在对财务报表进行分析后,确定资产负债表的重要性水平为200万元,利润表的重要性水平为100万元,则内部审计人员应确定的财务报表层面重要性水平为(　　)。

　　A.100万元　　　　B.150万元　　　　C.200万元　　　　D.300万元

2. 以下不属于审计证据主要分类的是(　　)。

　　A.按来源分类　　　　　　　　B.按审计程序分类

　　C.按审计证据的证明力分类　　D.按审计目标分类

3. 重要性和审计风险之间存在(　　)。

　　A.正向关系　　　　　　　　　B.反向关系

　　C.没有关系　　　　　　　　　D.视情况而定

4.对审计工作底稿审核负有全面责任的是( )。
 A.内部审计经理 B.财务部门负责人
 C.企业总经理 D.董事长
5.以下哪项内容是内部审计师在应用风险分析过程中编制审计时间表时,应首先受到关注的?( )
 A.外部审计师要求为其即将开始的年度审计提供协助
 B.公司的信息技术部门正对新的应付款系统进行测试
 C.管理层已要求对应收账款可能发生的截留挪用情况进行调查
 D.上年中没有对现有的应付款系统进行审计

二、多选题
1.审计过程中,重要性的运用有( )几种情形。
 A.在计划审计工作中 B.执行审计程序
 C.评价审计结果 D.控制测试
2.审计风险是指财务报表存在重大错报而内部审计人员发表不恰当审计意见的可能性,包括( )。
 A.重大错报风险 B.检查风险
 C.固有风险 D.控制风险
3.下列属于内部审计人员可以控制的有( )。
 A.审计风险 B.重大错报风险
 C.控制风险 D.检查风险
4.具体审计计划包括( )。
 A.风险评估程序
 B.控制测试
 C.计划实施的进一步审计程序
 D.计划的其他审计程序
5.确定计划的重要性水平时应该要考虑的因素有( )。
 A.被审计单位业务的性质
 B.审计的目标
 C.财务报表各项目的性质及其相互关系
 D.财务报表项目的金额及其波动幅度

第四章 审计证据

学习目标(Learning Objectives)

1. 了解和掌握审计证据在内部审计中的重要性；
2. 了解审计证据的类型、处理；
3. 掌握审计证据的含义、标准，获取审计证据时应考虑的基本因素，审计证据的获取方法和对审计证据的评价。

审计证据是内部审计人员从事审计业务所获得的重要资料，是内部审计人员用以证实审计事项，做出审计结论和建议的依据。只有取得充分适当的审计证据，才能形成合乎要求的审计工作底稿，并为做出审计结论和建议提供合理依据。由此可见，审计证据的质量在很大程度上决定了审计工作的质量。

第一节 审计证据的含义、类型和标准

一、审计证据的含义

审计证据是内部审计人员在实施内部审计业务中，通过实施审计程序所获取的，用以证实审计事项，支持审计结论、意见和建议的各种事实依据。

正确理解审计证据的内涵，需掌握以下几点：(1)审计证据是内部审计人员在审计活动中，通过实施一定的审计程序而获取的，这表明了审计证据的获取范围。审计证据属于证据，但其范围比证据小，不是在审计活动中取得的信息不能成为审计证据。(2)审计证据的目的是为了支持审计结论、意见和建议。由于目的的特殊性，审计证据和法律证据等其他类型的证据具有一定的区别。某些证据虽然不能构成法律证据，但具有一定的说服力，能支持审计结论、意见和建议，也属于审计证据。

二、审计证据的类型

根据《第2103号内部审计具体准则——审计证据》的规定，内部审计人员应当依据不

同的审计事项及其审计目标,获取不同种类的审计证据。

为了使内部审计人员可以根据不同的证据性质了解被审计单位的事实真相,以便提高审计工作效率,审计证据要按照不同的标准加以分类。

(一)按审计证据的表现形态分类

按照证据的形态,审计证据可分为书面证据、实物证据、电子视听证据、口头证据以及环境证据。

书面证据是指以各种书面文件为形态的证据,包括各种会议记录、文件、章程、经济业务凭证、会计记录、报告和函件等。书面证据是内部审计人员在审计过程中所要收集的主要部分,是形成审计意见的重要证据。

实物证据是指以实物形态存在的证据,一般通过观察或监盘的方法取得,用以证明某些实物资产是否存在。实物证据的存在本身就具有很大的可靠性,因而证明力最强。但对实物证据通常要进行盘点,盘点时要检查实物的数量和质量,计价是否正确,还要证实实物的所有权。

视听电子证据是指以电子数据或影音形态存在的证据。随着信息技术的发展,这部分证据将在审计过程中占有一定地位。

口头证据是指由内部审计人员询问被审计单位人员或其他人员而取得的口头答复形成的证据。口头证据的可靠性会受到被询问者主观判断影响的限制,因此其证明力较弱。但口头证据可以提供一些重要线索,供内部审计人员据此继续审查,或为其他证据提供佐证。

环境证据是指对审计事项产生影响的各种环境事实,如影响管理工作效率的内部控制制度、影响会计信息质量的会计科室组织情况、影响经济效益的经营条件和经营方针等。环境证据可以帮助内部审计人员了解被审计单位所处的环境概况,为审计判断提供依据。

(二)按审计证据的来源分类

按照证据的来源,审计证据可分为亲历证据、内部证据和外来证据。

亲历证据是指内部审计人员亲眼看见或亲自动手加工取得的证据,如内部审计人员执行审计业务时亲自参与或监督盘点取得的实物证据,跟踪重做而取得的证据,找人谈话的记录,观察职工工作效率的记录,编制的各种调节表等。

内部证据是指从本单位内部取得的各种证据,如各类会计资料、统计报表、业务核算资料、各类内部文件凭证、本单位职工的证明材料等。

外来证据,或叫外部证据,是指从被审计单位以外的第三方取得的各种书面证明或证词,如函证的答复,从外单位取回的发票、运单和对账单,顾客对本厂产品质量的意见,批评信和表扬信等。一般而言,外来证据的证明力比内部证据强。

(三)按审计证据的相互关系分类

按照证据的相互关系,审计证据可分为基本证据、佐证证据和矛盾证据。

基本证据,或叫基础证据,是指对被审计事项具有直接证明力的证据。如审查账户记载正确性时,记账凭证是基本证据;证明财务报表的正确性时,总账和明细账的记录是基本证据；审查材料的利用效率时，材料消耗记录和产量记录是基本证据。

佐证证据，也称为旁证，是指能支持基本证据证明力的证据。如原始凭证可支持和证明记账凭证的正确性，记账凭证可支持和证明账户记录的正确性，领料单或退料单可支持和证明材料消耗记录的正确性，产品入库单可支持和证明产量记录的正确性等。佐证证据和基本证据的区别不在于形式，而在于在具体场合中所起的作用。

矛盾证据是指证明的内容与基本证据不一致或相反的证据。例如，从核算资料上看，某车间产量高，产品质量好，但职工反映废品很多，材料浪费严重。这时，在有矛盾证据的情况下，内部审计人员就必须深入调查，进一步取证，分析研究后舍弃不正确的证据，才能对该车间做出恰如其分的评价。

(四)按审计证据的取得方式分类

按照证据的取得方式，审计证据可分为现成证据和非现成证据。

现成证据是指被审单位已经存有的、无须内部审计人员加工的证据，如：会计资料，包括凭证、账簿和报表；各种文件、资料；各种财产物资等实物。

非现成证据是指内部审计人员进行加工后取得的证据。如内部审计人员函证的答复信件、谈话调查记录；各种分析表、计算表等。在内部审计中，非现成证据往往占据很大比重，这就要求内部审计人员必须具备现代管理技术和方法等方面的知识。

应该指出的是，在审计实务中，各种标准的分类不是孤立的，而是相互联系的。如会计凭证按证据的形式属于书面证据，按证据的来源则是内部证据，按证据的相互关系又是基本证据。弄清审计证据的分类，有利于收集充分可靠的审计证据，并作为提出审计意见的基础。

三、审计证据的标准

《第2103号内部审计具体准则——审计证据》规定："内部审计人员获取的审计证据应当具备相关性、可靠性和充分性。"这说明了审计证据的标准，即相关性、可靠性和充分性。

(一)相关性

相关性，即审计证据与审计事项及其具体审计目标之间具有实质性联系，是审计证据的质量标准。内部审计人员所收集的审计证据必须与审计目标相关联，与审计事项之间存在内在逻辑关系，这样的证据所反映的内容才能够支持特定审计事项的审计结论和建议。例如，某车间新增了20台新设备，这不能作为经济效益高的审计证据。因为有了这些新设备，还不能得出经济效益高的结论，也就是说，新增设备与效益高还不具有相关性的特点。如果有资料说明，使用新设备后，产量增加多少，质量提高多少，劳动生产率提高多少，则该资料可以作为使用新设备后提高经济效益的证据。

(二)可靠性

可靠性是指审计证据真实、可信，也是审计证据的质量标准，即审计证据必须能够反映审计事项的客观事实，以便内部审计人员可以信赖这些证据并据以做出审计结论、形成审计意见和建议。审计证据的类型不同，其可靠性程度也不一样。内部审计人员要根据审计证据的类型和来源等因素评价证据的可靠性，如道听途说的资料或毛估的数字，不能作为审计证据。此外,审计证据的可靠性还反映在取证方法的适当性上。

(三) 充分性

充分性,即审计证据在数量上足以支持审计结论、意见和建议。充分性是审计证据的数量标准。对审计事项来说,充分的证据才能达到一定程度的证明力,以保证合理地推断出审计结论和建议。例如,为了查证某种材料采购业务的手续是否合法、齐备,则不仅要有供应方的销货发票和收款收据,还要有被审计单位的验收单、化验单和支付货款所开支票的存根等,这样才能证实材料确实已经购买、收到和付款,缺少其中任何一份材料,证据就不够充分。

在审计证据的三个标准中,相关性是特别强调的标准。因为内部审计不仅涵盖财务审计,其范围更多地扩展到管理审计领域,尤其是有关经济性、效果性和效率性等方面的审计。因此,在管理审计中,审计证据与审计目标的相关性非常重要,是据此做出适当审计结论的关键。

审计项目的各级复核人员应当在各自职责范围内对审计证据的相关性、可靠性和充分性予以复核。

第二节 审计证据的获取和评价

一、获取审计证据时应考虑的基本因素

内部审计人员在获取审计证据时,应当考虑下列基本因素:

(一) 具体审计事项的重要性

对于越重要的审计事项,内部审计人员越是需要获取充分的审计证据以形成审计结论和建议。内部审计人员应当从数量和性质两个方面判断审计事项的重要性,以做出获取审计证据的决策。从数量上说,可以用金额或其他量化方式反映,一般来说,数量越大的项目越重要。如在审查若干个销售分公司的业绩时,销售收入总金额越大,该分公司项目越重要,需要获取越多的审计证据。从性质上说,存在舞弊怀疑的项目具有较高的重要性程度。有些项目虽然数
量不大,但在这些项目的审查中发现了舞弊迹象,如现金收入经常性异常小额短缺,则这些项目也需要内部审计人员获取更多的审计证据,以查明是否存在舞弊行为。

(二) 可以接受的审计风险水平

审计风险是指内部审计人员的结论与实际情况相背离的可能性。证据的充分性与审计风险水平密切相关。内部审计人员事先确认的可接受的审计风险水平越低,审计过程中需要获取的审计证据数量越多。反之,可接受的审计风险水平越高,需要获取的审计证据数量就越少。因此,内部审计人员应根据项目审计计划中所评估的审计风险水平,确定审计项目所需要的审计证据数量的多少。

(三) 成本与效益的合理程度

内部审计人员在获取审计证据时应考虑取证成本与证据所能带来的效益的对比。基于内部审计资源有限的考虑，当收集某一审计证据的成本太高时，内部审计人员可以考虑以能够达到同样目的，但收集成本较低的审计证据代替。如内部审计人员在审查委托销售或委托保管等代理性项目时，可以采用函证的方法获取审计证据，而不一定要亲自到受托人处审核相关文件和凭证。但内部审计人员对成本与效益的考虑不应影响审计质量。对于重要的审计事项，要实现审计目标，有时必须花费较高的审计成本才能取得符合标准的审计证据。为保证审计质量，此时不应当将审计成本的高低作为减少必要审计程序的理由。

(四) 适当的抽样方法

内部审计人员在实施审计程序获取审计证据时，可以采取统计抽样和非统计抽样的方法。统计抽样方法要求按照一定的统计模型与规则进行样本量的确定和样本的选取；非统计抽样方法则主要是运用内部审计人员的职业判断，凭借经验判断所需要的样本数量。这两种抽样方法适用于不同的审计目标和审计事项，内部审计人员在实施审计程序时要根据审计目标和审计事项选择适当的抽样方法，以获取相关、可靠、充分的审计证据。

二、审计证据的获取方法

内部审计人员向有关单位和个人获取审计证据时，可以采用(但不限于)审核、观察、监盘、访谈、调查、函证、计算、分析程序等方法。

(一) 审核

审核是指对书面文件的审阅和复核。内部审计人员审核书面文件时，应注意其是否真实、完整和合法，具体包括：(1)应注意书面文件是否存在涂改或伪造的现象，关注书面文件的真实性；(2)应注意书面文件记载的经济事项是否真实、合理，并且符合国家有关法律和规章制度的规定；(3)应注意书面文件与各种相关文件之间是否一致，包括日期、金额和数量等内容方面相互勾稽。

(二) 观察

观察是指对被审计单位的经营场所、实物资产和有关经营活动及内部控制的执行情况进行实地查看。内部审计人员执行观察程序，有助于获取被审计单位控制环境、资产状况及有关内部控制执行情况的环境证据和实物证据。

(三) 监盘

监盘是指现场监督被审计单位存货、固定资产及现金等实物资产的盘点，并进行适当的抽查予以核实的过程。内部审计人员执行监盘程序，有助于确定被审计单位实物资产是否真实存在且与相关记录相符，查明是否存在短缺、毁损、贪污及盗窃等问题。监盘可以获取实物证据，但不能保证被审计单位对该实物资产拥有所有权，而且也不一定能证明资产的质量、价值和完整性。

(四) 访谈

访谈是指内部审计人员通过与被审计单位人员、其他与被审计单位有关的人员以及独立的专家接触谈话而了解情况的程序。该程序对于内部审计人员了解被审计单位经营活动、发现和分析经营活动的异常及例外情况特别重要。内部审计人员需要运用一定的技巧保证访谈的适当性与客观性,特别要注意避免诱导被访谈者提供预定立场的回答。对于通过访谈获取的口头证据必须正确加以记录,也必须采用其他证据加以佐证。

(五)调查

调查是指内部审计人员深入被审计单位内外部,通过观察、实验、询问、问卷和查阅资料等方法获取相关信息的过程。内部审计人员在调查过程中可以采用抽样调查法或典型调查法。

(六)函证

函证是指为印证审计事项而向被审计单位以外的第三者发出书面陈述并要求其作答的程序。函件通常由内部审计人员编制,由函证对象完成并直接交内部审计人员处理。内部审计人员可以通过函证取得有关银行账户余额、信贷限额、应收账款余额、相关协议合同内容以及相关法律事项的审计证据。由于函证所取得的证据是由独立于被审计单位之外的第三者提供的,因此具有较高的可靠性。

(七)计算

计算是指为核实数字的正确性而对被审计单位经济业务凭证或会计记录中的数据进行验算或重新计算的过程。由于计算所获得的证据属于内部审计人员的亲历证据,因此通常被认为具有较高的可靠性。内部审计人员在执行计算程序时,应结合数据计算的内容来评价输出结果的合理性。如在对利息收入进行验算时,如果利率超过了法律的规定,则即使计算无误,其结果也是不正确的。

(八)分析性复核

分析性复核是指通过分析比较数据之间的关系或计算一定的比率来获取审计证据的一种程序。分析性复核能帮助内部审计人员了解被审计单位基本情况,确认异常差异,确认潜在的错误和违法、违规行为,以及评价审计结论和建议的适当性。分析性复核可以运用于审计准备、审计实施和审计完成的全过程,通过将收集的信息和内部审计人员事先确定的期望值相比较,可以得出评价结果。分析性复核主要包括以下内容:

(1)多期比较。将当期的数据与前期数据进行多期比较,分析波动情况及趋势。

(2)实际和预算比较。将实际的数据与被审计单位的预算数据或预测数据进行比较。

(3)与行业数据比较。将被审计单位的数据与相同行业的相关数据进行比较,分析与行业水平的差异。

(4)研究数据之间的关系。分析若干具有关联关系的数据之间的关系,计算相关比率。

(5)财务信息与非财务信息之间关系的分析。对财务信息与非财务信息之间的关系进行分析,判断数据的合理性。

三、审计证据的处理和评价

(一)审计证据的处理

内部审计人员应当将获取的审计证据名称、来源、内容、时间等完整、清晰地记录于审计工作底稿中。采集被审计单位电子数据作为审计证据的,内部审计人员应当记录电子数据的采集和处理过程。

对审计项目的某些特殊问题,内部审计人员可聘请其他专业机构或者人员进行鉴定,并将鉴定结论作为审计证据。在内部审计过程中,内部审计人员往往会遇到一些复杂的特殊问题,如特定资产的评估、工程项目的评估、产品或服务质量问题、信息技术问题、衍生金融工具问题、舞弊及安全问题、法律问题、风险管理问题等,内部审计人员由于本身的能力、精力有限,可能并不具备这些特殊领域的专门知识,此时就需要获得专家的协助才能获取相关、可靠、充分的审计证据。因此,专家对这些特殊问题的鉴定结论可以作为审计证据,以证实审计事项,支持审计结论、意见和建议。但同时应注意的是,由于内部审计人员必须对审计结论、意见和建议负责,而专家的鉴定是形成审计结论、意见和建议的依据,因此,内部审计人员必须对引用专家鉴定结论的可靠性负责。所以,内部审计人员必须按照审计工作的要求考虑专家的专业胜任能力和独立性,对专家鉴定做出评价,慎重考虑其是否能形成可靠的审计证据。

在必要的情况下,内部审计人员应要求证据的提供者对其提供的审计证据签名或盖章。在内部审计过程中,某些口头证据或复印件形成的书面证据往往需要证据提供者签名或盖章,从而确认其来源真实,证据有效。内部审计人员采用合法途径从证据提供者处获取真实、可靠的证据,如果证据提供者出于种种原因拒绝签名或盖章确认该证据,内部审计人员应了解原因,并在审计工作底稿中注明原因和日期,该证据仍然有效,可作为支持审计结论和建议的依据。

(二)审计证据的评价

内部审计人员在评价审计证据时,应当考虑证据之间的相互印证关系及证据来源的可靠程度。一般情况下,单一来源或单一性质的审计证据,可能存在某些片面性,如果某一审计事项可以得到不同来源或不同性质的审计证据的相互印证,则可以大大提高根据其做出的结论的可靠性程度。不同来源的审计证据的可靠性有差别,一般而言,评价审计证据的可靠性程度有以下原则:

1. 外部证据比内部证据可靠

外部证据是来源于被审计单位外部的证据,如由内部审计人员直接向被审计单位之外的人员、部门或其他组织获取的证据。外部证据往往没有经过被审计单位的作业系统处理而直接由内部审计人员所获取,因此,外部证据的来源客观性较强,可靠性也较强。内部证据是来源于被审计单位内部的证据,如被审计单位在经济活动中形成的各种经济业务凭证。这些凭证大多由被审计单位内部产生、处理及留存,与外部证据相比,比较容易受到被审计单位人员的扭曲或涂改,因此,其客观性和可靠性相对来说比较差。

2. 书面证据比口头证据可靠

口头证据的可靠性受被访谈者主观判断的影响,因此,往往不能单凭口头证据证明审计事项,而需要其他证据的佐证才能得出较可靠的结论。书面证据包含各种以书面文件为形式的经济业务凭证、会计记录、合同协议等内容,其形式较为客观,因此是审计证据的主要组成部分,比口头证据可靠。

3.内部审计人员的亲历证据比由被审计单位提供的证据可靠

亲历证据包括内部审计人员直接从被审计单位以外获取的审计证据,以及自己动手编制的各种计算表和分析表等,具有较强的独立性。由被审计单位提供的证据从来源上属于内部证据,容易受到扭曲或涂改。因此,内部审计人员的亲历证据比其可靠。

本章小结

审计证据是指内部审计人员在实施内部审计业务中,通过实施审计程序所获取的,用以证实审计事项,支持审计结论、意见和建议的各种事实依据。内部审计人员应当依据审计目标获取不同类型的审计证据。内部审计人员获取的审计证据应当具备相关性、可靠性、充分性等标准。同时内部审计人员可以采用审核、观察、监盘、访谈、调查、函证、计算和分析性复核等方法获取审计证据。内部审计人员应将获取审计证据的名称、来源、内容、时间等清晰、完整地记录在工作底稿中,以利于正确处理和评价。

复习思考题

1.什么是审计证据?审计证据按照其形态可分为哪些类型?
2.内部审计人员获取的审计证据应当具备什么标准?
3.获取审计证据时应考虑哪些基本因素?
4.获取审计证据有哪些方法?
5.一般而言,评价审计证据的可靠性程度要遵循什么原则?

本章练习题

一、单选题

1.下列有关审计证据的说法中,错误的是(   )。

A.审计证据是内部审计人员在审计活动中通过实施一定的审计程序而获取的,这表明了审计证据的获取范围

B.审计证据属于证据,其范围比证据小,不是在审计活动中取得的信息不能成为审计证据

C.审计证据的目的是为了支持审计结论、意见和建议

D.某些证据不能构成法律证据,尽管其具有一定的说服力,能支持审计结论、意见和建议,但也不属于审计证据

2.实物证据通常证明(   )。

A.实物资产是否存在　　　　　　　　B.实物资产的所有权

C.实物资产的计价准确性　　　　　　D.有关会计记录是否正确

3.内部审计人员获取的下列审计证据中,可靠性最弱的是(   )。

A.应收账款函证回函　　　　　　　　B.销售发票

C.购货发票　　　　　　　　　　　　D.入库单

4.下列事项中,内部审计人员难以通过观察的方法来审计证据的是(　　)。
A.经营场所   B.存货的所有权
C.实物资产的存在   D.内部控制的执行情况
5.下列有关审计证据可靠性的说法中,正确的是(　　)。
A.可靠的审计证据是高质量的审计证据
B.审计证据的充分性影响审计证据的可靠性
C.内部控制薄弱时内部生成的审计证据是不可靠的
D.从独立的外部来源获得的审计证据可能是不可靠的

二、多选题
1.按照证据的形态划分,审计证据可分为(　　)。
A.书面证据   B.实物证据   C.口头证据   D.环境证据
2.审计证据的标准是指其(　　)。
A.相关性   B.可靠性   C.充分性   D.客观性
3.内部审计人员在获取审计证据时,应当考虑下列哪些基本因素?(　　)
A.具体审计事项的重要性   B.可以接受的审计风险水平
C.成本与效益的合理程度   D.适当的抽样方法
4.一般而言,评价审计证据的可靠性程度的原则有(　　)。
A.外部证据比内部证据可靠
B.书面证据比口头证据可靠
C.内部审计人员的亲历证据比由被审计单位提供的证据可靠
D.现成证据比非现成证据可靠
5.下列有关实物证据的说法中,正确的是(　　)。
A.实物证据一般通过观察或监盘的方法取得,用以证明某些实物资产是否存在
B.实物证据的证明力很强
C.对实物证据通常要进行盘点,盘点时要检查实物的数量和质量
D.实物证据可以直接证实实物的所有权

第五章　审计工作底稿

学习目标(Learning Objectives)

1. 了解和掌握审计工作底稿和审计档案工作在内部审计中的重要性；
2. 了解审计工作底稿的编制目的、分类、复核制度、管理和查阅；
3. 了解审计档案材料的类型与排列、纸质审计档案的编目与装订及移交、电子审计档案的建立与移交及接收；
4. 掌握审计工作底稿的含义、主要内容和编制；
5. 掌握审计档案工作的一般原则、审计档案的保管和利用。

从审计程序来看，审计工作底稿是联系审计证据和审计报告的桥梁。审计循环的过程，实际上就是通过审计工作底稿，汇总并串联多项审计证据、整理审计线索，提出审计发现、提炼审计结论，最终完成审计报告的整体过程。审计档案工作是内部审计机构对审计档案材料进行收集、整理、立卷、移交、保管和利用的活动。

第一节　审计工作底稿的含义和编制目的

一、审计工作底稿的含义

审计工作底稿是指内部审计人员在审计过程中形成的工作记录。审计工作底稿不仅记录了内部审计人员所执行的每一个审计程序和收集的每一份原始资料，而且记录了对这些原始资料的整理、加工、综合和分析过程，以及审计结论、审计意见和建议的形成过程。可以说，审计工作底稿是一个集中内部审计活动的信息库，是审计证据与据其做出的审计结论之间的桥梁，在内部审计过程中起着非常重要的作用。

审计工作底稿既可由内部审计人员在审计过程中自行编制，也可从被审计单位或第三方获得。由被审计单位或第三方提供的，需经内部审计人员审核后再归并于审计工作底稿中。

二、审计工作底稿的编制目的

内部审计人员在审计工作中编制审计工作底稿主要是为了实现以下目的：

1. 为编制审计报告提供依据

审计工作底稿中记录和整理了内部审计人员在审计过程中所收集的各种审计证据及在此基础上所做出的分析、判断和结论，是内部审计人员编制审计报告的直接依据。

2. 证明审计目标的实现程度

审计工作底稿详细记录了内部审计人员所执行的每一项审计程序和在各个阶段所收集的资料，可以清楚地了解内部审计人员在每个程序所做的工作和审计目标的实现程度。

3. 为检查和评价内部审计工作质量提供依据

审计工作底稿可以反映出内部审计人员是否做到应有的职业谨慎，执行了必需的审计程序，收集了相关、可靠和充分的审计证据，能够为检查和评价内部审计工作质量提供依据。

4. 证明内部审计机构和内部审计人员是否遵循内部审计准则

内部审计准则是内部审计机构和内部审计人员执行审计业务的技术规范，审计工作底稿可以反映其对这些技术规范的遵循程度。

5. 为以后的审计工作提供参考

审计工作底稿中记录了内部审计人员在审计过程中所遇到的问题，收录了一些档案资料，那些属于永久性审计档案的工作底稿，包含具有持续重要意义的资料，可以为以后的审计提供参考和帮助。此外，审计人员在实施后续审计时，可以查阅前期审计工作底稿中记录的已发现的问题和所提出的建议，借以对被审计单位针对审计发现问题所采取的措施的及时性和有效性进行评价。

第二节 审计工作底稿的分类

一、审计工作底稿的形式

审计工作底稿的形式可以是纸质、磁带、磁盘、胶片或其他有效的信息载体，但无纸化的工作底稿应制作备份。

审计工作底稿记录了内部审计人员在审计过程中所执行的审计程序和收集的各种资料。除了利用传统的纸介质记录审计工作底稿以外，内部审计人员还可以利用计算机来编制审计工作底稿，以方便传输和储存。此外，由于内部审计人员在审计过程中收集资料的方法有很多种，如访谈、调查、函证等，因此，记录利用这些方法所收集的资料的介质可能是除纸介质之外其他载体。利用这些介质记录的资料同样具有证明力。但由于这些介质本身具有较为容易损毁和破坏的特点，因此，为了保证记录于这些介质上的资料的安全性和可靠性，内部审计人员应当进行备份。

二、审计工作底稿的分类

依照不同的标准,审计工作底稿可以有不同的分类。

(一)按照工作底稿的基本格式分类

1.表格式工作底稿

表格式工作底稿,即内部审计人员预先将工作底稿编制成表格形式,然后按照被审计事项的特征、内容、统一的规范进行连贯性记录和编制。这种工作底稿具有简洁、统一、体系完整、使用方便、易于汇总的特征。如表4-1所示。

案例1

编号:

表 4-1　经济责任审计计划表

被审计单位及被审计领导干部	
审计目的	
审计范围	
审计重点	
审计实施时间	
审计组构成	
其他情况说明	
审计室主任审批意见	

编制人:　　　　　　　　　　　　　编制日期:

2.文字式工作底稿

文字式工作底稿就是简单地利用文字描述被审计事项或记录审计证据。这种工作底稿具有规范、整洁、传统的特征,但要求文字的运用应精炼、书写清晰、逻辑性强,也应杜绝利用华丽的辞藻掩盖真实审计事项,杜绝枯燥的文字赘述。

案例2

编号:

上海××××股份有限公司
审计通知书
审字[　　]第　　号

关于对　　同志进行经济责任审计的通知

(被审计单位名称):

根据本公司规定,经董事长批准,决定派出审计组,自××××年××月××日起,对×××同志自××××年××月至××××年××月在你单位任(职务)期间的经济责任进行就地(或报送)审计。

请你单位协助提供领导干部经济责任审计的有关资料,并请通知×××同志于××日之前向审计组提交述职报告。

在审计期间,请你单位有关职能部门积极配合,提供必要的工作条件,以保证审计工作的顺利进行。

特此通知。

审计组长:　　　　　成员:

附件:(一)需向审计组提供的资料清单
　　　(二)××同志述职报告内容的基本要求

上海××××股份有限公司审计室
年　　月　　日

抄送:

附件:(一)需向审计组提供的资料清单

(1)企业内部的财务规章制度和内部控制制度;

(2)任期内审计单位在银行和非银行机构设立的全部账户的情况,包括已注销的账户;

(3)企业章程、有关内部机构设置、职责分工情况;

(4)任期内历年资产经营计划和经济指标完成情况;

(5)任期内历年财务报表、账簿、凭证等会计资料;

(6)任期内重大投资项目及实施结果,对外投资项目明细表;

(7)任期内全部协议书及经济合同;

(8)任期内各种财产物资盘点表、债权债务清理明细表;

(9)任期内重大经济事项的决策材料及相关会议记录;

(10)任职前后有关经济遗留问题的专门材料;

(11)任期内有关经济监督部门及检查机构做出的重大事项检查结果、处理意见及纠正情况资料;

(12)任期内上级内部审计机构或社会审计机构出具的审计报告、验资报告、资产评估报告及办理企业合并、分立等事项出具的有关报告等;

(13)审计机构认为需要的其他资料。

附件(二):××同志述职报告内容的基本要求

(1)任职情况(包括在何单位、任何职及任职起止时间);

(2)单位基本情况;

(3)任期内经济责任目标及其完成情况;

(4)任期内的主要经营决策及其实施效果;

(5)任期内资金运用情况(包括资金来源与运用的明细及说明);

(6)财产物资的安全完整、保值增值情况(包括清查明细及说明);

(7)任期内债权债务情况(包括清查明细及说明);

(8)个人廉洁自律情况;

(9)任职期间的工作体会及目前存在的主要问题。

3.配备插图的工作底稿

由于文字式和表格式工作底稿各有其优缺点,如果取其所长,则当遇到较为复杂的被审计事项时,可在文字记录的基础上,穿插一些流程图、审计发现照片等内容,则该底稿会更加充实和丰富。

4.各种计算机软件形式的工作底稿

"无纸化"的工作底稿是现代科学技术发展的产物,计算机技术运用到审计工作中,帮助内部审计人员完成各项审计任务,是一种得天独厚的优势。如利用计算机软件中的文字处理软件、电子表格处理软件、数据库处理软件、项目管理软件、统计软件等,可以帮助审计人员编制工作底稿。这些工作底稿具有速度快、便捷、存储数量巨大、灵活和资源共享能力强等特征。

(二)按照工作底稿所反映的内容分类

1.财务会计审计工作底稿

此类工作底稿主要反映财务会计方面的内容,包括会计凭证、会计账簿、会计报表、试算平衡表、银行对账单、营运资金分析表、财务杠杆分析表、本量利分析表等。

2.绩效审计工作底稿

此类工作底稿主要反映企业经济效益涉及的内容,如财务会计、信贷、生产、销售、产品质量管理、人力资源管理、信息管理等。

3.任期经济责任审计工作底稿

此类工作底稿主要反映政府对领导干部任期内经济责任的评价,内容包括任期的会计指标、任期的经济责任和经济效益指标、任期的人事干部考核指标、任期的政绩指标等。

4.基本建设审计工作底稿

此类工作底稿主要反映利用积累基金进行固定资产再生产的内容,包括建筑工程投资、设备安装工程投资、设备工具投资等。此外,新建项目、改扩建项目、恢复项目和拆迁项目等也是该类审计工作底稿涉及的内容。

5.人力资源和环保审计工作底稿

人力资源审计工作底稿内容涉及企业员工的福利、工薪和保险、雇员价值和教育培训支出等,环保审计工作底稿内容涉及环保制度审计、废物处理审计、储存和排放审计、防止污染审计、应计制环保责任审计等。

6.其他审计工作底稿

(三)按照审计工作底稿的编制主体分类

1.由被审计单位或其他第三方提供或代编的审计工作底稿

此类资料的原件如果由被审计单位保存,则内部审计人员索取复制件时,应注意将复制件与原件核对一致。这类审计工作底稿主要包括:

(1)与被审计单位设立有关的法律性资料。如企业设立的批准证书、营业执照、合同、协议章程或变更文件的复印件等。

(2)与被审计单位组织机构或管理层人员结构有关的资料。如组织结构框架图、各管理部门的职责与分工、管理层人员的经历、学历和管理作风简介等。

(3)重要法律文件、合同、协议和会议记录的摘录或副本。如重大投资项目的可行性报告及批准文件、投资合同、借款合同以及董事会、股东大会的重大决议等。

(4)对被审计单位相关控制的了解与评价记录。这主要是指被审计单位有关业务管理、财务管理及会计核算等方面的规章制度。

(5)被审计单位的未审财务报表及相关财务资料。这主要指被审计单位编制的年度财务报表及附注资料,如资产负债表、利润表、现金流量表等。

(6)被审计单位管理层声明书。这是被审计单位对其所提供的各种审计资料的真实性、完整性所做的书面承诺。

2.内部审计人员自己编制的工作底稿

这是内部审计人员为规划、实施和总结审计工作而编制的工作底稿,旨在真实、完整地记录其审计思路、审计轨迹、审计结论、审计意见和建议。主要内容包括:审计实施方案,实施具体审计程序的记录和资料,对被审计单位和其他人员的会谈记录和往来函件,审计报告,审计差异调整表,审计发现汇总表,管理建议书底稿及副本等,审计约定事项完成后的审计工作总结,其他与完成审计约定事项有关的资料。

第三节 审计工作底稿主要内容和编制

一、审计工作底稿的主要内容

审计工作底稿的主要内容包括:(1)内部审计通知书、项目审计计划、审计方案及其调整的记录;(2)审计程序执行过程和结果的记录;(3)获取的各种类型审计证据的记录;(4)其他与审计事项有关的记录。

这只是概括了一般情况下审计工作底稿应包括的主要内容,而非所有的内容。审计工作底稿的内容取决于所审查的经营活动和内部控制、审计目的和范围。内部审计人员应该根据审计项目的具体情况进行判断,以保证审计质量为目标,确定审计工作底稿应包括的内容。

二、审计工作底稿的编制

(一)审计工作底稿的基本要素

审计工作底稿的基本要素包括:(1)被审计单位的名称;(2)审计事项及其期间或者截止日期;(3)审计程序的执行过程及结果记录;(4)审计结论、意见及建议;(5)审计人员姓名和审计日期;(6)复核人员姓名、复核日期和复核意见;(7)索引号及页次;(8)审计标识与其他符号及其说明等。如表4-2所示。

案例3

表 4-2 审计工作底稿

被审计单位：	编制人：	日期：
审计项目名称：	复核人：	日期：
会计期间(或截止日)：	索引号：	页次：

审计程序	
审计资料来源	
说明	
审计结论	
复核意见	

每份审计工作底稿应当有一个表头，以注明被审计单位的名称及审计事项，如"某某公司存货管理的审查"，以及审计事项期间或截止日期。此外，审计工作底稿应包括所编制和审核的有关信息、所执行的各种审计程序及其执行结果、复核记录及形成的审计结论、相关的审计证据等。

审计工作底稿的编制人员和复核人员应当在指定的位置签名或盖章，并注明编制或复核日期。

审计标识是指内部审计人员在编制工作底稿时使用的各种标志和符号。每种标志和符号都代表一种特定的含义。标识可以是图形，也可以是各种字母、词或其组合。内部审计人员在编制工作底稿时采用各种审计标识，可以提高工作效率。但在使用时，应注明含义并保持前后一致，以免造成混乱。如有必要，应对各种标识做出说明。

使用索引编号和顺序编号，可以方便内部审计人员查找和对审计工作底稿的复核与使用。审计工作底稿中存在勾稽关系和相互引用的内容，应在相关位置标注清楚，便于查找、互相核对与印证。索引编号和顺序编号的使用可以避免重复执行审计程序，提高审计工作效率。

(二)审计工作底稿的编制质量要求

审计工作底稿应当内容完整、记录清晰、结论明确，客观地反映项目审计方案的编制及实施情况，以及与形成审计结论、意见和建议有关的所有重要事项。

1.内容完整

内部审计人员所编制的工作底稿应力求内容完整，记录与审计项目的审计目标和审计范围相关的所有资料，包括所收集的所有原始资料、在原始资料基础上所做的分析、清楚标明所收集的资料的来源及记录的时间、工作底稿的编制者及复核者的签名、有关的索引编号等。

2.记录清晰

审计工作底稿中所收录的资料的各种组成要素应当完整、齐全，如底稿的标题、编制日期、编制人和复核人等；文字端正；计算正确；清楚地说明内部审计人员所执行审计程序的性质和程度以及在审计过程中所检查的资料等。

3.结论明确

在收集、记录原始资料的基础上,内部审计人员应整理并分析所收集的审计证据,以做出适当的职业判断,形成明确的审计结论、意见和建议。

4.客观性

内部审计人员应对所收集的资料予以审核,确保审计工作底稿资料来源客观和可靠,并在此基础上客观、公正和无偏见地记录与描述相关情况。

5.重要性

审计工作底稿应记录被审计单位的所有重要事项、执行的审计程序、采用的审计技术以及其他发表审计意见所需的证据,如支持审计报告结论的证据、证明审计报告中某一事项的资料、对以后的审计调查有用的资料等。

第四节 审计工作底稿的复核制度、管理和查阅

一、审计工作底稿的复核制度

内部审计机构应当建立审计工作底稿的分级复核制度,明确规定各级复核人员的要求和责任。内部审计机构负责人对审计工作底稿的复核负完全责任。

1.分级复核

由于审计风险的客观存在,且不同内部审计人员在经验、能力、专业素质等方面存在差别,内部审计人员在编制审计工作底稿时可能存在错误。因此,对审计工作底稿进行分级复核是内部审计机构一项重要的质量控制措施。通过建立审计工作底稿的分级复核制度,可以减少人为的差错,及时发现和解决问题,监控审计质量,降低审计风险。同时通过对审计工作底稿的复核,可以对内部审计人员的工作做出评价。

内部审计机构应根据组织的具体情况建立审计工作底稿的分级复核制度,具体分为几级对工作底稿进行复核,取决于组织内部审计机构的规模、审计项目的重要性等因素。审计工作底稿的复核工作应当由比审计工作底稿编制人员职位更高或者经验更为丰富的人员承担。应当明确规定各级复核人员的要求和责任,但内部审计机构负责人应对复核工作负完全责任。

在审计工作底稿的复核中,应主要对是否实施了必要的审计程序,审计工作底稿所引用的资料来源是否客观与可靠,审计证据是否充分、相关、可靠,审计判断是否合理以及审计结论是否恰当等方面进行检查。

2.复核记录

在对审计工作底稿进行复核时,应该做好复核记录,复核人应当签署姓名和日期,以方便分清审计责任。如果发现审计工作底稿存在问题,复核人员应当在复核意见中加以说明,并要求相关人员补充或者修改审计工作底稿。

3.现场复核

在审计业务执行过程中,审计项目负责人应当加强对审计工作底稿的现场复核。审计项目负责人应当尽可能在现场工作尚未结束时,对内部审计人员的审计工作底稿进行初步的复核,以便一旦发现审计工作底稿中存在遗漏或错误时,可以当场进行更正和补充,及时进行纠正。对审计工作底稿进行现场复核,可以提高审计效率。

现场复核的主要重点是是否遗漏了必要的审计程序,是否收集了比较充分的审计证据,资料引用的来源是否可靠,专业判断是否恰当等。

二、审计工作底稿的管理和查阅

1.审计工作底稿的所有权

审计工作底稿的所有权归审计组织,而不是被审计单位或实施内部审计工作的审计人员个人。即使内部审计人员解除了与组织的雇佣关系,该审计人员所编制的工作底稿也应留在组织的内部审计机构保管,而不能带走。

2.审计工作底稿的管理

由于审计工作底稿在内部审计工作中的重要性,及其本身应有的保密性,内部审计人员应加强对工作底稿的管理。

在实施内部审计工作的过程中,即使尚未编制完成的工作底稿也应当防止无关人员的接触。审计项目完成后,内部审计人员应当及时对审计工作底稿进行分类整理,按照审计工作底稿相关规定进行归档、保管和使用。

按照一般的分类方法,审计工作底稿可分为永久性档案和当期档案。永久性档案是指那些记录内容相对稳定、可以长期使用的,对以后期间的内部审计工作仍有利用价值的档案,如一些法律性文件、合同、协议或内部审计报告的副本等。当期档案是指与当期的内部审计项目密切相关的一些底稿资料,对于以后期间的内部审计工作没有直接的借鉴作用。内部审计机构也可以根据组织的具体情况,制定合适的工作底稿分类管理办法,规定适当的档案保管期限,对审计工作底稿进行妥善的保管,保证工作底稿的安全和完整。

3.审计工作底稿的查阅

鉴于审计工作底稿的保密性,一般情况下,应限制内部审计机构以外的组织或者个人接触审计工作底稿。

在必要情况下,内部审计人员可以向被审计单位出示工作底稿,以便解释和说明某项审计意见或建议。但在向被审计单位出示工作底稿时,应考虑其必要性,有选择地出示工作底稿。

组织内部的其他机构或个人出于其工作的需要,在承诺保密的情况下,经内部审计机构负责人或对内部审计机构负领导责任的管理层批准,可以查阅内部审计机构的工作底稿,利用内部审计的工作成果。

如果内部审计机构以外的组织或个人要求查阅内部审计工作底稿,则必须获得内部审计机构负责人或其主管领导的批准,但法院、检察院和其他有关部门依法进行查阅的除外。

第五节　审计档案工作

审计档案是指内部审计机构和内部审计人员在审计项目实施过程中形成的、具有保存价值的历史记录。审计档案工作是指内部审计机构对应纳入审计档案的材料（以下简称审计档案材料）进行收集、整理、立卷、移交、保管和利用的活动。

一、审计档案工作的一般原则

内部审计人员在审计项目实施结束后，应当及时收集审计档案材料，按照立卷原则和方法进行归类整理、编目装订、组合成卷和定期归档。

内部审计人员应当遵循按性质分类、按单元排列、按项目组卷原则立卷；应当坚持谁审计、谁立卷的原则，做到审结卷成、定期归档；应当按审计项目立卷，不同审计项目不得合并立卷；跨年度的审计项目，在审计终结的年度立卷。

内部审计机构和内部审计人员应当确保审计档案材料真实、完整、有效、规范，并做到遵循档案材料的形成规律和特点，保持档案材料之间的有机联系，区别档案材料的重要程度，便于保管和利用。内部审计机构应当建立审计档案工作管理制度，明确规定审计档案管理人员的要求和责任。内部审计项目负责人应当对审计档案的质量负主要责任。

二、审计档案的范围与排列

内部审计人员应当及时收集在审计项目实施过程中直接形成的文件材料和与审计项目有关的其他审计档案材料。内部审计人员应当根据审计档案材料的保存价值和相互之间的关联度，以审计报告相关内容的需要为标准，整理鉴别和选用需要立卷的审计档案材料，并归集形成审计档案。

第2308号内部审计具体准则——审计档案工作

（一）审计档案材料类型

审计档案材料主要包括以下几类：

(1)立项类材料：审计委托书、审计通知书、审前调查记录、项目审计方案等；

(2)证明类材料：审计承诺书、审计工作底稿及相应的审计取证单、审计证据等；

(3)结论类材料：审计报告、审计报告征求意见单、被审计对象的反馈意见等；

(4)备查类材料：审计项目回访单、被审计对象整改反馈意见、与审计项目联系紧密且不属于前三类的其他材料等。

（二）各类审计档案材料的排列要求

审计档案材料应当按下列四个单元排列：

(1)结论类材料，按逆审计程序、结合其重要程度予以排列；

(2)证明类材料，按与项目审计方案所列审计事项对应的顺序、结合其重要程度予以排列；

(3)立项类材料,按形成的时间顺序、结合其重要程度予以排列；

(4)备查类材料,按形成的时间顺序、结合其重要程度予以排列。

(三)审计档案内每组材料之间的排列要求

审计档案内每组材料之间应按照以下要求排列：正件在前,附件在后；定稿在前,修改稿在后；批复在前,请示在后；批示在前,报告在后；重要文件在前,次要文件在后；汇总性文件在前,原始性文件在后。

三、纸质审计档案的编目、装订与移交

(一)纸质审计档案的要素

纸质审计档案主要包括下列要素：

(1)案卷封面:应当采用硬卷皮封装。

(2)卷内材料目录:应当按卷内材料的排列顺序和内容编制。

(3)卷内材料:应当逐页注明顺序编号。

(4)案卷备考表:应当填写立卷人、项目负责人、检查人、立卷时间以及情况说明。

(二)纸质审计档案的装订

纸质审计档案的装订应当符合下列要求：

(1)拆除卷内材料上的金属物；

(2)破损和褪色的材料应当修补或复制；

(3)卷内材料装订部分过窄或有文字的,用纸加宽装订；

(4)卷内材料字迹难以辨认的,应附抄件加以说明；

(5)卷内材料一般不超过200页装订。

内部审计人员(立卷人)应当将获取的电子证据的名称、来源、内容、时间等完整、清晰地记录于纸质材料中,其证物装入卷内或物品袋内附卷保存。

(三)纸质审计档案的移交

内部审计人员(立卷人)完成归类整理,经项目负责人审核、档案管理人员检查后,按规定进行编目和归档,向组织内部档案管理部门(以下简称档案管理部门)办理移交手续。

四、电子审计档案的建立、移交与接收

内部审计机构在条件允许的情况下,可以为审计项目建立电子审计档案,但应当确保电子审计档案的真实、完整、可用和安全。

(一)电子审计档案的内容

电子审计档案应当采用符合国家标准的文件存储格式,确保能够长期有效读取。主要包括以下内容：

(1)用文字处理技术形成的文字型电子文件；

(2)用扫描仪、数码相机等设备获得的图像电子文件；

(3)用视频或多媒体设备获得的多媒体电子文件；
(4)用音频设备获得的声音电子文件；
(5)其他电子文件。

(二)电子审计档案的移交

内部审计机构在审计项目完成后,应当以审计项目为单位,按照归档要求,向档案管理部门办理电子审计档案的移交手续,并符合以下基本要求：

(1)元数据应当与电子审计档案一起移交,一般采用基于 XML 的封装方式组织档案数据；

(2)电子审计档案的文件有相应纸质、缩微制品等载体的,应当在元数据中著录相关信息；

(3)采用技术手段加密的电子审计档案应当解密后移交,压缩的电子审计档案应当解压缩后移交；特殊格式的电子审计档案应当与其读取平台一起移交；

(4)内部审计机构应当将已移交的电子审计档案在本部门至少保存 5 年,其中的涉密信息必须符合保密存储要求。

电子审计档案移交的主要流程包括：组织和迁移转换电子审计档案数据、检验电子审计档案数据和移交电子审计档案数据等。

电子审计档案的移交可采用离线或在线方式进行。离线方式是指内部审计机构一般采用光盘移交电子审计档案；在线方式是指内部审计机构通过与管理要求相适应的网络传输电子审计档案。

(三)电子审计档案的接收

档案管理部门可以建立电子审计档案接收平台,进行电子审计档案数据的接收、检验、迁移、转换、存储等工作。

电子审计档案检验合格后办理交接手续,由交接双方签字；也可采用电子形式并以电子签名方式予以确认。

五、审计档案的保管和利用

审计档案应当归组织所有。一般情况下,由档案管理部门负责保管。档案管理部门应当安排对审计档案业务熟悉的人员对接收的纸质和电子审计档案进行必要的检查。归档与纸质文件相同的电子文件时,应当在彼此之间建立准确、可靠的标识关系,并注明含义,保持一致。

内部审计机构和档案管理部门应当按照国家法律法规和组织内部管理规定,结合自身实际需要合理确定审计档案的保管期限。审计档案的密级和保密期限应当根据审计工作保密事项范围和有关部门保密事项范围合理确定。

内部审计机构和档案管理部门应当定期开展保管期满审计档案的鉴定工作,对不具有保存价值的审计档案进行登记造册,经双方负责人签字,并报组织负责人批准后,予以销毁。

内部审计机构应当建立健全审计档案利用制度。借阅审计档案,一般限定在内部审计机构内部。内部审计机构以外或组织以外的单位查阅或者要求出具审计档案证明的,必须经内部审计机构负责人或者组织的主管领导批准,国家有关部门依法进行查阅的除外。

损毁、丢失、涂改、伪造、出卖、转卖、擅自提供审计档案的,由组织依照有关规定追究相关人员的责任;构成犯罪的,移送司法机关依法追究刑事责任。

本章小结

审计工作底稿是指内部审计人员在审计过程中形成的工作记录,是联系审计证据和审计结论的桥梁。内部审计人员可以采用纸质、磁带、磁盘、胶片或其他有效的信息载体作为审计工作底稿。尽管审计工作底稿的内容多种多样,但都必须包括一些基本的要素。依照不同的标准,审计工作底稿可以分为不同的类型。编制审计工作底稿时,应当确保内容完整、记录清晰、结论明确,客观地反映项目审计方案的编制及实施情况,以及与形成审计结论、意见和建议有关的所有重要事项。内部审计机构应当建立审计工作底稿的分级复核制度,明确规定各级复核人员的要求和责任。内部审计人员应加强对工作底稿的管理和查阅。

审计档案工作是指内部审计机构对应纳入审计档案的材料(以下简称审计档案材料)进行收集、整理、立卷、移交、保管和利用的活动。内部审计人员在审计项目实施结束后,应当及时收集审计档案材料,按照立卷原则和方法进行归类整理、编目装订、组合成卷和定期归档。内部审计机构和内部审计人员应当确保审计档案材料真实、完整、有效、规范,遵循档案材料的形成规律和特点,保持档案材料之间的有机联系,区别档案材料的重要程度,便于保管和利用。

复习思考题

1. 什么是审计工作底稿?内部审计人员在审计过程中编制工作底稿的目的是什么?
2. 审计工作底稿的主要内容包括哪些?包括哪些基本要素?
3. 审计工作底稿的编制应符合什么质量要求?
4. 内部审计机构应当建立怎样的审计工作底稿分级复核制度?
5. 什么是审计档案和审计档案工作?审计档案工作的一般原则是什么?
6. 审计档案内每组材料之间的排列要求是什么?

本章练习题

一、单选题

1. 下列有关审计工作底稿复核制度的说法中,错误的是( )。

A. 内部审计机构应当建立审计工作底稿的分级复核制度,明确规定各级复核人员的要求和责任

B. 审计项目负责人对审计工作底稿的复核负完全责任

C.通过对审计工作底稿的复核,可以对内部审计人员的工作做出评价

D.审计工作底稿的复核工作应当由比审计工作底稿编制人员职位更高或者经验更为丰富的人员承担。

2.审计工作底稿的所有权归( )。

A.审计组织

B.被审计单位

C.实施内部审计工作的审计人员个人

D.审计组织负责人

3.下列不属于立项类审计档案材料是( )。

A.审计委托书　　　　　　　　B.审计通知书

C.项目审计方案　　　　　　　D.审计承诺书

4.内部审计机构以外或组织以外的单位查阅或者要求出具审计档案证明的,必须经( )批准,国家有关部门依法进行查阅的除外。

A.内部审计机构负责人或者组织的主管领导

B.内部审计项目负责人

C.审计档案管理部门负责人

D.审计档案立卷人

二、多选题

1.内部审计人员在审计工作中编制工作底稿的目的是( )。

A.为编制审计报告提供依据

B.证明审计目标的实现程度

C.为检查和评价内部审计工作质量提供依据

D.证明内部审计机构和内部审计人员是否遵循内部审计准则

2.审计档案工作的一般原则包括( )。

A.遵循按性质分类、按单元排列、按项目组卷原则立卷

B.坚持谁审计、谁立卷的原则,做到审结卷成、定期归档

C.按审计项目立卷,不同审计项目不得合并立卷

D.跨年度的审计项目,在审计终结的年度立卷

3.下列属于结论类审计档案材料的是( )。

A.审计报告　　　　　　　　　B.审计报告征求意见单

C.被审计对象的反馈意见　　　D.被审计对象整改反馈意见

4..纸质审计档案主要包括下列哪些要素?( )

A.案卷封面　　　B.卷内材料目录　　　C.卷内材料　　　D.案卷备考表

5.电子审计档案应主要包括以下哪些内容?( )

A.用文字处理技术形成的文字型电子文件

B.用扫描仪、数码相机等设备获得的图像电子文件

C.用视频或多媒体设备获得的多媒体电子文件

D.用音频设备获得的声音电子文件

第六章 内部审计重要性与审计风险

学习目标(Learning Objectives)

1.掌握内部审计重要性和审计风险的概念；
2.掌握审计风险要素构成；
3.明确重要性、审计风险和审计证据之间的关系。

第一节 内部审计重要性

由于现代组织的规模越来越大,内部审计所面临的信息量也日益庞大,内部审计人员既无必要也不可能逐一审查所有的信息资料,而重要性概念在内部审计中的应用就很好地解决了这一问题。内部审计人员首先确定哪些信息是重要的,进而对重要的信息进行重点的关注与审查,这样不仅可以完成内部审计的职责,也可以节约审计成本,提高审计效率。重要性概念对于内部审计人员制定内部审计计划,提高内部审计效率,降低内部审计成本,控制内部审计风险和提高专业判断力都具有重要意义。

一、重要性的含义

重要性,是指被审计单位经营活动及内部控制中存在偏离特定目标的差异或缺陷的严重程度,这一程度的差异或缺陷在特定环境下可能会影响管理层的判断或决策以及组织目标的实现。

我们可以从以下几方面来理解内部审计的重要性概念:

(1)在内部审计中对重要性概念的界定是从内部审计服务对象的角度进行的。内部审计的服务对象就是管理层,因此凡是有可能会影响管理层的判断或决策的差异或缺陷就是重要的,就是内部审计需要予以重点关注的。同时,组织内部建立内部审计机构的目的是更好地保证组织目标的最终实现,因此有可能会影响组织目标实现的差异或缺陷也被界定为是重要的,也是内部审计需要予以重点关注的。内部审计的服务对象和目标与重要性概念之间存在着一种天然的、内在的逻辑联系,我们在内部审计领域理解重要性概念就应从管理层要求和组织目标实现的角度予以考虑。

(2)内部审计所指的重要性是针对经营活动及内部控制而言的。内部审计对象不仅仅在于财务活动，更多的则涉及各种管理活动和内部控制，因此，重要性是针对经营活动及内部控制而言的。内部审计中的重要性概念已经超越了财务报表审计中的重要性概念，更多地体现了内部审计自身的特点。

(3)内部审计的重要性是针对组织经营活动及内部控制中存在的差异或者缺陷而言的。"差异"是指组织经营活动的实际情况与预定目标或标准之间的差距，"缺陷"则是指由于组织内部控制在设计或执行中存在的薄弱环节或不足而导致控制目标无法实现的情况。差异和缺陷体现了内部审计工作范围的广泛性，也体现了内部审计的特点。

(4)内部审计的重要性是一个相对的概念，它的合理确定和运用需要内部审计人员根据具体情况进行专业判断。重要性的判断是离不开特定的审计环境的。由于组织所处的内部和外部环境不同，加之内部控制的固有限制，差异或者缺陷的存在是不可避免的，但并非所有的差异或者缺陷都是重要的，只有影响管理层判断或者决策及组织目标实现的差异或者缺陷才是重要的，是需要内部审计机构和人员特别关注、揭示并报告的。

重要性标准运用于内部审计全过程。内部审计人员在编制项目审计计划、实施审计程序及评价审计结果时，应当合理考虑并运用重要性标准。

重要性标准是内部审计人员对组织经营活动及内部控制中存在的差异或者缺陷严重与否的在程度方面的"量"的判断标准。这里所说的"重要性标准"，是指内部审计人员可以容忍的组织在经营活动和内部控制中存在的最大差异或者缺陷的限度，也是判断组织经营活动及内部控制中存在的差异或者缺陷严重与否的重要依据。

在准备阶段，内部审计人员编制项目审计计划时需要确定重要性标准作为收集审计证据的依据；在实施阶段，重要性标准是内部审计机构和人员判断组织经营活动及内部控制中存在的差异或者缺陷严重与否的重要依据；在报告阶段，内部审计机构和人员需要根据重要性标准来判断组织经营活动及内部控制中存在的差异或者缺陷是否会影响管理层判断或者决策，是否会影响组织目标的实现，并根据其严重程度在内部审计报告中做出评价、提出纠正建议。

重要性标准具有数量和性质两个方面的特征。如果只注重重要性的数量特征而忽视其性质特征，是内部审计中考虑重要性的大忌。

(1)重要性标准的数量特征。一般来说，数量越大的差异或者缺陷越重要。如组织产量未达到预定目标的差额越大，则通常会被认为越重要，越需要特别关注；同样，若某项内部控制未被有效执行的频率越高，则说明其存在的缺陷越严重。

(2)重要性标准的性质特征。在组织的经营活动及内部控制中存在的某些差异或缺陷，从数量上看也许并不大，但从其性质上考虑，则可能是重要的差异或缺陷，这种差异或者缺陷的存在在某种意义上讲更需要特别引起内部审计人员的关注和重视。如涉及在组织财务报表中存在的故意的具有欺骗性质的错报或漏报；由于舞弊而造成的组织经营活动成果与既定目标的偏离；由于人员串谋而造成的内部控制的失效等等，不论金额大小，均应判断为严重的差异或缺陷。如果内部审计人员对上述情况的存在因其数量小而不加以关注、揭示和报告，可能会给组织未来的经营和管理带来更大的风险，造成更大的损失。

二、重要性与审计风险、审计证据的关系

重要性与审计风险之间存在反向关系。重要性标准越高,审计风险越低;重要性标准越低,审计风险越高。

重要性标准是指内部审计机构和人员可以容忍的组织在经营活动和内部控制中存在的差异或缺陷的最大限度。重要性标准越小,表明内部审计机构和人员可以容忍的组织在经营活动和内部控制中存在的差异或缺陷的限度越小,对审计工作质量的要求则越高,面临的实际审计风险也越大。因此,内部审计机构和人员必须采取更为严格的审计程序,收集更多的审计证据。内部审计人员应当将重要性标准的确定以及审计风险的评估过程记录于审计工作底稿。

重要性与审计证据之间存在反向关系。内部审计人员在编制项目审计计划时,应当对重要性做出初步判断,合理估计所需审计证据的数量。重要性标准越低,应当获取的审计证据越多。

内部审计机构和人员在制定项目审计计划中确定重要性标准,是为了合理估计审计项目实施过程中所需收集的审计证据的数量。而重要性标准与审计证据之间存在反向关系,即重要性标准越低,应当获取的审计证据数量越多,反之亦然。如重要性标准为2%就比重要性标准为4%时,需要收集更多的审计证据。

三、判断重要性应考虑的因素

内部审计人员对审计范围中各项经营活动及内部控制的重要性做出判断时,应当考虑以下因素:

(一)相关管理层的需要

由于不同组织的目标定位、管理理念都不尽相同,管理层对经营活动偏离目标的差异以及内部控制存在缺陷的严重程度的认识也就不同,因此,判断重要性要从相关管理层的需要出发。

(二)被审计单位经营活动受法律、法规影响的程度

通常情况下,如果组织经营活动及内部控制受法律法规影响程度较大,因偏离目标的差异而涉及法律诉讼的可能性也就相应增大,此时内部审计人员就应将重要性标准定得低一些;反之,则可适当高些。

(三)被审计单位在组织中的重要程度

如果被审计单位是组织的核心部门,其经营活动及内部控制在组织全部活动中的地位非常重要,此时即使是很小的差异或者缺陷,都可能对组织造成非常重大的影响,因而内部审计人员就应将重要性标准定得低一些。

(四)被审计单位的经营规模、经营风险及各项业务的性质

一般情况下,经营活动及内部控制中存在的差异或者缺陷会随着组织经营规模的扩大而增加,因此,在确定重要性标准时,内部审计人员必须充分考虑组织经营规模的大小,

充分考虑组织面临的经营风险和各项业务的性质,并对那些经营风险大、容易出现舞弊的经营活动及内部控制确定较低的重要性标准。

(五)对被审计单位内部控制适当性、合法性及有效性的预估

如果预估被审计单位内部控制能达到适当性、合法性和有效性的要求,即内部控制中存在的缺陷并不严重,内部审计人员就可将重要性标准定得高一些;反之,则应当确定较低的重要性标准。

四、重要性标准的确定

内部审计人员应当合理选用重要性标准的判断基础,所选择的判断基础既能反映审计对象整体的规模,又能反映内部审计结论使用者主体的要求。内部审计人员所选择的判断基础通常包括经营活动的业务量、业务的复杂性、内部控制的执行频率、资产总额、收入总额等。

(一)判断基础

由于内部审计涉及组织各种经营活动及内部控制,因此,重要性标准的判断基础既可以是资产总额、收入总额等能用货币计量的数值,也可以是经营活动的业务量、业务的复杂性、内部控制的执行频率等非货币计量的基础。内部审计人员应当根据被审计单位的实际情况,合理选择判断基础。如审计人员要对某项采购的授权审批控制进行审核评价,则确定该项控制的重要性标准的基础就应该是该内部控制的执行的频率。

(二)重要性标准的确定方法

重要性标准的确定可以采用固定比率法、变动比率法。

1.固定比率法

固定比率法是指在确定判断基础后乘以一个固定的百分比,从而得出重要性标准量。如假设采购的授权审批控制一年内要进行200次,内部审计人员确定的固定比率为2%,则确定的重要性标准为4次,如果内部审计人员在审查中发现该项内部控制的执行缺陷超过4次,表明其内部控制缺陷是严重的。

2.变动比率法

变动比率法的基本原理是根据重要性标准判断基础的数量大小,将其划分为不同层次,各自选用变动百分比进行计算。

内部审计没有一个统一的报表层次的重要性水平,而是必须根据不同的对象分别设置重要性标准,因而在内部审计中不存在将报表层次的重要性标准进行分配的问题。

3.重要性标准的重新考虑

内部审计计划并非一成不变的,如果在审计过程中出现了一些新情况、新问题,从而导致原审计计划不符合实际需要,内部审计人员应当考虑重新确定部分或全部经营活动及内部控制的重要性标准和审计风险,并修改审计计划。

五、评价审计结果时对重要性标准的考虑

(一)汇集已发现的差异或缺陷

内部审计人员应在审计实施结束后,汇集已发现的差异或缺陷,考虑其性质、数量对管理层决策及对组织目标的实现产生影响的程度。内部审计人员在审计结束后需要根据所收集的审计证据形成审计结论,提出纠正建议。

(二)恰当评价被审计单位经营活动及内部控制的适当性、合法性和有效性

内部审计人员应当根据汇集的差异或缺陷的情况,在审计报告中对被审计单位经营活动及内部控制的适当性、合法性和有效性做出评价。如果是财务审计,内部审计人员可以将各种错报或漏报进行汇总;如果是非财务审计,各种差异或缺陷没法简单加总,需要综合考虑差异或缺陷的性质、数量等对管理层决策、判断及组织目标实现产生影响的严重程度,从而对经营活动及内部控制的适当性、合法性和有效性做出恰当的评价。同时,对存在的重大的差异或缺陷,必须在报告中重点、详细说明。

(三)对已纠正的差异或缺陷,应当在报告中说明

内部审计人员在审计报告提交前,如果被审计单位已就经营活动及内部控制中存在的差异或缺陷做了纠正,内部审计人员应当在审计报告中对此做出说明,以确保审计报告的客观性和及时性,同时也有利于内部审计机构与被审计单位之间建立一种良好的合作关系。

第二节 内部审计的审计风险

一、审计风险的含义

审计风险,是指内部审计人员未能发现被审计单位经营活动及内部控制中存在的重大差异或缺陷而做出不恰当审计结论的可能性。内部审计人员应当对审计风险进行评估,制定并实施相应的审计程序,以便将审计风险降低到可接受的水平。

内部审计工作本身需要内部审计人员大量的专业判断,内部审计测试中也大量使用抽样技术,这些特点都在客观上决定了内部审计的风险性。同时,在内部审计所处的环境中,风险也是无处不在的,其广泛性、复杂性和多样性更是处于与日俱增的态势,这样的风险环境更加加重了内部审计的风险程度。内部审计的风险还具有潜在性,它们是隐蔽地存在于内部审计工作之中的,这些潜在的风险有转化为现实损失的可能性,但是这种可能性需要一定的条件。如果内部审计人员忽视风险的存在,不能正确认识它们,并对它们进行有效的控制和防范,它们就很可能转化为现实的损失。这种损失有可能是十分严重的,它不仅会影响内部审计目标的实现,更会影响到内部审计机构和人员的声誉。但是,由于内部审计风险转化为实际损失需要一定条件,也就预示着内部审计风险是可以控制的,如

果内部审计人员能够较早地发现它们,并消除使其转化为损失的各种条件,这些风险的实质性影响也就可以消除了。因此,内部审计机构和人员必须对内部审计面临的风险和本身所固有的风险加强认识,正视风险的存在,并采取有效的措施评价风险、管理风险,最终达到控制风险、规避风险的目的。内部审计人员评估确定的审计风险越小,说明内部审计机构和人员对其自身的要求则越严格。

二、审计风险的构成

(一)重大差异或缺陷风险

重大差异或缺陷风险是指审计单位经营活动及内部控制中存在的重大差异或缺陷的可能性。发生重大差异或缺陷风险的可能性与被审计单位经营活动性质、业务复杂程度、内部控制状况、内部外部环境等诸多因素有关。由于经营活动及内部控制的固有限制,这种风险的存在也是必然的。因此,内部审计人员应当采取有效措施识别、评估重大差异或缺陷风险。

(二)检查风险

检查风险是指审计人员未能通过审计测试发现重大差异或缺陷的可能性。检查风险发生的可能性与内部审计人员素质、审计过程中所采用的审计程序和方法等诸多因素相关。内部审计人员应当实施恰当的审计程序,对被审计单位经营活动及内部控制进行审核测试,以发现组织中存在的对组织管理层决策和判断及组织目标实现产生重大影响的重大差异或缺陷,从而做出客观的审计结论。但由于审计本身的固有局限性,内部审计人员不可能确保将经营活动及内部控制中存在的所有差异或者缺陷都能发现和揭示出来,内部审计人员所出具的审计报告只能对被审计单位经营活动及内部控制的适当性、合法性和有效性做出相对保证,检查风险的存在也是必然的。

(三)审计风险模型

审计风险由重大差异或缺陷风险及检查风险两方面构成,其关系可用以下模型表示:

$$审计风险 = 重大差异或缺陷风险 \times 检查风险$$

在审计过程中,内部审计人员要确定既定被审计对象可以接受的审计风险水平。内部审计人员必须针对每个被审计对象确定合适的可接受的审计风险,内部审计人员需要考虑被审计对象本身的重要程度以及内部审计结果的使用者对结果的依赖程度,同时,不同内部审计人员对风险的偏好也将导致对可接受审计风险的不同评估结果。

1.被审计对象本身的特点对可接受审计风险的影响

被审计对象本身的特点,包括其重要程度以及管理层对内部审计结果的依赖程度和被审计管理部门和人员的正直程度都对内部审计人员确定可接受的审计风险具有影响。如果被审计对象本身十分重要或者管理层对内部审计结果具有较高的依赖程度,那么降低内部审计人员可接受的审计风险就是适当的。同样,如果被审计的管理部门或人员存在不正直的情况,内部审计人员将可接受审计风险评价为低水平的可能性就会增加。

2.内部审计人员的风险偏好对可接受审计风险的影响

不同的内部审计人员具有对风险的不同偏好。有些内部审计人员是稳健主义者,他们宁愿执行更多的测试以获取更高的审计保证程度;另一些内部审计人员可能是激进主义者,他们宁愿忍受更高程度的审计风险也希望降低审计成本。所以,对于相同的被审计对象,不同的内部审计人员会对其可接受审计风险给出不同的评价。

因此,内部审计人员可接受审计风险的评价具有很强的主观性,它是内部审计人员职业判断的过程。内部审计人员可接受审计风险的典型评价可以是高、中或低,而将可接受的审计风险评价为较低就意味着被审计对象的风险很高,需要更加广泛的证据、委派更加有经验的人员以及对工作底稿更加广泛的复核。在内部审计进行过程中,随着获取有关被审计对象的信息越多,内部审计人员对可接受审计风险的评价也要随之修改。

根据上述模型,内部审计人员在计划阶段评估确定可接受的审计风险(即期望审计风险)后,可推算出可接受的检查风险如下:

$$检查风险(可接受的水平) = \frac{审计风险}{重大差异或缺陷风险}$$

例如,内部审计人员在计划阶段评估确定的审计风险可接受的水平为6%,确定的重大差异或缺陷风险评估值为80%,则内部审计人员在该项审计中可接受的检查风险约为7.5%(即6%÷80%)。内部审计人员应据此制定项目审计计划,确定所需审计证据的数量,合理确定审计范围、设计审计程序,将审计风险降低到可接受的水平。

三、评估重大差异或缺陷风险

(一)应考虑因素

内部审计人员在评估重大差异或缺陷风险时应当合理运用专业判断,考虑下列事项对重大差异或缺陷风险的影响。

1.管理层的品德和能力

被审计管理层的正直程度越高,重大差异或缺陷风险就越小,如果管理层,特别是高层管理人员缺乏正直程度,对重大差异或缺陷风险的评估就必须增加。同样,管理层的经验、素质和能力越高,重大差异或缺陷风险就越小,反之就越高。

2.管理层遭受的异常压力

管理层经常会面临异常的压力,比如流动性状况持续恶化就会面临银行收回贷款的威胁,主管部门下达的相关指标难以如期完成,经营业绩持续不佳就会遭受降低工资或丧失工作机会的威胁。被审计管理层面临的异常压力越大,重大差异或缺陷风险就越大,反之亦然。

3.重要岗位人员的变动情况

重要岗位人员的变动有时是迫于舞弊压力而换岗,由于人员的频繁变动,对重要岗位的业务就缺乏应有的了解和认识,容易出现这样那样的差错,因此,内部审计人员应评估较大的重大差异或缺陷风险。

4.经营活动的复杂性

业务活动越复杂,发生重大差异或舞弊的可能性就越大,就越可能发生重大差异或缺陷风险。

5.影响被审计单位的环境因素

环境因素既包括对组织经营活动及内部控制产生重大影响的法律、法规、行业惯例等外部环境因素,也包括生产经营的季节性和周期性、生产技术变化、竞争等内部环境因素变化所带来的各种不利影响,通常其产生的影响力越大,就越可能导致重大差异或缺陷风险。例如政府的宏观调控、经济的整体衰退、市场竞争的加剧等不利因素都会导致内部审计人员提高对重大差异或缺陷风险的评估水平。

6.容易受损失或被挪用的资产

如果某项经营活动或内部控制涉及容易受到损失或被挪用的资产,内部审计人员就应给予其评估较大的重大差异或缺陷风险。例如,现金、有价证券、存货等资产遭受损失或被挪用的可能性一般高于其他资产项目,因此内部审计人员对这些资产的重大差异或缺陷风险应该确定得比其他项目更高。

7.经营活动中运用估计和判断的程度

由于在运用估计和判断时较多地受个人主观因素影响,相应地就应给予其较大的重大差异或缺陷风险。例如,资产减值准备的确定、未来市场状况的预测等往往需要大量的估计和判断,出现错误的可能性必然大于其他活动,内部审计人员对这些活动的重大差异或缺陷风险应该确定得更高。

8.内部控制设计及执行情况的预估

如果内部审计人员在审查中预估内部控制设计合理、执行有效,就应给予其较小的重大差异或缺陷风险;反之则应较高。应当将控制风险评估为高水平的情况包括:被审计对象相关的内部控制失效;内部审计人员难以对内部控制的有效性做出评估。

9.其他

内部审计人员可以考虑被审计项目以前是否曾经接受过审计以及以前的审计结果,如果以前没有接受过审计,重大差异或缺陷风险就应该较高,相反就可以较低;如果以前接受过审计,那么以前审计中发现问题的地方,其重大差异或缺陷风险也应较高,相反可以较低。如果被审计对象被管理部门操纵的可能性较大,其重大差异或缺陷风险就应较高,反之可以较低。需要运用专家工作结果的被审计事项通常也需要给予较高的重大差异或缺陷风险。例如,需要精算师予以估算的养老金计划,需要地质工程师估算储油量的油田开采,需要鉴定师鉴定的贵重存货等具有较高不确定性的被审计事项。

(二)应实施的审计程序

内部审计人员可以实施以下审计程序,以评估重大差异或缺陷风险:

1.询问被审计单位相关人员及组织相关管理层

通过询问,了解被审计单位管理层的经营理念和经营风格,面临的各种环境和压力,经营活动的性质及复杂性,相关业务人员的专业能力和素质等,以恰当评估重大差异或缺陷风险。

2. 查阅被审计单位的经营业务手册、内部控制手册等资料

通过查阅,了解被审计单位经营活动流程,判断其复杂性,有否涉及容易受到损失或者被挪用的资产;了解被审计单位内部控制设计情况,判断其是否充分、适当,以恰当评估重大差异或缺陷风险。

3. 查阅被审计单位年度经营计划、财务预算等文件

通过查阅,了解被审计单位经营活动具体目标,判断该目标实现的难度,从而估计经营活动实际情况与预定目标产生重大差异的可能性。

4. 检查交易或事项的凭证和记录

通过小范围地检查交易或事项的凭证和记录,其目的是为了测试被审计单位经营活动及内部控制的设计和执行情况,判断其与预定目标的偏差程度,以恰当评估重大差异或缺陷风险。

5. 观察被审计单位经营活动及内部控制的执行情况

通过观察,以期对组织经营活动及内部控制有一个总括的了解。

6. 选择若干交易进行测试

通过测试,以验证内部审计人员对重大差异或缺陷风险所做的初步评估。

四、重大差异或缺陷风险与检查风险的关系

审计风险由重大差异或缺陷风险与检查风险构成。在一定的可接受的审计风险水平下,重大差异或缺陷风险水平越高,内部审计人员就应实施更为详细的检查程序,以便将检查风险降低至可接受的水平。可见,重大差异或缺陷风险与检查风险之间存在反向关系。重大差异或缺陷风险越高,可接受的检查风险水平就越低。可接受的检查风险低,意味着内部审计人员对审计结果可靠性有更高的要求,需要实施更为详细的审计测试。

五、与检查风险有关的因素

重大差异或缺陷风险受被审计单位影响,内部审计人员无法改变,只能对其进行评估。与审计测试相关的是检查风险,内部审计人员可能通过实施审计程序降低检查风险至可接受的水平内。下列因素与检查风险有关:

(一)抽样审计方法的应用

抽样方法的应用是检查风险产生的主要原因之一,要降低检查风险,内部审计人员可扩大抽样范围,采用统计抽样方法,提高样本代表性,促使审计人员做出恰当的审计结论。

(二)内部审计人员的专业胜任能力及职业道德水准

现代内部审计工作的复杂性对内部审计人员的素质要求很高,内部审计人员只掌握基本的审计技术和方法是远远不够的。内部审计人员需要具备更广的知识面、更多的实践经验、更高的专业判断能力。内部审计人员的专业能力越强,那么,在审计测试以及专业判断时出错的可能性就小,从而检查风险就低。另外,内部审计人员能够保持应有的职业谨慎,职业道德水准越高,相应的检查风险就越低;相反亦然。

(三)内部审计人员所用审计方法的适当性及有效性

内部审计人员只有选择恰当的审计方法,才能提高审计效率,减少失误,有效降低检查风险。

(四)其他

审计风险的评估是确定审计范围、设计审计程序的基础,内部审计人员应在评估审计风险的基础上制定项目审计计划和审计方案。

本章小结

重要性与审计风险是内部审计中的两个重要概念,本章较系统地阐述了重要性和审计风险的含义及审计风险模型。通过本章的学习,要求学生全面理解重要性的特征以及重要性与审计风险、审计证据的关系,掌握确定重要性应考虑的因素以及重要性标准的确定方法,了解评估重大差异或缺陷风险应考虑的因素及应实施的审计程序,了解影响检查风险的不同因素。

审计风险的产生原因及防范措施

复习思考题

1.什么是内部审计的重要性?重要性与审计风险、审计证据之间存在什么样的关系?
2.内部审计人员在判断重要性时应考虑哪些因素?如何确定重要性标准?
3.审计风险构成要素是什么?其相互间关系如何?
4.内部审计人员如何恰当评估重大差异或缺陷风险?
5.内部审计人员在评估重大差异或缺陷风险时应实施哪些审计程序?

本章练习题

一、单选题

1.有可能促使首席审计执行官在审计规划阶段应用风险评估方法的原因在于风险评估提供了( )。

A.可能对业务客户产生影响的清单

B.业务客户可供审计的活动清单

C.一个用以对可能产生的不利情形进行分析评估,并对由此做出的职业判断进行综合的系统过程

D.某事件或行为可能对业务客户产生不利影响的概率

2.在应用风险模型制定审计计划时,至关重要的一点是首席审计执行官考虑以下哪项内容?( )

A.上次审计的结果

B.外部审计师来年的计划内审计造访

C.管理方向和目标的最新或预期变化
D.未来董事会会议的日期

3.评估职能领域的风险时,应考虑的因素包括(1)交易量、(2)系统完整性程度、(3)上次业务距今时间、(4)管理层的重大轮换、(5)处于风险中的资产价值、(6)每次业务交易的平均价值、(7)上次业务的结果。则对风险重要性做出最佳界定的因素是(　　)。

A.(1)至(7)　　　　　　　　B.(2)(4)和(7)
C.(1)(5)和(6)　　　　　　　D.(3)(4)和(6)

二、案例分析题

1.ABC 公司内部审计人员根据审计计划的安排对公司 2019 年度财务报表进行审计。根据对公司 2019 年度财务收支基本情况的了解,内部审计人员根据资产总额和收入总额确定了报表层次的重要性标准,并将其按一定比例分配到各账户层次。请你代审计机构负责人对内部审计人员的做法进行评价。

2.某内部审计人员在评价某被审计单位的审计风险时,分别假定了 A、B、C、D 四种情况,如下表所示:

风险类型	情况 A	情况 B	情况 C	情况 D
可接受的审计风险(%)	1	2	3	4
重大错报风险(%)	60	50	80	70

要求:计算分析上述四种情况下,可接受的检查风险水平分别为多少？哪种情况下内部审计人员需要获取最多的审计证据？请说明理由。

第七章 内部审计方法

> **学习目标(Learning Objectives)**
> 1. 掌握内部审计人员运用各类审计技术方法的一般步骤,清楚各类审计技术方法的适用范围和注意要点;
> 2. 掌握分析程序在内部审计中的应用目的、具体方法和一般步骤。

实际操作中,内部审计的技术方法有许多种。审计人员在进行审计时通常会综合使用不同的审计方法。本章主要介绍当前内部审计过程中常用的一些技术方法。

第一节 内部审计技术方法

内部审计技术方法是指内部审计人员为了形成有关审计目标的审计证据所应用的各种方法和技术手段。中国内部审计协会在《第2103号内部审计具体准则——审计证据》的第三章"审计证据的获取与处理"中指出:"内部审计人员向有关单位和个人获取审计证据时,可以采用(但不限于)下列方法:(1)审核;(2)观察;(3)监盘;(4)访谈;(5)调查;(6)函证;(7)计算;(8)分析程序。"下面对各种取证的具体方法分别予以介绍。

沃尔玛——世界级的内部审计

一、审核法

审核法是指内部审计师对会计记录或其他书面文件进行审阅与核对。书面文档的审阅与核对在审计工作中占有很大的比重。

(一)审核法的一般步骤

(1)根据确定的审核目标和已经了解的情况向被审计单位索取有关文档;
(2)对取得的文档进行审核;
(3)记录发现的疑点等重要内容;
(4)对发现的问题进行分析,并就有关情况向被审计单位做进一步的了解。

(二)审核法的适用范围和注意要点

审核的适用对象主要是会计凭证、会计账簿、财务报表等会计资料和计划、预算、会议记录及各种规章等其他有关资料。

审核法使用过程中的注意要点:在明确审计目标并充分了解被审计单位文档流程的基础上,索取到针对性强的文档资料。

1.不同的文档资料的审核重点

(1)对原始凭证的审阅。主要是审阅原始凭证的格式和内容。审阅原始凭证的格式,主要是审阅原始凭证的各要素是否齐全、真实、规范。重点关注:原始凭证的编号是否连续;是否加盖填制单位的公章或注明其名称、地址;是否有经手人和业务负责人的签字;摘要栏的字迹是否清楚,计算是否正确,有无刮擦、涂改或伪造的痕迹;发票性质是否符合要求,有无以资金往来发票替代结算票据;是否使用过期或作废票据等。

审阅原始凭证的内容,主要是以法律、法规、政策和制度等作为审计标准,审阅原始凭证所反映的经济业务是否真实和合法合规。重点关注:经济业务是否符合被审计单位的实际情况;是否符合有关法律法规的具体规定;入账时是否按照有关会计制度、会计准则的规定经过了必要的审批程序。

(2)对记账凭证的审阅。与审阅原始凭证的要求基本相同,主要是审阅记账凭证的格式和内容。审阅记账凭证的格式主要是审阅记账凭证的各要素是否齐全、真实、规范。重点关注:记账凭证的制单人员与复核人员是否签名,是否有无人负责的记账凭证;记账凭证的编号是否连续,断号记账凭证的去向。审阅记账凭证主要是:审阅记账凭证是否附有合法的、具有足够证明力的原始凭证;所附原始凭证的张数与记录数量、摘要内容是否一致,有无以自制原始凭证替代外来原始凭证、以复印件替代原始凭证的情况;记账凭证的记载是否符合会计制度的规定,所记账户和会计分录是否正确,有无错用账户或记错方向,或利用会计处理弄虚作假等舞弊行为。

(3)对会计账簿的审阅。主要包括对会计账簿格式的审阅和对会计账簿内容的审阅等两个方面。对会计账簿格式的审阅主要是:审阅会计账簿所反映的各项记录登记是否规范和完备;业务摘要、对应科目是否齐全;是否按照规定的方法更正记账错误;有无刮擦、涂改等痕迹;会计账簿的启用手续、使用记录和交接记录是否完整合规。对会计账簿内容的审阅主要是:审阅会计账簿记录反映的内容是否真实、合法;账户对应关系是否与记账凭证一致,是否符合会计制度的要求;明细记录的内容是否与记账凭证一致,有无错误舞弊。

需要说明的是,由于日记账、明细分类账和会计台账、会计备查簿等会计账簿的记录较为详细,因此通过审阅这些会计资料能够且易于发现问题,特别是检查现金收支、结算业务、债权债务和各种费用支出明细账时,更适宜采用审阅检查。而总分类账等会计账簿由于记录不详细,审阅检查的意义不大。

(4)对财务报表的审阅。主要包括对财务报表格式的审阅和对财务报表内容的审阅两个方面。对财务报表格式的审阅主要是:审阅财务报表是否按照会计制度和其他财务制度对应的要求编制;编制手续是否完备,有无编制人员和审核人员的签章。对财务报表内容的审阅主要是:审阅报表项目是否完整;各相关项目的对应和勾稽关系是否正确,相关数据是否一致,有无异常变化情况;财务报表是否平衡;报表说明或附注是否对应予揭示的重大问题做了充分披露。

对财务报表的审阅是审计实施阶段一项非常重要而又复杂的工作。在财务报表审阅过程中,审计人员应履行必要的审阅程序,保持应有的职业谨慎,获取充分、适当的证据,以发现可能存在的导致财务报表发生重大错报的情况。

一般情况下,对财务报表的审阅程序主要包括以下步骤:了解被审计单位及其行业的情况;审阅被审计单位采用的会计准则、会计制度及行业惯例;了解被审计单位的财务系统,特别是确认、计量、记录和报告等环节的程序和具体执行;审阅、查询财务报表中所有重要的认定;分析、发现异常报表项目和异常报表对应关系;审阅财务报表是否遵循了所规定的编制依据或基础;获取并审阅被审计单位的承诺,被审计单位重大的、可能对财务报表编制产生影响的会议、决定的纪要;就财务报表审阅检查中发现的疑问,查询被审计单位的有关单位和人员。

审计人员审阅财务报表应保持必要的职业谨慎主要是指:审计人员如果认为财务报表可能存在重大错报,应继续实施支持这一结论的必要的审计程序;审计人员应当关注可能引起本期财务报表调整、披露的期后事项。

(5)对其他书面资料的审阅。主要是通过审阅被审计单位的计划、预算资料、合同资料、业务规范、规章制度和其他有关资料,来进一步收集审计证据,同时验算和确认相关会计资料的真实性、合法性。对其他书面资料的审阅重点是关注其来源是否可靠、数据计算是否正确、业务内容是否合法等。实际工作中,对其他书面资料的审阅与对会计资料的审阅应是相辅相成的。

2.不同文档之间的核对

核对是指审计人员对存在勾稽关系的会计凭证、账簿、报表等会计资料和其他书面资料之间的有关数据进行交叉对照,以检查它们之间是否一致的一种审计方法。常见的核对主要包括证证核对、账证核对、账实核对、账表核对、表表核对。不同资料之间的核对必须首先明确各资料间的勾稽关系及其经济意义,这样才能在出现勾稽关系不符的情况下做出合理的判断。

(1)证证核对。主要是指各原始凭证、原始凭证与记账凭证、记账凭证与汇总记账凭证(科目汇总表)等会计凭证之间的复核对照。重点关注:各原始凭证上记载的数量、单价、金额和合计数是否相符;记账凭证与其所附原始凭证是否相符;原始凭证的合计数与记账凭证的合计数是否相符;记账凭证按日期、科目将有关数量、金额相加后与汇总记账凭证的有关数据是否一致。

(2)账证核对。主要是记账凭证与会计账簿之间的复核对照,重点关注:记账凭证与明细账(日记账)之间的复核对照。记账凭证是否全部过入有关明细账,两者的日期、摘要、金额是否相符;是否按照记账凭证上的会计科目和借贷方向过入有关账户;银行日记账、现金日记账上的记录是否与相应的会计凭证记录相符。

(3)账账核对。主要是指明细、日记账与总分类账之间的复核对照。账账核对可以按照账簿记录的对应关系来复核对照。重点关注:各明细账账户的余额合计数与总分类账中有关账户的余额是否相符,明细账上的本期发生额是否与总分类账发生额相符;总分类账各账户的期初余额、本期发生额和期末余额的计算是否正确;各总分类账账户的借方余额合计数与贷方余额合计数是否相符。账账核对也可以按照账簿的相互关系来复核对照,主要是依据账户反映的经济业务活动存在的内在联系来进行复核对照。

(4)账表核对。主要是指财务报表有关项目与总分类账户和明细分类账户之间的复核对照。复核的财务报表主要是资产负债表、损益表和现金流量表及其附注。重点关注:财务报表项目的金额是否与有关总分类账、明细分类账的余额相符;财务报表项目的数字计算是否正确。

(5)表表核对。主要是指不同财务报表的报表项目之间的核对。重点关注:资产负债表、损益表与现金流量表之间,利润表、利润分配表与主营业务收支明细表之间的相关报表项目和数字是否相符。表表核对还可以包括将会计核算资料与计划、业务核算、统计核算资料进行核对。

(6)账实核对。主要是核对账簿、实物资产卡片上所反映的实物余额是否与存在的实物相符。通常是用实物盘点表与有关账簿、卡片之间进行复核,或是用银行对账单、客户往来清单等外来证据与本单位有关账项之间进行复核。

通过审核法所获得的证据是直接证据,证明力强,但其证明力还依赖于所运用的原始凭证本身的证明力。另外,在实际工作中,审计人员对书面资料的审核经常与询问法、观察法等结合使用。对真实性问题的审查,审计人员通常以报表、账户等会计资料为出发点,与有关原始凭证乃至实务进行核对。在审查完整性问题时,审计人员通常以实物、证明经济业务发生的原始资料为出发点,与账户、报表等会计资料进行核对。

二、观察法

观察法是指内部审计人员实地察看被审计单位的经营场所、实物资产和有关业务活动及其内部控制的执行情况等,以获取证据的方法。如审计人员要到被审计单位的车间、仓库、科室、工地等场所,对被审计单位内部控制的执行情况,实物资产的存放、保管和使用状况,工作人员的劳动态度和劳动效率等经营管理情况进行实地观察,了解被审计单位的经营活动是否真实、合法,是否能够得到客观公允的反映和记录,观察被审计单位工作人员的行为是否符合有关标准和规章制度。从中发现薄弱环节,了解实物资产的管理和使用状况。

(一)观察法的一般步骤

(1)确定观察的对象和观察的目的;

(2)通过谈话或查阅书面资料了解相关的背景情况。如,要观察一幢在建楼房的完工情况,首先应了解施工地点、账面反映的完工程度等。

(3)确定观察要点,如必要,可列一个清单。

(4)确定合适观察的时间。

(5)实地观察并记录相关要点。

(6)将观察到的情况与其他资料或有关人员进行核对确认。

(二)观察法的适用范围和注意要点

观察法适用于审计的计划阶段和实施阶段。在计划阶段,可以通过直接走访和观察被审计的现场,了解被审计单位及业务的环境。也可在询问被审计单位有关人员及阅读相关资料的基础上,对所了解到的信息进行直观确认。在实施阶段,审计人员可对实物和有形资产进行观察,以获得资产的存在性、完整性或资产价值方面的直观印象。对内部控制测评时,可以确认相关岗位的设置情况、职责分离情况以及相关业务规程的执行情况等。

观察法使用过程中的注意要点:

(1)观察可以是经过严格准备的,也可以是较为随意的。在被审计单位的经营场所随意地走走看看也是一种观察。对于有经验的审计人员来说,通过这种观察也可以得到很多有用的信息。

(2)观察法的使用有时需要被审计单位人员配合,可事先通知被审计单位人员;有时也许需要以"突击暗访"方式进行,尤其是在获取被审计单位不利的审计证据时,事先通知可能会使被审计单位掩盖有关事实。

(3)在观察的过程中要做好记录并将有用的信息最终形成工作底稿,如有必要还须由被审计单位有关人员确认。

(4)观察法可以单独使用,但通常是与监盘、询问等其他审计取证法结合起来使用。观察之前采用其他方法先取得一些背景资料,可以使观察时更加有针对性。

观察是获取直接证据的一种手段,审计人员通过观察可以取得证明力较强的第一手资料,其证明力往往强于第二手证据(如原始凭证的副本)。但是,内审人员必须明白,通过观察和检查来取得证据具有一定的局限性,如资产的存在并不能证实其所有权,机器设备等固定资产的外在情况也不一定能反映其实际的运作能力。

三、监盘法

监盘是指对盘点进行监督。盘点是对企业实物资产、现金及有价证券等有形资产的数量进行清点的过程,在审计中,一般是由审计人员监督企业的盘点行为,由被审计单位的人员进行盘点,然后审计人员从经过盘点的资产中抽取部分进行复查。

(一)监盘法的一般步骤

(1)了解待盘点资产的存放地点、账面数量等背景资料;

(2)确定盘点的时间、地点、人员,编制盘点计划和监盘计划;

(3)现场盘点及监盘;

(4)审计人员抽查复核;

(5)确认盘点结果,如有差异需进一步分析并查明原因。

(二)监盘的适用范围和注意要点

监盘主要适用于审计人员对有形资产、固定资产、现金和有价证券进行的审计。采用监盘法是为了确定被审计单位实物资产是否真实存在并且与账面数量相符,查明有无短缺、损毁、腐坏、变质、等级下降、超储积压、呆滞等问题。其局限性是它只能对实物资产是否确实存在提供有力证据,却不能保证被审计单位对资产拥有所有权,并且也不能对该资产的价值和完整性提供审计证据。

监盘使用过程中的注意要点:

1.监盘计划的编制

审计人员应当根据被审计单位实物资产的特点、业务流程,被审计单位自己的实物资产盘点制度等情况,在审阅评价被审计单位提出的实物资产盘点计划的基础上,编制监盘计划。监盘计划的主要内容包括:监盘的目标、范围及时间安排,监盘的要点及关注事项,参加监盘人员的分工,抽查盘点的范围。

在编制监盘计划时,审计人员应关注下列情况:

(1)要盘点的实物资产的内容、性质、存放场所和重要程度;

(2)与实物资产相关的内部控制制度和会计核算系统;

(3)利用与实物资产相关的审计风险评估结果;

(4)利用以前年度的实物资产监盘工作底稿;

(5)确定进行实地监盘的实物资产的存放场所,特别是金额较大或者性质特殊的实物资产。

(6)确定是否利用外部专家。

2.盘点时间的确定

由于对一些资产的盘点会对被审计单位的正常生产造成一定的影响,另外在流动中的资产数量不确定,因此,实际审计工作中,审计人员一般要与被审计单位的生产、仓储人员协商,确定盘点的最佳时间。有些情况下,盘点对业务的影响不大,如对现金的盘点,而且针对现金容易被转移的特点,审计人员一般不预先告知被审计单位,而采取突击盘点方式进行。

3.盘点的记录

盘点之前应设计好盘点表,在盘点过程中记录有关情况。

4.监盘过程

在监盘过程中,审计人员应关注以下情况:

(1)开始盘点前,应观察盘点现场,确认应纳入盘点范围的实物资产是否已经适当整理和排列并附有盘点标识,防止遗漏或重复盘点。

(2)实施监盘时,应观察被审计单位盘点人员是否遵守盘点计划并准确记录实物资产的数量和状况;观察实物资产的移动情况,防止遗漏或重复盘点;观察实物资产状况,观察盘点人员是否已经恰当区分所有毁损、陈旧、变质及残次的存货和合格存货的情况。

(3)获取盘点日前后的实物资产收发和移动凭证,检查库存记录与财务报表截止日是否正确。

(4)审计人员对盘点结果的抽查应从两方面进行。一方面,从盘点记录中选取项目追查至实物资产,测试盘点记录的准确性;另一方面,从实物资产中选取部分项目追查至盘点记录,测试盘点记录的完整性。如果抽查时发现差异,审计人员应当查明原因,要求被审计单位更正。如果差异较大,审计人员应扩大抽查范围或要求被审计单位重新盘点。

(5)在被审计单位实物资产盘点结束前,审计人员要再次观察盘点现场,以确定所有应纳入盘点范围的实物资产均已被盘点。同时,取得并检查已填用、作废或未使用盘点表单,确定已发放的表单均已收回。

5.无法盘点的特殊情况

如果由于被审计单位实物资产的性质或存放场所等原因导致无法实施监盘,审计人员应当考虑能否实施替代程序。审计人员实施的替代程序主要包括:检查进货交易凭证或生产记录以及其他相关资料,检查资产负债表日后发生的销货交易凭证,向有关单位发函进行函证。

对被审计单位委托其他单位保管的或已经作为抵押的实物资产,审计人员应向保管人或债权人进行函证。如果此类实物资产占流动资产或总资产的比例较大,审计人员应当考虑实施现场监盘。

6.监盘结果的处理

审计人员应当复核盘点结果汇总记录,评估其是否正确地反映了实际盘点结果,然后形成初步审计结论。如果盘点日不是资产负债表日,审计人员应采取适当的审计程序,确定盘点日与资产负债表日之间,实物资产的变动是否已经做了正确记录。在永续盘存制下,如果永续盘存记录与实物资产盘点结果之间出现重大差异,审计人员应当实施追加审计程序,查明原因,并检查永续盘存记录是否已做了适当的调整。

四、访谈法

访谈法又称面谈法、询问法,是指审计人员与被审计单位的有关人员、其他与被审计单位相关联的雇员以及独立的各方当事人进行面对面的交谈,以了解有关情况、收集审计证据的一种方法。审计人员通过找有关人员谈话,可以调查了解内部控制制度,还可以针对可疑账项或异常情况、经济效益等,向有关人员提出口头或书面询问。

(一)访谈法实施的一般步骤

访谈的过程可以是任意的、无准备的交谈,但作为一项正式的审计活动,一次有效的访谈过程一般应遵循以下步骤:

(1)确定访谈的目的;
(2)收集与访谈相关的背景资料;
(3)确定访谈的对象;
(4)确定访谈的要点、编制谈话提纲;
(5)确定访谈时间、地点;
(6)面谈与记录;
(7)对面谈内容进行评估。

(二)访谈法的适用范围与条件

访谈法在审计的各个阶段都可以运用,但在不同的阶段运用的目的有所不同:

(1)在计划阶段,访谈法的使用主要是为了了解被审计单位的有关情况,确定审计重点,为制定审计方案服务;

(2)在实施阶段,访谈法的使用主要是为了收集相关的充分的审计证据,最终做出审计结论服务；

(3)在报告阶段，访谈法的使用主要是为了与被审计单位沟通有关情况，对审计报告的内容达成一定程度的共识。

访谈法所涉及的人员一般应该是对被审计的事项比较了解的人员，如：在对销售业务进行审计的过程中，可以向销售部门经理、推销人员等了解有关情况；在对工资进行审计的过程中，可以向劳资部门的有关人员询问有关情况等。

(三)访谈法使用过程中的注意要点

(1)要根据谈话的目的和被审计单位相关人员角色的分工，确定合适的谈话人员；

(2)实施访谈法的审计人员对面谈中所涉及的领域要有足够高的知识水平；

(3)询问前要对内容做好充分的准备；

(4)询问中要注意一定的技巧，包括询问人员的行为举止等；

(5)应对询问内容认真做好记录，如必要可请被谈话人签字。

访谈时，可以由两名审计人员协作进行：一名审计人员负责提问，另一名审计人员负责记录。

访谈的方法灵活，使用广泛，往往会得到意想不到的审计线索。这一方法对内部审计人员了解被审计单位的经营活动，发现和分析被审计单位经营活动的例外情况和异常变动情况特别重要，尤其对发现审计线索，其作用很大。但是，访谈的效果取决于询问人的询问能力，并且通过询问获取的信息不可避免地带有主观性和片面性，也受到被访人的心情、主观看法的影响。故通过访谈获取的证据的可靠性较差，单靠其本身不足以形成审计结论，需要其他证据来证实。

五、调查法

调查法是指通过考察了解客观情况，直接获取有关材料，并对这些材料进行分析的一种审计方法。问卷调查法是一种典型的调查方法。它是通过设计问题并发放问卷的调查方式，帮助内部审计人员熟悉被审计单位的基本情况、评估控制与风险的一种技术方法。

问卷调查表包括开放式的调查问卷和内部控制调查问卷。开放式的调查问卷主要要求被调查者以叙述回答的方式提出问题，寻找信息，帮助内部审计人员了解组织信息。而内部控制调查问卷是从一个已知的或想要的答案中去寻找一个是或否的答案，主要用来对控制进行持续的评估。

(一)问卷调查法的作用

问卷调查法适用于对现实问题、时效性强的问题的调查，内部审计人员应该提前设计好问卷调查表，以供审计现场调查使用。

设计问卷调查的目的是帮助内部审计人员有效地进行现场调查工作，为确定审计范围及其重点、编制审计方案、查找审计线索提供适当的信息。

问卷调查表应该根据总的审计目标、被审计单位的基本情况以及风险评估情况，并参照审计文献中其他一些典型的问题来编制，使之既规范，又有针对性，能够反映审计的目的和应予关心的重要方面。

(二) 问卷调查法的实施步骤

问卷调查法的实施步骤如下：

(1) 设计调查问卷。主要经过选题、初步探讨、提出设想等步骤，最后是设计问卷阶段。调查问卷的长短没有统一标准，它根据调查的目的、内容、性质及相关的人财物等方面的因素决定。一般来说，内容不宜太多，以不超过 20 分钟完成为宜。

问卷问题的排列非常重要，它不仅影响问卷的填写，还间接影响问卷的回收率。一般而言，安排问卷问题时应遵循以下原则：先易后难原则，同类集中原则，先次后主原则，先一般后特殊原则，先封闭后开放原则，先客观后主观原则。

(2) 选择调查对象。可以采用抽样方式，也可以全部实施调查。

(3) 分发调查问卷。可以采用邮寄、派人送发、网络平台发放等多种分发方式。

(4) 回收和审阅问卷。对发放的问卷予以回收并逐一审阅其有效性。

(5) 对调查结果进行统计和分析。根据问卷调查结果分析总结存在的问题，并形成审计工作底稿。

(三) 设计调查问卷时需注意的问题

设计调查问卷时需注意的问题主要表现在如下几个方面：

(1) 调查问题表格要尽可能简短。

(2) 提出的问题要通俗、易懂、可答。

(3) 调查问题的语言使用要准确。

(4) 提出的问题要带有中立性、不偏不倚。

(5) 调查的问题要考虑全面。

调查问卷要求内部审计人员在现场调查或实际使用中，要根据具体情况做必要的、及时的修改补充，使之适合特定的审计环境。否则，千篇一律地加以使用，可能遗漏某些重要事项，达不到预期的效果。另外，在实施调查问卷的过程中还要保持谨慎的态度，不断地完善内审调查工作。

六、函证法

审计人员为证明被审计单位会计资料所载事项而向有关单位或者个人发函询证，要求与被审计单位有经济业务联系的第三方就函件所列经济业务和相关金额，确定被审计单位记录的正确性，这种取证方法被称为函证法。如果没有回函或对回函结果不满意，内部审计师应当实施必要的替代程序，以获取相应的审计证据。由于通过函证取得的证据来自独立的第三方，因而通过函证获取的证据可靠性较高。

调查问卷范例

(一) 函证法的一般步骤

(1) 确定函证事项；

(2) 编制并寄发询证函；

(3) 收回询证函进行分析及处理；

(4)在未收回询证函情况下采取必要的替代程序。

(二)函证法的适用范围和方式

1.可用函证法取证的事项

主要包括银行存款、应收账款、应收票据、短期投资、代销代存资产、应付账款、应付票据、财产担保、财产抵押、租赁资产、长期投资、债权和股票、重大或异常的交易等。

函证主要用于印证被审计单位应收、应付款项的发生额和余额,作为认证被审计单位债权债务的必要手段;也可用于验证被审计单位委托外单位保管的财务、含混不清的外来凭证、某些购销业务、存款借款的种类余额、实物资产的归属以及未决法律诉讼案件等。通过函证,审计人员取得的是书面证据。

2.函证的方式

(1)积极函证,又称为肯定式函证。这种方式要求被函证单位对函证事项无论其与事实是否相符都给予复函。如无复函,一般要再次发函甚至第三次发函催询。积极函证的手续较为复杂,主要运用于账龄长、金额较大、重要客户、有争议,以及引起审计人员怀疑的审计事项。

(2)消极函证,又称为否定式函证。这种方式只要求被函证单位对函证事项有异议时才给予复函。如确认相符,被函证单位则不复函。如审计人员发函后经过一定时间没有收到答复,则认为函证事项相符。消极函证主要适用于金额较小、预计对方能认真对待函证、企业内控较健全等一般审计事项。虽然消极函证的手续较为简单,但函证效果和所取得的审计证据证明力不如积极函证。

(三)询证函的编制

询证函一般采用统一格式,主要包括收件人、函证目的、需对方确认的事项、回函的要求等。函证一般由审计人员以被审计单位的身份编制,由审计人员寄发并要求收件人直接将回函寄回给审计人员而不是被审计单位,以保证回函的可靠性。

(四)对函证结果的分析

审计人员从对方收回询证函后,应对函证结果进行分析与评价。一般情况下,函证结果有三种:

(1)审计人员认为函证结果是可靠的,并且得到了对方的确认;

(2)有迹象表明收回的询证函不可靠,此时审计人员要采取适当的审计程序予以证实或消除疑虑;

(3)询证函中的有关内容并没有得到对方的确认。

上述情况的后两种应引起审计人员的高度重视,并对所怀疑的不符事项进行进一步的分析,看其是否构成错报。

应当指出的是,由于双方记录业务的时间不同也可能产生不符事项,主要表现在:

(1)询证函发出时,债务人已经付款,而被审计单位尚未收到货款;

(2)询证函发出时,被审计单位的货物已经发出并已做销售记录,但货物仍在途中,债务人尚未收到货物;

(3)债务人由于某种原因将货物退回,而被审计单位尚未收到;

(4)债务人对收到的货物的数量、质量及价格等有争议而全部或部分拒付等。

(五)未收到回函的情况

在采用积极函证方式时,如果在限定的期间内未收到对方的回函,应该引起审计人员的重视,一般来说应发送第二次乃至第三次询证函。若仍得不到答复,审计人员应采取替代程序。

以"应收账款"的函证为例,当不能收到回函时,审计人员可以采取以下替代程序:

(1)如果该项应收账款对方已经归还,审计人员可通过检查银行未达账项和结账日后一段时间的现金和银行日记账,查看款项是否已经收回;复核检查收回的金额与期末应收账款账面余额是否一致,进而发现有无回款项不入账或故意高估、低估应收账款余额的行为。

(2)如果被询证单位发生重大财务困难或已破产清算,该项应收款账款发生坏账损失,审计人员可以通过走访工商、税务或财政、被询证单位开户银行等单位,了解被询证单位的准确地址和财务、银行信用等情况,确定应收账款收回的可能性。

(3)如果被审计单位编造应收款发生额,该项应收账款根本不存在,审计人员可通过检查销售合同、发票、发货单来了解应收账款发生时的情况,并通过查询当事人,查明有关债权业务是否真实发生。

(4)如果询证函在邮寄过程中丢失,审计人员可一方面通过检查销售合同、发票等验证应收账款发生时的情况,另一方面通过审阅银行日记账、现金日记账确认应收账款是否已经收回,或查询有关当事人,掌握真实情况。

函证是一种外部调查方法,询证函由独立的第三方完成,其证明力强;不过询证函受被函证单位的态度及信誉的影响较大。

七、计算

计算是内部审计人员为核实数字或会计记录的正确性而对其进行验算或重新计算。

询证函范例

计算方法本身简单,工作机械烦琐,易被审计人员忽视。但如数字计算有误,或故意歪曲计算结果,特别是出现相互抵消而不影响试算平衡的计算差错,采用其他方法往往难以发现,而只能采用计算方法。计算内容包括凭证中的乘积、小计和合计数,账本中的小计、合计、余额和承接上下页数,报表中的小计、合计、总计、指标和上期本期数等;计算的方式可以采用顺算或者逆算;计算的详简程度视内部控制情况而定。

计算的优点是通过计算获取的证据通常被认为是确实的、客观的和有力的。缺点是通过计算来证实的证据,其使用范围相当狭窄,并且,输出结果的正确合理性有赖于输入数据的正确合理性,故要结合考虑数据计量的内容来评价输出结果的合理性。例如,内部审计人员在对利息收入进行复算时,如果应收款项有 1/3 很可能收不回来,或者由于利率超过了国家法律所规定的范围而面临被起诉的风险,那么通过复算来取证的价值就不大。

八、分析程序

分析程序是内部审计过程中审计人员用于取证的一种非常重要的方法,其内容较为复杂,详见后节的专门讲述。

第二节 分析程序

IIA《内部审计实务公告 2310－1:收集信息》第一条指出:"内部审计师应该在收集和检查信息时应用分析性审计程序。分析性审计程序旨在研究并比较财务和非财务信息之间的关系。在收集和检查信息时应用分析性程序的依据是以下假设:在缺乏已知的相反情形时,可以合理期望信息之间的关系不仅存在,而且会持续。相反情形包括不经常的或不重复发生的交易或事件、会计、机构、运营、环境以及技术的变化、效率低下、缺乏效果、错误、不合规范或违法行为。"

一、分析程序的内涵

根据《第 2109 号内部审计具体准则——分析程序》第二条的规定,分析程序是指内部审计人员通过分析和比较信息之间的关系或计算相关的比率,以确定合理性,并发现潜在差异和漏洞的一种审计方法。具体来说,它要求内审人员对被审计单位重要的金额、比率或趋势等进行比较和分析,通过分析比较数据间的关系或比率,包括调查异常变动以及这些重要比率或趋势与预期数据和相关信息的差异,并对异常变动和异常项目予以重点关注。它是内部审计人员在审计工作中需要运用的重要程序和方法。

第 2109 号内部审计具体准则——分析程序

分析程序一般包括下列基本内容:
(1)将当期信息与历史信息相比较,分析其波动情况及发展趋势;
(2)将当期信息与预测、计划或者预算信息相比较,并作差异分析;
(3)将当期信息与内部审计人员预期信息相比较,分析差异;
(4)将被审计单位信息与组织其他部门类似信息相比较,分析差异;
(5)将被审计单位信息与行业相关信息相比较,分析差异;
(6)对财务信息与非财务信息之间的关系、比率的计算与分析;
(7)对重要信息内部组成因素的关系、比率的计算与分析。

二、分析程序的目的

内部审计人员在审计中合理运用分析程序的总体目的是获取有效、充分、适当的审计

证据,确保审计质量,提高审计效率。因此,内部审计人员执行分析程序,有助于实现下列目标:

(1)确认业务活动信息的合理性;

(2)发现差异;

(3)分析潜在的差异和漏洞;

(4)发现不合法和不合规行为的线索。

同时,内部审计人员通过执行分析程序,能够获取与下列事项相关的证据:

(1)被审计单位的持续经营能力;

(2)被审计事项的总体合理性;

(3)业务活动、内部控制和风险管理中差异和漏洞的严重程度;

(4)业务活动的经济性、效率性和效果性;

(5)计划、预算的完成情况;

(6)其他事项。

但是,审计人员在各个审计阶段运用分析程序又有各自不同的具体目的。

(一)审计准备阶段

《第2109号内部审计具体准则——分析程序》第12条指出:"内部审计人员需要在审计计划阶段执行分析程序,以了解被审计事项的基本情况,确定审计重点。"可见,在审计准备阶段,分析程序可以帮助审计人员加深对被审计单位基本情况的了解,确定重点审计领域,指出高风险领域之所在,编制有针对性的审计方案,以指导下一步审计工作。

(二)审计实施阶段

《第2109号内部审计具体准则——分析程序》第13条指出:"内部审计人员需要在审计实施阶段执行分析程序,对业务活动、内部控制和风险管理进行审查,以获取审计证据。"因此,在审计实施阶段,分析程序可以直接作为实质性测试程序,以获取与某些事项相关的审计证据。这些事项包括:(1)客户的持续经营能力;(2)被审计事项的总体合理性;(3)经营活动与内部控制中可能的差异和漏洞的严重程度;(4)经营活动的经济性、效率性和效果性;(5)计划、预算的完成情况;(6)其他事项。

(三)审计终结阶段

《第2109号内部审计具体准则——分析程序》第14条指出:"内部审计人员需要在审计终结阶段执行分析程序,验证其他审计程序所得结论的合理性,以保证审计质量。"所以,在审计终结阶段,分析程序可以用于对被审计事项整体合理性做最后的复核。

三、分析程序应考虑的主要关系

分析程序所使用的信息按其存在的形式划分,主要包括:财务信息和非财务信息;实物信息和货币信息;电子数据信息和非电子数据信息;绝对数信息和相对数信息。内部审计人员在进行分析程序时应着重考虑被审计单位各种数据资料之间存在的以下关系:

1.被审计单位内部会计信息各构成要素之间的关系

会计信息是对会计主体财务状况和经营成果的综合反映,基于复式记账和借贷记账法,被审计单位的资产、负债、权益以及收入、费用和利润,彼此之间存在着某种依存关系。如,主营业务收入与主营业务成本之间、同类产品的销售收入与销售成本之间等应存在相对稳定的比率关系。在没有明显反证的情况下,审计人员可以合理地期待其存在而且将继续存在。

2.被审计单位内部财务信息与相关非财务信息之间的关系

会计是用专业语言对被审计单位经营活动和经营成果进行的综合反映,它与其他反映被审计单位经营活动和经营成果的信息资料之间存在着一定的关系。如,被审计单位当期的员工人数、结构及不同结构人员的工资水平与当期工资总额之间,被审计单位租用销售场地的面积和租金标准与相关的销售费用之间,被审计单位的仓库储存能力与其存货数额之间,被审计单位的会计资料与当期的各种预算资料之间等等,均存在着一定的依存关系。

3.被审计单位会计资料与同行业平均水平或同行业中规模相近的其他单位的资料之间的关系

同一行业的不同单位之间,尤其是同一组织内部同类单位之间,由于其经营的外部环境相同,且会计资料采用统一的核算口径和指标,因而会计资料之间存在着可比性。一般而言,同行业规模相近单位的资料之间存在着可比关系,反映其盈利能力和流动性的财务指标不应有太大的差异。如果被审计单位的某项指标与同行业平均水平或同行业中规模相近的其他单位的统一指标间有太大的差异,则预示着与此指标相关的会计数据可能存在错弊或不合法的情况。

四、分析程序的方法

《第2109号内部审计具体准则——分析程序》第11条指出:"分析程序主要包括下列具体方法:(1)比较分析;(2)比率分析;(3)结构分析;(4)趋势分析;(5)回归分析;(6)其他技术方法。内部审计人员可以根据审计目标和审计事项单独或综合使用以上方法。"这里只对常用的趋势分析法、比率分析法进行介绍。

(一)趋势分析法

趋势分析法是指审计人员将被审计单位若干期财务或非财务数据进行比较和分析,从中找出规律或发现异常变动的方法。它是分析程序最常用的方法之一。

趋势分析法的主要运用形式有:

(1)若干期资产负债表项目变动趋势分析;

(2)若干期利润表项目变动趋势分析;

(3)若干期资产负债表或利润表项目构成比例的变动趋势分析;

(4)若干期财务比率变动趋势分析;

(5)特定项目若干期数据的变动趋势分析。

趋势分析法比较直观,可以直接将若干期的同一指标进行绝对值比较,或将该指标占另一指标的比重来进行比较,以发现事物发展的总趋势,再以总趋势和审计人员已经掌的其他趋势进行比较和分析,来判断被审计单位某些财务数据存在错弊的可能性。

多期比较分析的前提是进行比较的各期是可比的,因此当数据出现大幅变动时,就证明很有可能存在问题,需要进一步审查。多期比较的局限性在于只是比较不同时间段或时间点,且很难分清变动是由组织内部的经营管理的变化还是由企业外部环境的变化所引致的。

(二)比率分析法

比率分析法是指审计人员利用被审计单位的财务数据,计算一些通用的财务比率,并将这些比率与人们普遍认为合理的一些标准进行比较的方法。

在分析程序中常用的财务比率有:

1. 速动比率

$$速动比率 = \frac{现金 + 应收账款 + 短期投资}{流动负债}$$

该指标用以衡量被审计单位用现金和非现金资产对短期债权所提供的保障程度。此比率越大,流动性越大,短期偿债能力越强。

2. 流动比率

$$流动比率 = \frac{流动资产}{流动负债}$$

该指标用以衡量流动负债被流动资产偿还的程度。此比率越高,流动负债可被及时偿还的保证越大。

(3) 负债对权益比

$$负债对权益比 = \frac{总负债}{股东权益}$$

该指标用以衡量被审计单位负债经营的情况。通常此比率不会超过100%,因为此比例越高,债权人将比所有者承担更大的风险。

(4) 利息赚取倍数

$$利息赚取倍数 = \frac{扣除所得税及利息前的净利润}{利息费用}$$

该指标用以衡量被审计单位以盈余支付固定利息的倍数。此比率也可用税后基础计算。

(5) 应收账款周转率

$$应收账款周转率 = \frac{主营业务收入净额}{应收账款}$$

该指标用以衡量一定期间内应收账款收回的次数。也可用365天除以周转率得出收账期间。

(6)存货周转率

$$存货周转率 = \frac{主营业务成本}{存货}$$

该指标用以衡量一定期间内存货周转的速度。

(7)资产周转率

$$资产周转率 = \frac{主营业务收入净额}{总资产}$$

该指标用以衡量被审计单位使用资产创造收入的效率。

(8)净销售报酬率

$$净销售报酬率 = \frac{净利润}{销售收入净额}$$

(9)总资产报酬率

$$总资产报酬率 = \frac{净利润}{总资}$$

该指标用以衡量总资产的获利能力。比率越高,说明被审计单位能更有效地使用资产。

五、分析程序的步骤

尽管在不同的审计阶段,执行分析程序的步骤有所不同,但一般均包括以下主要步骤:

(一)确定要执行分析程序的对象

分析程序的对象,可以是整张报表,可以是某一账户的总体金额,也可以是构成该账户总体金额或部分总体的金额(不同产品、不同地区、不同月份的主营业务收入)。

风险导向审计下的分析性程序案例

一般情况下,在审计准备阶段和审计报告阶段,分析程序的对象是财务报表,目的是确定审计重点和评估报表的总体合理性。除非评估的固有风险较高,否则均可将财务报表作为分析程序的对象。在审计风险比较高、被审计单位提供数据的真实性不值得信赖的情况下,是否仍然可以将财务报表作为对象,利用被审计单位提供的数据来帮助确定审计重点,就需要审计人员运用专业判断。

在审计实施阶段,分析程序的对象主要是某一账户的总体金额或账户总体金额中的部分总体金额。要确定某账户总体或某账户部分总体能否作为分析程序的对象,审计人员需要综合考虑各方面的因素,包括:相关项目可接受的检查风险的高低,相关信息的可分解程度,对应信息的相关性、可获得性和可靠性等。

(二)估计预期值

分析程序主要是通过对被审计单位的重要金额、比率或趋势进行分析而调查出被审计单位的异常变动与差异。而要找出这些异常变动和差异,就必须涉及比较对象或比较标准,即被比较对象的预期值。一般情况下,预期值的获取途径主要有两类:一类是相对独立的参考值,一类是审计人员的估计值。根据会计资料之间、会计资料与非会计资料之间、非会计资料与非会计资料之间客观存在的依存关系,分析程序中用来作为预期值或估计预期值的依据通常包括:

1.上期或以前数据可比信息

可比性是会计信息的一个重要的质量特征,它意味着同一企业在不同时期反映的会计信息应当具有可比性。因此,审计人员在进行分析程序时可将被审计单位某一项目的本期实际发生额与其相应的上期或以前数期的发生额进行比较,进而判断本期是否存在异常变动。一般而言,与所审计期间的时间距离越近,其会计信息与本期会计信息之间的可比性就越强,所以审计人员往往对被审计单位上期会计信息尤为重视。需要指出的是,能够作为估计预期值的依据应当是可比信息。如果被审计单位本期发生重大变化,如生产方向发生改变,产品结构有较大调整,发生兼并或改组等,审计人员应充分考虑以前各期信息与本期信息的可比性,来确定是否仍将其作为估计预期值的一项依据。

2.所在行业平均水平或同行业相近的其他单位的可比信息

因为同一行业不同单位面临着类似的外部环境,在组织结构上和会计核算政策与口径上往往也具有一定程度的一致性,所以其会计信息也具有一定程度的可比性。以被审计单位所在行业的平均水平或同行业规模相近的其他单位的可比信息作为估计预期值的依据,有助于审计人员了解被审计单位的经营成果和评估其财务资料的可靠程度。被审计单位资料与同行业平均水平或同行业规模相近的其他单位的可比信息发生重大差异,其原因可能是由于被审计单位经营的独特性,也可能是被审计单位的会计资料上存在的错弊所致,审计人员必须了解其形成的真正原因。

3.被审计单位的预算、预测等数据

预算是被审计单位进行经营管理活动所应达到的目标,预测则是被审计单位对其经营管理情况及其结果进行的估计。一般而言,被审计单位最了解其自身的经营管理与财务状况。如果上述预算或预测是经过被审计单位的认真研究后编制的,那么预算的执行情况或预测的结果就具有一定的科学性,这为审计人员判断被审计单位财务报表的表述是否公允提供了重要的参考资料。

4.审计人员的估计数据

审计人员可以根据自己的审计经验和对被审计单位的了解情况,对被审计单位某些方面的数据做出合理估计,并将这一估计数据与被审计单位在财务报表上反映的金额进行比较,用以判断被审计单位财务报表反映是否恰当。例如,审计人员可对被审计单位应当计提的折旧额进行合理估计,用以判断被审计单位的折旧计提是否适当。

(三)确定重大差异的标准

分析数据的目的主要是确认被审计单位的会计资料是否存在重大差异或意外波动。重大差异或意外波动的标准,需要审计人员根据重要性原则,运用专业判断来加以确定。

在审计准备阶段和审计报告阶段,审计人员一般不为重大差异确定一个数量标准,但应重点关注:

(1)报表项目的异常变动或应存在但未存在的变动。例如,在没有新的其他收入来源的情况下,其他收入大幅增加;在开辟了新的其他收入来源的情况下,其他收入却没有变化。

(2)主要财务数据间的异常变化或不应存在但存在的变动。例如,在销售收入增幅不大的情况下,应收账款大幅增加或销售毛利率增幅太大。

(3)财务数据与非财务数据间关系的异常。例如,生产能力与销售及存货余额间的关系出现的异常,仓储能力与存货余额间的关系出现的异常。

在审计实施阶段,分析程序所指的重大差异标准通常是一个数量标准,是指审计人员能够认可的、不需要被审计单位解释的账面记录与审计人员估计的预期值间的最大差异。确定重大差异标准时,审计人员需要考虑重要性水平、相关账户可接受的检查风险水平、分析程序的特点和预期值的准确程度等因素。一般来说,在其他因素一定的情况下,该标准应小于重要性水平,并与重要性水平、可接受的检查风险水平和预期值的准确程度呈正向关系。

(四)确认是否存在重大差异

将报表或账面记录与期望值进行比较,如果两者的差异大于所确定的标准,则为重大差异;相反,如果两者的差异小于所确定的标准,则可以不作为审计重点,计划较少的实质性测试程序,或认可被审计单位的账面记录的整体合理性。

(五)调查重大差异的原因

对于分析程序中发现的重大差异,审计人员必须进一步调查,包括重新考虑估计预期值时所使用的方法和因素,并询问被审计单位。对于进一步确定的重大差异,则要求被审计单位提供解释,并在必要时检查支持解释的证据,查明是否能够合理说明所存在的差异。

(六)确定进一步的审计程序

对于分析程序中发现的、不能合理解释的重大差异,如果是在审计准备阶段,审计人员应当将其视为错报或漏报风险增加的信号,作为重点审计领域,计划更加详细的审计测试;如果是在审计实施阶段和审计报告阶段,则应放弃分析程序,转而采用其他实质性测试程序来获取证明相关报表项目或账户金额合理性的审计证据,或向有关管理层报告。

六、对分析程序结果的利用

对分析程序结果的处理是否得当,会直接影响到审计结论的正确性和可靠性。

(一)利用分析程序结果时应考虑的因素

《第2109号内部审计具体准则——分析程序》第15条指出:"内部审计人员应当考虑下列影响分析程序效率和效果的因素:(1)被审计事项的重要性;(2)内部控制、风险管理的适当性和有效性;(3)获取信息的便捷性和可靠性;(4)分析程序执行人员的专业素质;(5)分析程序操作的规范性。"

一般而言,审计人员在确定分析程序结果的可信赖程度时,应保持应有的职业谨慎,

并充分考虑以下几方面的因素:

(1)分析程序所涉及项目的重要性。由于分析程序存在固有的限制,因此,对于一些重要的审计项目,审计人员不能仅依赖于分析程序,还应与其他必要的审计程序配合使用,以确保审计意见的正确性,然而对那些不重要的项目,审计人员可以只依靠分析程序做出某种判断。

(2)当分析程序的结果与针对同一审计目标实施的其他审计程序所获得的结论一致时,审计人员可对上述审计结果给予较高的信赖,否则就需要进一步调查上述两种审计程序所得出的审计结论不一致的原因,而不能仅仅依赖分析程序。

(3)分析程序预期结果的准确性。对于准确性较低的项目,审计人员不应过多依赖分析程序的结果。

(4)风险的评估结果。对于风险较高的项目,审计人员也不应过多依赖分析程序的结果。

(5)实施分析程序人员的能力与经验。分析程序是一项技术性较高、说服力较强的取证方法,通常需要由具有较丰富审计经验和较高专业水平的审计人员来进行。并且,进行分析程序的审计人员的能力越强、经验越丰富,其分析程序结果的可信赖程度及审计效率就越高。因此对于业务能力不高,缺乏相关领域经验的审计人员而言,其运用分析程序得出的结果的可信赖程度较低,往往需要实施其他审计程序来印证其正确性。

(二)发现异常差异时的处理

当分析程序结果出现以下异常情况时,审计人员应当进行调查,要求被审计单位给予解释,并获得适当的验证证据:

(1)与预期金额存在重大偏差;

(2)与其他相关信息严重不一致。

如果被审计单位不予解释或解释不当,则可能预示存在潜在的差错、不正当或非法行为,审计人员应当考虑是否实施其他审计程序。

发现上述异常情况时,通常应实施的适当审计程序包括:

(1)询问被审计单位管理层,并对管理层所做的答复给予验证。例如,审计人员可以用从管理层获取的答复和解释,与其个人对行业情况的了解以及在审计过程中获取的其他审计证据进行验证,以确定其解释的合理性和可靠性,进而确定是否应追加审计程序,并考虑其对审计程序的影响。

(2)对被审计单位未予解释或解释不当的异常差异,审计人员应当实施其他审计程序。例如,审计人员应当考虑是否进行详细审计或者通过函证、盘点等取证方法来获取更为充分的审计证据以支持其审计结论;或向有关管理层报告,并根据具体情况建议采取适当的措施。

七、分析程序的局限性

总的说来,分析程序也存在着一定的局限性,主要表现在:

(一)分析程序的使用有一定前提

(1)作为分析程序对象和依据信息资料之间必须存在着某种相互印证、互为说明和互为因果的关系。只有存在着某种依存关系的信息资料才可以作为分析程序的对象和依据。

(2)这种信息资料的依存关系必须是可预期的。可预期是指分析程序所采用的关系是明确并可预测的因果关系。

(3)用来作为分析程序依据的信息资料必须具有可靠性,如果分析程序所用的数据不可靠,则分析程序的结果就值得怀疑,不能作为支持审计结论的证据。

(4)分析程序的使用存在着一个基本的假定,即在不存在已知的相反情况时,会计资料间及其非会计资料间将继续保持各种预期的关系。如果被审计单位外部环境变化大,或内部生产和管理发生结构性的调整,那么这种预期关系可能会被打破,分析程序的结果将失去有效性。

(二)分析程序难以得到精确的结论

多数情况下分析程序的结论只能为其他审计程序的安排和已获取的其他审计证据提供佐证。分析程序的结论是一种对被检查事项总体上的合理性判断,它无法给出被检查事项的准确值。对于性质重要、相关审计检查风险较高的项目,如果审计人员只是机械地执行分析程序,不通过检查、函证、监盘等审计取证方法取得直接证据并对分析程序加以证实和排除,分析程序就无法发挥作用,审计风险也不会减少。

(三)分析程序的有效运用对审计人员的要求较高

分析程序不但涉及各种信息资料间的关系,还需要大量的专业判断。要有效进行分析程序,审计人员不仅要具有足够的专业知识、丰富的执业经验,还应掌握一定数学知识。如果审计人员不了解财务各个构成要素的关系,不了解财务信息与非财务信息间的关系,不了解客户的具体情况,就无法建立合理的关系模型并进行相应的测算。

(四)通过分析程序所获证据的效用取决于参照物的合理性

前已述及,分析程序基于数据之间存在的因果关系,由此而取得的审计证据的证明力取决于所使用数据的可靠性、这些数据同具体审计目标的相关性以及对影响数据关系的所有相关因素的考虑程度等。

计算机技术方法在审计工作中的应用

  本章小结

内部审计方法是指内部审计人员在审计过程中,收集审计证据采用的技术和手段的总称。审计方法是为审计目的和任务服务的,各种不同种类的审计,都有其不同的审计目的和要求,因此,他们所选的审计方法也各不相同。审计方法选用恰当,可以尽快地发现问题,弄清事实真相,完成审计任务;同时,可以缩短审计时间,节省人力物力,提高工作效率。通过学习,要求内部审计人员掌握运用询问法、审核法、函证法、观察法、监盘法等审计技术方法的一般步骤,清楚各类审计技术方法的适用范围和注意要点,同时掌握分析程序在内部审计中的应用目的、具体方法和一般步骤。

本章练习题

一、单选题

1. 内部审计人员向有关单位和个人获取审计证据时，可以采用下列哪种方法？（   ）

   A. 审核和监盘　　　　　　　　　　B. 观察和访谈
   C. 调查和函证　　　　　　　　　　D. 计算和分析程序

2. 监盘主要适用于审计人员对（   ）进行的审计。

   A. 有形资产　　B. 固定资产　　C. 现金　　D. 有价证券

3. 函证的方式包括（   ）。

   A. 询问式　　B. 积极式　　C. 消极式　　D. 书面式

4. 下列属于分析程序的具体方法是（   ）。

   A. 比较分析　　B. 比率分析　　C. 结构分析　　D. 回归分析

二、简答题

1. 简述函证法的适用范围和方式。
2. 以"应收账款"为例，说明未收到询证函回函时，审计人员可以采取的替代程序。
3. 分析观察法使用过程中的注意要点。
4. 简述分析程序的目的。
5. 试说明利用分析程序结果时应考虑的因素。

第八章　内部控制审计

 学习目标(Learning Objectives)

1. 掌握内部控制的基本要素；
2. 掌握内部控制审计的目标；
3. 明确内部控制审计的具体程序和方法；
4. 明确企业内部控制审计报告和内部控制自我评价报告的内容。

内部控制作为公司治理的关键环节和经营管理的重要举措，在企业发展壮大中具有举足轻重的作用。但从现实情况看，许多企业管理松弛、内控弱化、风险频发、资产流失、营私舞弊、损失浪费等问题还比较突出。国际上，安然、世通等财务舞弊和会计造假案件的发生，严重冲击了美国乃至国际资本市场的正常秩序。研究结果表明，内部控制存在缺陷是导致企业经营失败并最终铤而走险、欺骗投资者和社会公众的重要原因。为此，许多国家通过立法强化企业内部控制，内部控制日益成为企业进入资本市场的"入门证"和"通行证"，我国境外上市企业纷纷花巨资聘请海外机构设计内部控制制度，以适应上市地的监管要求。

国内来看，2008 年 6 月 28 日，财政部会同证监会、审计署、银监会、保监会制定了《企业内部控制基本规范》。其目的是加强和规范企业内部控制，提高企业经营管理水平和风险防范能力，促进企业可持续发展，维护社会主义市场经济秩序和社会公众利益。《企业内部控制基本规范》自 2009 年 7 月 1 日起在上市公司范围内施行，鼓励非上市的大中型企业执行。执行该规范的上市公司，应当对本公司内部控制的有效性进行自我评价，披露年度自我评价报告，并可聘请具有证券、期货业务资格的会计师事务所对内部控制的有效性进行审计。

2010 年，财政部联合五部委制定了企业内部控制配套指引（其中包括《企业内部控制应用指引》《企业内部控制评价指引》和《企业内部控制审计指引》），为了促进企业建立、实施和评价内部控制，规范会计师事务所内部控制审计行为，自 2011 年 1 月 1 日起在境内外同时上市的公司施行，自 2012 年 1 月 1 日起在上海证券交易所、深圳证券交易所主板上市公司施行；在此基础上，择机在中小板和创业板上市公司施行；并鼓励非上市大中型企业提前执行。

第一节 内部控制概述

一、内部控制的定义

根据《企业内部控制基本规范》,内部控制是指是由企业董事会、监事会、经理层和全体员工实施的,旨在实现控制目标的过程。内部控制的目标是合理保证企业经营管理合法合规、资产安全、财务报告及相关信息真实完整,提高经营效率和效果,促进企业实现发展战略。

为了保证这些目标的实现,企业必须建立各种政策和程序,如果这些政策和程序健全、适当并能够得以有效执行,那么就能够使企业目标的实现得到合理的保证。

二、内部控制的原则

1.全面性原则

内部控制应当贯穿决策、执行和监督全过程,覆盖企业及其所属单位的各种业务和事项。

2.重要性原则

内部控制应当在全面控制的基础上,关注重要业务事项和高风险领域。

3.制衡性原则

内部控制应当在治理结构、机构设置及权责分配、业务流程等方面形成相互制约、相互监督,同时兼顾运营效率。

4.适应性原则

内部控制应当与企业经营规模、业务范围、竞争状况和风险水平等相适应,并随着情况的变化及时加以调整。

5.成本效益原则

内部控制应当权衡实施成本与预期效益,以适当的成本实现有效控制。

三、内部控制的要素

目前内部控制整体框架方面的主要成果是1992年由美国反虚假财务报告委员会下属的发起人委员会(The Committee of Sponsoring Organizations of the Treadway Commission,简称COSO委员会)提出并于1994年修改的《内部控制——整体框架》,加拿大注册会计师公会所属的控制基准委员会(The Canadian Criteria of Control Board,简称COCO委员会)的内部控制框架,以及COSO委员会2004年修订的《企业风险管理——整体框架》。

在1992年的COSO报告中,内部控制包括控制环境、风险评价、控制活动、信息与沟通以及监督等五种要素。2004年的《企业风险管理——整体框架》对1992年制定的内部控制整体框架进行了扩展,更有力地关注于企业风险管理这一更加宽泛的领域。除了已有的内部控制目标以外,它又增加了"战略目标"。原来五要素也扩展为八要素,即"风险评价"要素被拓展为"目标设定、风险识别、风险评估和风险应对"等四个要素。

目前,五要素框架相对较成熟、较稳定。美国证监会推荐、参照的框架仍是五要素框架。2008年财政部联合五部委发布的《企业内部控制基本规范》立足我国国情、借鉴国际惯例,也采用了五要素框架。内部控制包括控制环境、风险评估、控制活动、信息与沟通、监督五个要素。这里的内部控制是一个广义的概念,不仅仅是财务报表审计时所使用的局限于与财务信息有关的内部控制,而是涉及企业活动的各个方面。对内部控制组成要素进行说明是为了帮助内部审计人员充分了解内部控制的不同环节和性质的内容,便于其辅助单位建立健全内部控制以及审查和评价内部控制。

(一)控制环境

内部环境是企业实施内部控制的基础,一般包括治理结构、机构设置及权责分配、内部审计、人力资源政策、企业文化等。

控制环境要素实际上属于企业精神层面的事物,如经营理念、组织文化等,这些事物虽然不像控制活动那样是可以明显观察得到的,但是它们所营造的氛围却影响了作为内部控制实施者的企业中各类人员的行为以及其他内部控制要素的实施。

1.治理结构

治理结构包括股东大会、董事会、监事会、经理层。可以说,治理结构对企业控制环境起着决定性的作用。

股东大会享有法律法规和企业章程规定的合法权力,依法行使企业经营方针、筹资、投资、利润分配等重大事项的表决权。

董事会对股东大会负责,依法行使企业的经营决策权。

监事会对股东大会负责,监督企业董事、经理和其他高级管理人员依法履行职责。

经理层负责组织实施股东大会、董事会决议事项,主持企业的生产经营管理工作。

2.机构设置及权责分配

董事会负责内部控制的建立健全和有效实施。监事会对董事会建立与实施内部控制进行监督。经理层负责组织领导企业内部控制的日常运行。企业应当在董事会下设立审计委员会。审计委员会负责审查企业内部控制,监督内部控制的有效实施和内部控制自我评价情况,协调内部控制审计及其他相关事宜等。审计委员会负责人应当具备相应的独立性、良好的职业操守和专业胜任能力。

3.内部审计

企业应当结合业务特点和内部控制要求设置内审机构,明确职责权限,将权利与责任落实到各责任单位。企业应当加强内部审计工作,保证内部审计机构设置、人员配备和工作的独立性。内部审计机构应当结合内部审计监督,对内部控制的有效性进行监督检查。内部审计机构对监督检查中发现的内部控制缺陷,应当按照企业内部审计工作程序进行报告;对监督检查中发现的内部控制重大缺陷,有权直接向董事会及其审计委员会、监事会报告。

4. 人力资源政策

企业应当制定和实施有利于企业可持续发展的人力资源政策。人力资源政策应当包括下列内容：员工的聘用、培训、辞退与辞职；员工的薪酬、考核、晋升与奖惩；关键岗位员工的强制休假制度和定期岗位轮换制度。

5. 企业文化

企业应当加强文化建设，培育积极向上的价值观和社会责任感，倡导诚实守信、爱岗敬业、开拓创新和团队协作精神，树立现代管理理念，强化风险意识。董事、监事、经理及其他高级管理人员应当在企业文化建设中发挥主导作用。企业员工应当遵守员工行为守则，认真履行岗位职责。

6. 法律环境

企业应当加强法制教育，增强董事、监事、经理及其他高级管理人员和员工的法制观念，严格依法决策、依法办事、依法监督，建立健全法律顾问制度和重大法律纠纷案件备案制度。

（二）风险评估

风险评估是企业及时识别、系统分析经营活动中与实现内部控制目标相关的风险，合理确定风险应对策略。

任何一个企业在发展过程中，都会面临来自企业内外多种风险因素的影响。风险是企业目标无法实现的可能性。企业的风险可能来自多个方面，例如国家政策风险、行业风险、市场风险、财务风险等。风险管理的首要工作就是识别影响企业目标实现的各类风险因素，在此基础上建立风险管理机制，评估各类风险因素发生的可能性和预计带来的后果，据此考虑风险应对方法，把企业风险控制在可以接受的范围之内。内部控制中的风险评估包括了风险管理的全过程，即目标设置、风险识别、风险分析、风险应对。

1. 目标设置

企业开展风险评估，应当准确识别与实现控制目标相关的内部风险和外部风险，确定相应的风险承受度。风险承受度是企业能够承担的风险限度，包括整体风险承受能力和业务层面的可接受风险水平。

2. 风险识别

风险识别是风险评估的重要环节。企业在风险评估过程中，更应当关注引起风险的主要因素，应当准确识别与实现控制目标相关的内部风险和外部风险。企业识别内部风险，应当关注下列因素：董事、监事、经理及其他高级管理人员的职业操守、员工专业胜任能力等人力资源因素；组织机构、经营方式、资产管理、业务流程等管理因素；研究开发、技术投入、信息技术运用等自主创新因素；财务状况、经营成果、现金流量等财务因素；营运安全、员工健康、环境保护等安全环保因素；其他有关内部风险因素。

企业识别外部风险，应当关注下列因素：经济形势、产业政策、融资环境、市场竞争、资源供给等经济因素；法律法规、监管要求等法律因素；安全稳定、文化传统、社会信用、教育水平、消费者行为等社会因素；技术进步、工艺改进等科学技术因素；自然灾害、环境状况等自然环境因素；其他有关外部风险因素。

3.风险分析

一旦风险得到识别,企业应对风险进行分析和评估。企业应当采用定性与定量相结合的方法,按照风险发生的可能性及其影响程度等,对识别的风险进行分析和排序,确定关注重点和优先控制的风险。企业进行风险分析,应当充分吸收专业人员,组成风险分析团队,按照严格规范的程序开展工作,确保风险分析结果的准确性。

4.风险应对

企业应当根据风险分析的结果,结合风险承受度,权衡风险与收益,确定风险应对策略。企业应当综合运用风险规避、风险降低、风险分担和风险承受等风险应对策略,实现对风险的有效控制。

风险规避是企业对超出风险承受度的风险,通过放弃或者停止与该风险相关的业务活动以避免和减轻损失的策略。

风险降低是企业在权衡成本效益之后,准备采取适当的控制措施降低风险或者减轻损失,将风险控制在风险承受度之内的策略。

风险分担是企业准备借助他人力量,采取业务分包、购买保险等方式和适当的控制措施,将风险控制在风险承受度之内的策略。

风险承受是企业对风险承受度之内的风险,在权衡成本效益之后,不准备采取控制措施降低风险或者减轻损失的策略。

(三)控制活动

控制活动是企业根据风险评估结果,采用相应的控制措施,将风险控制在可承受度之内。

在企业运营当中,一般来说我们所能够观察到的内部控制多数属于控制活动。控制活动主要包括以下内容:

1.所有经营活动应有适当的授权

为了防止资源的浪费或流失,保障经济活动的效率和效益,企业会从最高权力机构向下逐级地授权,规定各级人员的职责范围及业务处理权限,使所有经济业务在授权范围内进行。

2.不相容职务应当分离

不相容职务是指如果由一个人或一个部门承担,则发生错误和弊端行为的可能性会大大增加的若干种职务。不相容职务的分离使得一个人或一个部门的工作与其他部门或人员相互联系及互相检查。每类经济业务循环,必须经过不同部门的处理以及部门之间的相互检查,才能随时发现各种错误和舞弊。

3.有效控制凭证和记录的真实性

信息的真实性是企业决策的基础,因此,需要制定专门的政策和程序来保障凭证和记录的真实性。例如凭证预先连续编号,凭证流转程序的预先设定等,这些具体的措施都是保证信息真实性的必要程序。

4.资产和记录的接近限制

为了保护资产的安全和完整,企业应严格控制对实物资产和数据记录的接触,只有经过授权批准的人员才可接触资产和数据记录,使资产被盗用或浪费、数据被窃取或篡改的可能性得以降低。

5. 独立的业务审核

这是指对各职能部门的业务活动进行独立的审查与核对。独立审核意味着审核者不应是业务执行者或记录者本人,这样才能保证错误和舞弊的及时发现与纠正。

(四)信息与沟通

信息与沟通是企业及时、准确地收集、传递与内部控制相关的信息,确保信息在企业内部、企业与外部之间进行有效沟通。

企业可以通过财务会计资料、经营管理资料、调研报告、专项信息、内部刊物、办公网络等渠道,获取内部信息。企业可以通过行业协会组织、社会中介机构、业务往来单位、市场调查、来信来访、网络媒体以及有关监管部门等渠道,获取外部信息。企业应当加强对信息系统开发与维护、访问与变更、数据输入与输出、文件储存与保管、网络安全等方面的控制,保证信息系统安全稳定运行。企业应当建立反舞弊机制,坚持惩防并举、重在预防的原则,明确反舞弊工作的重点领域、关键环节和有关机构在反舞弊工作中的职责权限,规范舞弊案件的举报、调查、处理、报告和补救程序。

信息沟通过程中发现的问题,应当及时报告并加以解决。重要信息应当及时传递给董事会、监事会和经理层。

(五)内部监督

内部监督是企业对内部控制建立与实施情况进行监督检查,评价内部控制的有效性,发现内部控制缺陷。内部监督分为日常监督和专项监督。日常监督是指企业对建立与实施内部控制的情况进行常规、持续的监督检查;专项监督是指在企业发展战略、组织结构、经营活动、业务流程、关键岗位员工等发生较大调整或变化的情况下,对内部控制的某一或者某些方面进行有针对性的监督检查。专项监督的范围和频率应当根据风险评估结果以及日常监督的有效性等予以确定。

企业应当结合内部监督情况,定期对内部控制的有效性进行自我评价,出具内部控制自我评价报告。内部控制自我评价的方式、范围、程序和频率,由企业根据经营业务调整、经营环境变化、业务发展状况、实际风险水平等自行确定。

四、内部控制的局限性

内部控制是对企业目标实现的相对保证。由于人为错误、串通舞弊、超越制度、环境变化及成本效益原则等因素的影响,内部控制可能无法发挥其应有作用。

首先,企业建立了合理的控制政策和程序,但如果执行人疏忽大意、精力分散、判断失误以及对控制指令发生误解,就会造成控制失效。如果执行人员相互勾结、串通舞弊,从表面上看内部控制是存在的,实际上却是失效的。

其次,企业在建立内部控制时,受到成本效益原则的限制。每一项内部控制程序或制度背后都含有相应的执行成本(增加的人工成本、运行成本和降低效率所发生的成本),这些成本往往是隐性的。设计内部控制是一次性的投入成本,而执行成本则是日常成本,初看很小的一个举措,长期实施起来成本可能就比较高昂。因此,从成本与效益原则出发,最佳控制也许并不是最为经济的做法,企业可能为了经济效益而放松控制,在实施成本和可接受风险程度之间寻找平衡。因此,内部控制大多针对日常经常性的经济业务,而对个别、偶然发生的业务,较少建立相应控制。一旦发生这种业务,就不存在适当的控制。

另外,还需要认识到,企业的内部控制是动态的过程,而不是僵硬的制度或一些机械的规定,企业内外环境的变化必然要求企业不断地完善内部控制。当环境或业务性质发生改变时,原有环境和业务性质的内部控制可能由于不适应变化而失效。

由于内部控制存在着上述无法克服的局限性,因此不能说内部控制是企业实现目标的绝对保证。内部控制的建立健全应该是一个发现问题、解决问题、发现新问题、解决新问题的循环过程。

第二节 内部控制审计

一、内部控制审计的含义

(一)内部控制审计的定义

根据《第 2201 号内部审计具体准则——内部控制审计》(以下简称《准则》)的规定:内部控制审计,是指内部审计机构对组织内部控制设计和运行的有效性进行的审查和评价活动。

(二)内部控制审计的责任

董事会及管理层的责任是建立、健全内部控制并使之有效运行。内部审计的责任是对内部控制设计和运行的有效性进行审查和评价,出具客观、公正的审计报告,促进组织改善内部控制及风险管理。

《准则》对内部控制审计的目标、内部控制的组成要素、审查重点与评价方法等内部控制审计的一般性内容进行了详细的规范,既有助于指导内部审计人员辅助被审计单位建立健全内部控制,也能为内部审计人员审查评价内部控制的具体程序提供依据。《准则》适用于各种类型组织的内部审计机构和人员从事的各种内部审计活动。

(三)内部控制审计的范围

内部控制审计按其范围划分,分为全面内部控制审计和专项内部控制审计。

全面内部控制审计,是针对组织所有业务活动的内部控制,包括内部环境、风险评估、控制活动、信息与沟通、内部监督五个要素所进行的全面审计。

专项内部控制审计,是针对组织内部控制的某个要素、某项业务活动或者业务活动某些环节的内部控制所进行的审计。

(四)内部控制审计的原则

1.全面性原则

审计工作应当包括内部控制的设计与运行,涵盖企业及其所属单位的各种业务和事项。

2.重要性原则

审计工作应当在全面评价的基础上,关注重要业务单位、重大业务事项和高风险领域。

3.客观性原则

审计工作应当准确地揭示经营管理的风险状况,如实反映内部控制设计与运行的有效性。

(五)评价标准的选择

内部审计人员对内部控制做出评价时,应选择恰当的评价标准。对内部控制进行评价的标准是由组织管理层负责制定的,内部审计人员应该确定管理层是否已经建立标准以及这些标准是否适当。如果已有适当的标准,内部审计人员就依据其进行内部控制的评价;如果内部审计人员认为这些标准不适当,就应该向对制定该标准负有领导责任的管理层报告;如果没有制定内部控制的评价标准,内部审计人员应在考虑组织整体利益最大化的基础上自行选择恰当的评价标准。此时通常应借鉴权威性解释,如国家有关内部控制的规定或行业管理的相关规定。

二、内部控制审计的内容

总体而言,内部控制审计是对企业内部控制设计的有效性和运行的有效性进行审查和评价。具体来讲,内部审计机构可以参考《企业内部控制基本规范》及配套指引的相关规定,根据组织的实际情况和需要,通过审查内部环境、风险评估、控制活动、信息与沟通、内部监督等要素,对组织层面内部控制的设计与运行情况进行审查和评价。

对内部控制要素的审查重点以及评价标准如下:

(一)对控制环境的审查与评价

控制环境是其他内部控制要素的基础,企业组织开展内部环境评价,应当以组织架构、发展战略、人力资源、企业文化、社会责任等应用指引为依据,结合本企业的内部控制制度,对内部环境的设计及实际运行情况进行认定和评价。对控制环境的审查重点考虑以下因素:

1.经营活动的复杂程度

内部审计人员应当审查被审计单位规模的大小、所在行业的情况、经营活动的多样性和复杂性。被审计单位经营活动越复杂,发生风险的可能性越大。

2.管理权限的集中程度

如果管理权限都集中在一个或若干个高级管理人员上,那么决策的科学程度就降低了,相应会带来较大的决策风险。

3.管理行为守则的健全性和有效性

有效的管理需要明确的制度,健全并得以有效运行的管理行为守则可以使得管理的活动制度化,有利于其他几项控制要素达到效果。

4.管理层对逾越既定控制程序的态度

在内部控制中,高级管理层对内部控制的态度会影响其他人员对内部控制的态度。

如果管理层经常逾越既定的控制程序,那么就将给组织中其他人员带来不好的示范作用,从而内部控制的执行效果将受到很大影响。

5.组织文化的内容及组织成员对此的理解和认同

在现代组织中,组织文化影响着管理者及所有员工的思想。如果组织建立积极、健康、有良好道德价值观的文化,并且被所有成员所理解和认同,那么组织内部控制的执行就有了良好的环境。

6.法人治理结构的健全性和有效性

有效的管理需要权力的多方制衡,治理结构就是实现权力制衡的手段。在股份公司中,法人治理结构包括股东大会、董事会、监事会及高级管理层。各个层次之间需要相互制约,没有约束的权力是危险的,容易突破既定的控制程序而使内部控制整体失效。

7.组织各阶层人员的知识和技能

制定出良好的内部控制只是第一步,其最终效果还取决于控制的执行,而执行效果则取决于组织各阶层人员的知识和技能。人员的知识和技能越高,对控制的理解就越深入,执行控制的效果越好。

8.组织结构和职责划分的合理性

合理的组织结构和职责划分有助于达到内部控制目标。在组织结构设置中,应考虑管理层次和管理幅度的有机结合。管理层次是从组织最高管理机构到各项具体职能执行岗位的层次,管理幅度是每个上层管理者需要负责的下属职能或部门的数量。这两方面的关系一般是此消彼长的,要根据组织特点合理设置,从而使每个岗位能够承担合适的职责和权限。

9.重要岗位人员的权责相称程度及其胜任能力

对重要岗位职责进行设定时,需考虑该岗位的责任和权力是否相当,二者不相匹配会影响控制效果。而重要岗位人员的胜任能力决定了权责的应用情况,胜任能力的缺乏会削弱该岗位的作用,甚至可能使控制成为空谈。

10.员工聘用程序及培训制度

为了帮助员工达到应具有的知识和技能,聘用和培训是不可或缺的。在聘用环节需根据各级人员的品德、业务技能委派工作。制度化的培训,尤其是对关键管理岗位人员的培训能提高人员的胜任能力,并长期地影响着内部控制的效果。

11.员工业绩考核与激励机制

考核和激励机制是组织管理的重心之一,需要建立相应的机制促使其努力达到组织的目标。但是,过于刺激的奖惩制度,往往不利于企业长远的发展,容易造成急功近利,诱发舞弊发生。

在审查控制环境时,内部审计人员应注意构成控制环境的方式和手段是多样的,内部控制环境不具有唯一性。健全的内部控制环境并不恪守于形式,而着重于最终能否满足控制目标。

(二)对风险管理机制的审查和评价

当前经济形势下,社会存在着诸多不确定性因素。企业组织开展风险评估机制评价,应当对日常经营管理过程中的风险识别、风险分析、应对策略等进行认定和评价。为了防

止潜在的损失和可能的风险,企业需要建立适当的风险管理机制。风险管理机制的审查重点包括:

1. 可能引发风险的内外因素

为了审查风险管理机制是否健全有效,审计人员需要独立地对企业可能面临的风险因素进行识别,并与企业各职能部门的工作相比照,从而审查组织是否对可能的风险进行了有效的识别。

2. 风险发生的可能性和预计带来的后果

基于成本效益考虑,企业对所面临的不同风险将采取不同的对策。判断应采取何种对策,就取决于对各种已识别的风险的可能性和预计后果进行的分析。对于发生可能性较大且预计后果比较严重的风险应该特别关注,采取有效措施进行管理。

3. 对抗风险的能力

在企业运营过程中,风险总是存在的。为了应对风险,企业应建立风险管理机制,保持恰当的对抗风险能力,尽可能地将风险损失降低到最低程度。内部审计人员需要对企业对抗风险的及时性以及措施的有效性进行审查和评价,保证企业能够持续稳定的运营,并帮助企业增强对抗风险的能力。

4. 风险管理的具体方法及效果

风险管理的具体方法是各职能部门采取的具体控制活动,内部审计人员的职责是对这些具体方法的实施效果进行检查与评价,以确定其是否能够有效将风险控制在组织可以接受的范围之内。

(三)对控制活动的审查和评价

内部审计人员需要按照组织的各个业务环节逐一地对控制活动进行评价和审查。需要重点考虑的内容包括:

1. 控制活动建立的适当性

内部审计人员需要审查各环节的控制活动是否得到适当建立。

2. 控制活动对风险的识别和规避

组织通常运用各种控制活动以识别风险、规避风险。内部审计人员必须考察控制活动对风险识别和规避的能力。

3. 控制活动对组织目标实现的作用

控制活动是促进组织目标实现的各种控制程序和措施,内部审计人员必须审查这些程序和措施的作用。

4. 控制活动执行的有效性

设计健全的控制活动的作用效果还依赖于控制活动的执行情况。内部审计人员在审查控制活动的建立后还必须关注控制活动的执行情况。

(四)对信息与沟通的审查和评价

在以内部控制为对象的内部审计活动中,审计人员关注的是与管理相关的所有信息的获取与处理过程。内部审计人员应当对本审计单位内部信息传递、财务报告、信息系统等方面,结合本组织的内部控制,对信息收集处理和传递的及时性、反舞弊机制的健全性、财务报告的真实性、信息系统的安全性,以及利用信息系统实施内部控制的有效性进行审查和评价。信息与沟通要素的审查重点包括：

1.获取财务信息、非财务信息的能力

内部审计人员需要审查信息系统的设计、运行情况，以及管理层对信息系统的支持程度，以评价获取财务信息、非财务信息的能力。

2.信息处理的及时性和适当性

内部审计人员需要审查信息传递的时间、速度以及如何处理，以评价信息处理的及时性和适当性。

3.信息传递渠道的便捷与畅通

内部审计人员需要审查组织各部门之间信息的沟通途径，以及各级管理层接纳信息的反应等内容，以评价信息传递渠道的便捷与畅通。

4.管理信息系统的安全与可靠性

内部审计人员需要审查组织内部对信息系统安全和可靠性所采取的各种措施发挥作用的情况。

(五)对内部监督的审查和评价

内部审计人员开展内部监督要素审计时，应当结合本组织的内部控制，对内部监督机制的有效性进行审查和评价，重点关注监事会、审计委员会、内部审计机构等是否在内部控制设计和运行中有效发挥监督作用。

二、内部控制审计的具体程序与方法

(一)内部控制审计主要程序

(1)编制项目审计方案；

(2)组成审计组；

(3)实施现场审查；

(4)认定控制缺陷；

(5)汇总审计结果；

(6)编制审计报告。

企业可以授权内部审计部门或专门机构(如"内部控制评价部门")负责内部控制评价的具体组织实施工作。企业内部控制评价部门应当拟定评价工作方案，明确评价范围、工作任务、人员组织、进度安排和费用预算等相关内容，报经董事会或其授权机构审批后实施。企业内部控制评价部门应当根据经批准的评价方案，组成内部控制评价工作组，具体实施内部控制评价工作。评价工作组应当吸收企业内部相关机构熟悉情况的业务骨干参加。评价工作组成员对本部门的内部控制评价工作应当实行回避制度。

另外，企业可以委托中介机构实施内部控制评价。为企业提供内部控制审计服务的会计师事务所，不得同时为同一企业提供内部控制评价服务。

(二)内部控制审计主要方法

内部控制评价工作组应当对被评价单位进行现场测试，充分收集被评价单位内部控制设计和运行是否有效的证据，按照评价的具体内容，如实填写评价工作底稿，研究分析内部控制缺陷。

1.内部控制描述

要对内部控制进行审计,首先需要了解和描述内部控制。内部审计人员可以采用文字叙述、调查问卷、流程图等方法对内部控制进行描述和评价,并记录于审计工作底稿中。

(1)文字叙述方法。文字叙述方法是通过文字对内部控制活动做出详尽的描述。该方法的优点是:编制灵活,适用面广。其缺陷是:较主观,一般篇幅较长,难以突出重点,需不断跟踪描述内部控制发展动态,造成重复劳动。

(2)调查问卷方法。调查问卷方法是由审计人员在考虑被审计单位的具体特点的情况下,利用经验列出防止或发现各类交易可能发生错弊所必需的内部控制,使之反映在一系列表格上,由被审计单位有关人员根据内部控制运行的事实作答。该方法的优点是:简明概括,有利于无经验的内部审计人员审查评价内部控制,也便于复核检查;也可由不同人员同时审查,提高工作效率。其缺陷是:表格形式固定,缺乏弹性,不能充分反映被审计单位内部控制的状况,一旦表格内容设计有误,最终审计结论会出现问题。

(3)流程图方法。流程图方法是利用一系列符号、连线及注解来反映被审计单位内部控制各个作业环节的概略图表。该方法的优点是:能直观形象地反映内部控制的运行过程、关键控制点及薄弱环节,便于揭示控制系统中各组成部分的内在联系;便于修改及供以后年度使用。其缺陷是:绘制流程图费用成本较高,需专门知识;当业务环节较多时,会导致重点不集中。

2.内部控制测试

在完成了解内部控制的基本程序后,内部审计人员已对内部控制的基本情况有了初步了解,包括了初步内部控制设计是否有效的了解。但是内部控制是否能发挥作用,还取决于内部控制的实际执行情况。因此审计人员还要对内部控制进行进一步的测试,充分收集组织内部控制设计和运行是否有效的证据。

内部控制的测试方法一般包括:

(1)观察。是指在进行测评时,内部审计人员亲临工作现场,实地观察有关人员的工作情况,以确定既定控制措施是否有效的方法。

(2)询问。是指为了解公司内部控制设计是否合理,执行是否符合要求,而向有关人员询问情况的方法,包括口头询问和书面询问。测评人员应对询问的结果进行分析、判断。

(3)问卷调查。是指通过发放事先设计好的调查问卷,要求相关人员填写、回答以了解内部控制设计、执行情况的方法。

(4)讨论。是指通过部门内部、各部门之间的集体研讨,测评内部控制有效性的方法。

(5)文件检查。是指抽取内部控制生成的记录和文件,检查内部控制是否有效实施的方法。例如,通过检查借款审批单上的有关负责人签字,核实资金支付是否经过恰当的授权审批。

(6)重新执行。是指重新执行某项内部控制程序,验证既定的控制措施是否正确执行的方法。

(7)穿行测试。是指选取某一交易样本,从该交易开始启动到授权、记录和处置,并经过信息处理系统,最终反映在财务报表的整个过程进行追踪、测试。通过穿行测试,可以有助于内部审计人员对内部控制进一步详细了解,并有助于判断内控设计和执行的缺陷。

内部审计人员编制审计工作底稿应当详细记录实施内部控制审计的内容,包括审查和评价的要素、主要风险点、采取的控制措施、有关证据资料,以及内部控制缺陷认定结果等。

四、内部控制的缺陷认定

在完成对内部控制的测试后,内部审计人员需汇总审计结果,对内部控制缺陷进行认定。内部控制缺陷包括设计缺陷和运行缺陷。内部审计人员应当根据内部控制审计结果,结合相关管理层的自我评估,综合分析后提出内部控制缺陷认定意见,按照规定的权限和程序进行审核后予以认定。

长生生物 2017 年度内部控制自我评价报告

内部审计人员应当根据获取的证据,对内部控制缺陷进行初步认定,并按照其性质和影响程度分为重大缺陷、重要缺陷和一般缺陷。

重大缺陷,是指一个或者多个控制缺陷的组合,可能导致组织严重偏离控制目标。重要缺陷,是指一个或者多个控制缺陷的组合,其严重程度和经济后果低于重大缺陷,但仍有可能导致组织偏离控制目标。一般缺陷,是指除重大缺陷、重要缺陷之外的其他缺陷。

重大缺陷、重要缺陷和一般缺陷的认定标准,由内部审计机构根据上述要求,结合本组织具体情况确定。内部审计人员应当编制内部控制缺陷认定汇总表,对内部控制缺陷及其成因、表现形式和影响程度进行综合分析和全面复核,提出认定意见,并以适当的形式向组织适当管理层报告。重大缺陷应当及时向组织董事会或者最高管理层报告。

五、内部控制审计报告

(一)内部控制审计结果的报告

内部审计人员在完成对被审计单位内部控制的审查和评价后应提交审计报告。审计报告的内容包括审查和评价内部控制的审计目标、依据、范围、程序与方法、内部控制缺陷认定及整改情况,以及内部控制设计和运行有效性的审计结论、意见、建议等相关内容。内部审计机构应当向组织适当管理层报告内部控制审计结果。一般情况下,全面内部控制审计报告应当报送组织董事会或者最高管理层。包含有重大缺陷认定的专项内部控制审计报告在报送组织适当管理层的同时,也应当报送董事会或者最高管理层。

贵州茅台 2018 年度内部控制评价报告

经董事会或者最高管理层批准,内部控制审计报告可以作为《企业内部控制评价指引》中要求的内部控制评价报告对外披露。

根据《企业内部控制基本规范》及《企业内部控制评价指引》的有关规定,上市公司和非上市大中型企业,应当对内部控制的有效性进行自我评价,披露年度自我评价报告,按照规定的权限报经批准后对外报出。同时应当聘请会计师事务所对财务报告内部控制的有效性进行审计并出具审计报告。根据《企业内部控制评价指引》的有关规定,企业内部控制自我评价报告应至少应当披露下列内容:

(1)董事会对内部控制报告真实性的声明。

(2)内部控制评价工作的总体情况。

(3)内部控制评价的依据。

(4)内部控制评价的范围。

(5)内部控制评价的程序和方法。

(6)内部控制缺陷及其认定情况。

(7)内部控制缺陷的整改情况及重大缺陷拟采取的整改措施。

(8)内部控制有效性的结论。

同时,《企业内部控制评价指引》规定内部控制评价报告应当分别内部环境、风险评估、控制活动、信息与沟通、内部监督等要素进行设计,对内部控制评价过程、内部控制缺陷认定及整改情况、内部控制有效性的结论等相关内容做出披露。内部控制评价报告应当报经董事会或类似权力机构批准后对外披露或报送相关部门。

企业内部控制评价部门应当关注自内部控制评价报告基准日至内部控制评价报告发出日之间是否发生影响内部控制有效性的因素,并根据其性质和影响程度对评价结论进行相应调整。企业内部控制审计报告应当与内部控制评价报告同时对外披露或报送。企业应当以每年的12月31日作为年度内部控制评价报告的基准日。内部控制评价报告应于基准日后4个月内报出。企业应当建立内部控制评价工作档案管理制度。内部控制评价的有关文件资料、工作底稿和证明材料等应当妥善保管。

(二)内部控制的后续审计

后续审计的目的是检验被审计单位对于审计中发现的有关内部控制的问题是否采取了适当的纠正措施及其效果,是否出现了新的问题及其需要采取的补救措施。它是保证内部控制审计效果的必要步骤。

贵州茅台:2018年度内部控制审计报告

本章小结

建立健全有效的内部控制是组织健康发展的有力保障,它可以促进组织目标的实现。内部审计的重要工作之一是审查被审计单位的内部控制的适当性、合法性和有效性,通过对内部控制的审查和评价,促进整个管理活动不断优化。本章探讨了内部控制的定义,指出了企业建立健全内部控制的必要性,阐述了内部控制的五要素以及内部控制的局限性等。在此基础上,本章指出了内部控制审计的目的、流程和审计方法,并对如何审查与评价各个内部控制要素进行了分析。通过对本章的学习,要求学生了解我国内部控制规范体系的建设,掌握内部控制的含义和审查评价内容,把握内部控制的局限性和责任主体。本章的教学重点和难点是内部控制的审查和评价。

案例分析题

甲会计师事务所具有证券期货业务资格,接受委托对 A 公司、B 公司、C 公司和 D 公司 2014 年度内部控制的有效性实施审计,并于 2015 年 4 月对上述 4 家上市公司出具了内部控制审计报告。有关资料如下:

(1)A 公司。A 公司于 2014 年 3 月通过并购实现对 A1 公司的全资控股,交易前 A 公司与 A1 公司不存在关联方关系。甲会计师事务所在对 A 公司内部控制有效性进行审计的过程中发现:A 公司未将 A1 公司纳入 2014 年度内部控制建设与实施的范围。

(2)B 公司。甲会计师事务所在审计过程中发现 B 公司的内部控制存在以下问题:①审计委员会缺乏明确的职责权限、议事规则和工作程序,未能有效发挥监督职能;②下属子公司 B1 公司在未履行相应审批程序的情况下为关联方提供担保;③与售后"三包"返利业务相关的销售收入确认不符合《企业会计准则第 14 号——收入》的规定。甲会计师事务所认定上述问题已经构成了财务报告内部控制重大缺陷,出具了否定意见的内部控制审计报告。

(3)C 公司。甲会计师事务所在对 C 公司内部控制有效性进行审计的过程中发现下列事项:①C 公司自 2014 年初陆续发生多起重大关联交易事项,为规范关联交易行为,C 公司于 2014 年 12 月底制定了关联交易内部控制制度,将其纳入《C 公司内部控制手册》;②C 公司限制甲会计师事务所审计人员对某类重要资产内部控制流程的测试,且未提出正当理由。甲会计师事务所据此出具了无法表示意见的内部控制审计报告。

(4)D 公司。D 公司为专门从事证券经营业务的上市公司。甲会计师事务所在对 D 公司内部控制有效性进行审计的过程中发现:D 公司策略交易系统的某模块存在重大技术设计缺陷,但该重大缺陷不影响 D 公司财务报表的真实可靠。甲会计师事务所出具了无保留意见的内部控制审计报告。

假定不考虑其他因素。

要求:

(1)根据资料(1),判断 A 公司未将 A1 公司纳入 2014 年度内部控制建设与实施范围的做法是否恰当,并说明理由。

(2)根据《企业内部控制基本规范》及其配套指引的要求,逐项说明资料(2)中事项①至③可能产生的主要风险;并针对每项主要风险,分别提出相应的控制措施。

(3)根据资料(3),说明甲会计师事务所出具无法表示意见的内部控制审计报告的理由。

(4)根据资料(4),针对 D 公司策略交易系统某模块存在的重大技术设计缺陷,说明甲会计师事务所在内部控制审计报告中应当如何处理。

阅读案例

狠抓风险管理,加强内控审计——春秋航空内部控制审计案例

一、公司介绍

1981 年,春秋航空在上海长宁起步;2005 年,打破民航垄断,成为中国第一批获批起

飞的民营航空公司,豪华消费的飞机旅行开始向大众化趋势发展。2015年上证挂牌,股票代码601021。时至今日春秋航空已从中山公园2平方米旅游亭发展到拥有世界各地67个分、子公司,74架A320机队的旅游集团。

十多年前,80%的旅客因公出行;今天,60%以上的旅客因私出行。春秋航空顺应出行潮流,获得了较快发展。如今航线已覆盖10个国家和地区,国际运力投入占总运力的35%,全国第一。运输旅客连续12年维持全球最高的平均客座率——93%以上,服务水平达到IATA要求标准,取得国际航协IOSA证书。公司有来自32个国家和地区的700多名外籍员工,其中有137名外籍机长,更是全国唯一以互联网直销为主的航空公司。

二、风险管理

(一)内部控制梳理

2015年,为满足上市公司内控体系建设的法定要求,进一步提升公司内控能力,内审部积极配合公司内控体系建设办公室工作,与一些主要业务部门沟通、交流,使内控在公司管理和治理上的作用得到管理层与广大员工的认识与肯定,单这一项目,就为公司节省了数百万元的外部咨询费支出。

审计部在汇总各部门提交风险事件的基础上,逐条整理风险事件的描述,并按照内控要素分类,形成包括公司层面—业务流程—信息技术3个方面、涉及26项内控要素、134个流程、465条风险事件的公司风险事件库。同时,将各风险点的得分情况进行排序,得出公司的主要风险,绘制完成公司风险地图。

(二)内部控制优化

主要完成了记录内控缺陷、设计整改方案、完善相关制度、编制公司内控手册等工作,保证手册涵盖公司层面治理与管理、公司主要业务流程及公司内控工作持续开展的相关规范。

(三)内部控制评价

一是制定内控评价办法。制定了公司财报相关及非财报相关的重大、重要、一般缺陷认定标准,为顺利开展内控评价打好基础;二是开展内控评价及跟踪整改。共对照了171个公司层面内控评价点,685个业务层面内控评价点,发现一般缺陷28个,相应部门随即展开整改。

(四)编制评价报告

2016年12月,审计部内控小组组织了公司内控缺陷再确认工作,并于2017年将内控体系建设报告与内控评价工作报告报送审计委员会。按上海证交所规定的时间,在2016年财务年报披露时,披露了公司内部控制评价报告,圆满地完成了这项时间紧、任务重的项目。

三、内控审计

(一)发挥内审优势,促进跨部门流程再造

春秋航空集团董事会对内审部门定位很高,内审部有着非常大的权限,审计范围可以涉及各个流程的方方面面,因此内审人员对各部门工作流程中的缺陷也最为清晰。在实际工作中,我们积极发挥内审优势,主动召集相关部门商讨,促进流程再造。

通过各项业务流程再造,公司的工作效率得到明显提高。例如,机供品新品选购由原

来的 30 天缩短为现在的 10 天;资产管理由多部门共同管理或是无人管理变为由后勤保障部的资产管理室统一管理;合同审批流程再造,新系统创新性地达成:一方面,与公司预算管理系统相结合,在合同审批中前置预算管控,避免签订合同时超出公司预算管理的整体性风险;另一方面,与 Oracle 系统结合,将既有的采购订单审批与合同审批相关联,减少了两个系统中的重复业务审批,提高了公司运营管理效率。

(二)分清主次,调整审计力量和重心

对审计发现问题进行分类,包括问题发生原因分析,问题发生部门分析。我们发现近三年因为流程导致问题占比最高,平均为 60%。所以,将审计力量向公司资金密集型或者风险密集型区域倾斜。如开展飞机和发动机引进内控专项审计、飞机 C 检内控审计、航空油料内控审计、机供品的内控审计、航空客运收入 B2B 结算审计等。对于其他细微制度和流程完善,内审部门也不遗余力,敦促相关部门完善整改。

(三)重视沟通,提升审计意见整改率

内审部门采取审前交流会加审后沟通培训会的形式进行审计沟通。

审前交流会,是根据项目的大小和难易程度,决定参加会议的人选,原则上要求被审计单位(部门)的上级分管领导,包括业务、财务、人事板块的领导列席会议,同时邀请上次审计该单位(部门)的审计人员,对被审计单位(部门)的各方面情况做介绍,为现任审计人员了解情况提供便捷、高效途径。

审后沟通培训会,由被审计单位(部门)总经理及该部门相关业务人员参加,涉及跨部门整改的项目,则要求相关部门责任人一起参与,会上就审计发现的重要问题和建议逐一陈述,被审计单位(部门)进行逐条解释和说明,并明确具体的整改措施、整改责任人和整改完成时间。如存在的审计风险反映部门员工对制度理解有偏颇或者没领会,内审部门会进行现场培训,并讲解风险产生原因、可能导致的后果以及正确的风险应对措施,让员工知其然并知其所以然,促进制度有效落地。

(四)明确责任,严格执行审计制度和审计纪律

实施审计专员责任制、部门经理考核制。严格执行审计纪律,下发审计纪律和管理制度到每个被审计单位,要求配合内审人员的工作,对个人行为进行监督。对查明属实的违纪举报设立奖励制度,要求内审人员签署《内部审计纪律承诺书》和《岗位责任保密协议》,通过一系列有效措施,保证内部审计纪律的有效执行。

(五)联合纪委、保卫部,狠抓廉政建设

习总书记说"风清则气正,气正则心齐,心齐则事成"。春秋将廉洁教育作为新员工入职培训的必修课,不定期邀请长宁区检察院反贪局、公安局经侦支队对党员干部和业务人员进行廉洁教育,做到了警钟长鸣。对发生的职务类犯罪采取"零容忍"态度,查处一个,处理一个,震慑一批,教育一片,用实际行动响应习主席"强化不敢腐的震慑、扎牢不能腐的笼子、增强不想腐的自觉,通过不懈努力换来海晏河清、朗朗乾坤"的指示精神。

四、未来展望

我们将继续实行风险导向审计,分析公司目标,实施风险管理;要通过内外部培训、学术交流来提升内部审计人员的综合素质;加大信息技术在内审工作中的运用,开发完善审计信息系统;严格审计,严防漏洞,进一步加强审计监督力度,完善内控制度;不忘初心,继

续为公司健康发展保驾护航。(来源:中国内部审计协会:http://www.ciia.com.cn/cndetail.html? id=34290)

复习思考题

1. 什么是内部控制？内部控制审计应实现哪些目标？
2. 内部控制有哪些要素？你如何看待内部控制五要素和风险管理八要素之间的关系？
3. 内审计人员的内部控制审计与外部审计人员在财务报表审计中执行的内控测试有何区别？
4. 内部控制的描述有哪些方法？各自的优缺点有哪些？
5. 如何对各个内部控制要素进行审查与评价？

第九章　舞弊审计

学习目标(Learning Objectives)

1. 掌握舞弊和舞弊审计的基本概念，认识学习舞弊审计手段的重要性；
2. 了解舞弊审计的一般原则，能清楚描述舞弊审计的基本过程和程序；
3. 了解舞弊的预防措施，明确舞弊报告的重要性和舞弊报告的时点。

第一节　舞弊审计概念及一般原则

一、舞弊的定义及分类

舞弊，是指组织内、外人员采用欺骗等违法违规手段，损害或谋取组织经济利益，同时可能为个人带来不正当利益的行为。

从组织经济利益角度来看，舞弊可以分为损害组织经济利益的舞弊和谋取组织经济利益的舞弊。

损害组织经济利益的舞弊，是指组织内外人员为谋取自身利益，采用欺骗等违法违规手段使组织经济利益遭受损害的不正当行为。有下列情形之一者属于此类舞弊行为：

(1)收受贿赂或回扣；
(2)将正常情况下可以使组织获利的交易事项转移给他人；
(3)贪污、挪用、盗窃组织资财；
(4)使组织为虚假的交易事项支付款项；
(5)故意隐瞒、错报交易事项；
(6)泄露组织的商业秘密；
(7)其他损害组织经济利益的舞弊行为。

谋取组织经济利益的舞弊，是指组织内部人员为使本组织获得不当经济利益而其自身也可能获得相关利益，采用欺骗等违法违规手段，损害国家和其他组织或个人利益的不正当行为。有下列情形之一者属于此类舞弊：

(1)支付贿赂或回扣；

(2)出售不存在或不真实的资产；

(3)故意错报交易事项、记录虚假的交易事项,使财务报表使用者误解而做出不适当的投融资决策；

(4)隐瞒或删除应对外披露的重要信息；

(5)从事违法违规的经营活动；

(6)偷逃税款；

(7)其他谋取组织经济利益的舞弊行为。

内部审计中常见的会计舞弊手段

与财务报告相关的舞弊种类包括侵占资产和对财务信息做出虚假报告。

二、舞弊审计的概念

舞弊审计是指审计人员对被审计组织的内部人员及有关人员为谋取自身利益或为使本组织获得不当经济利益而其自身也可能获得相关利益采用欺骗等违法违规手段使组织经济利益遭受损害的不正当行为,使用检查、查询等审计程序进行取证并向委托者或授权者出具审计报告的一种监督活动。

舞弊审计按其执行的主体不同可以分为政府审计机关的舞弊审计、注册会计师的舞弊审计和内部审计人员的舞弊审计。

三、舞弊审计的一般原则

组织管理层应对舞弊行为的发生承担责任。建立、健全并有效实施内部控制,预防、发现及纠正舞弊行为是组织管理层的主要责任。

内部审计机构和人员应当保持应有的职业谨慎,合理关注组织内部可能发生的舞弊行为,以协助组织管理层预防、检查和报告舞弊行为。

内部审计机构和人员应在以下几个方面保持应有的职业谨慎：

(1)具有预防、识别、检查舞弊的基本知识和技能,在执行审计项目时警惕相关方面可能存在的舞弊风险；

(2)根据被审计事项的重要性、复杂性以及审计的成本效益性,合理关注和检查可能存在的舞弊行为；

(3)运用适当的审计职业判断,确定审计范围和审计程序,以发现、检查和报告舞弊行为；

(4)发现舞弊迹象时,应及时向适当管理层报告,提出进一步检查的建议。

内部审计并非专为检查舞弊而进行。即使审计人员以应有的职业谨慎执行了必要的审计程序,也不能保证发现所有的舞弊行为。

内部审计人员在检查和报告舞弊行为时,应当特别注意做好保密工作。

第二节 舞弊的预防、检查、报告

一、舞弊的预防

舞弊的预防是指采取适当行动防止舞弊的发生,或在舞弊行为发生时将其危害控制在最低限度以内。

建立、健全组织的内部控制并使之得以有效实施是预防舞弊的主要途径。管理层应该分析本组织内舞弊发生的动机或压力,存在的机会和借口等,建立健全组织的内部控制。

内部审计人员在审查和评价内部控制时,应当关注以下主要内容以协助组织预防舞弊:

(1)组织目标的可行性;
(2)控制意识和态度的科学性;
(3)员工行为规范的合理性和有效性;
(4)业务活动授权审批制度的有效性;
(5)内部控制和风险管理机制的有效性;
(6)信息系统运行的有效性。

富国银行内部监管缺失

除内部控制的固有局限外,还应考虑可能会导致舞弊发生的下列情况:

(1)管理人员品质不佳;
(2)管理人员遭受异常压力;
(3)经营活动中存在异常交易事项;
(4)组织内部个人利益、局部利益和整体利益存在较大冲突。

内部审计人员应根据审查和评价内部控制时发现的舞弊迹象或从其他来源获取的信息,考虑可能发生的舞弊行为的性质,向组织适当管理层报告,同时就需要实施的舞弊检查提出建议。

二、舞弊的检查

舞弊的检查是指实施必要的检查程序,以确定舞弊迹象所显示的舞弊行为是否已经发生。

舞弊的检查通常由内部审计人员、专业的舞弊调查人员、法律顾问及其他专家实施。

内部审计人员应按照以下要求进行舞弊检查:

(1)评估舞弊涉及的范围及复杂程度,避免对可能涉及舞弊的人员提供信息或被其所提供的信息误导;

(2)设计适当的舞弊检查程序,以确定舞弊者、舞弊程度、舞弊手段及舞弊原因;

(3)在舞弊检查过程中,与组织适当管理层、专业舞弊调查人员、法律顾问及其他专家保持必要的沟通;

(4)保持应有的职业谨慎,以避免损害相关组织或人员的合法权益。

舞弊的检查程序包括审核书面资料、分析性程序、查询及函证、观察、监盘、计算等,除此之外,组织项目组讨论也非常重要。在整个审计过程中,项目组成员应当持续交换对舞弊的评估及其应对程序的信息。项目负责人应当参与项目组内部讨论,并根据职业判断、以往的经验及对被审计单位本期变化情况的了解,确定参与讨论的项目组成员。项目组的关键人员应参与讨论,如果项目组需要拥有信息技术或其他特殊技能的专家,这些专家也应当参与讨论。

针对财务报表舞弊,审计人员对于所识别的舞弊应采取总体应对措施,包括考虑人员的适当分派和督导,考虑被审计单位采用的会计政策,在选择进一步审计程序的性质、时间和范围时,应当有意识地避免被审计单位预见或事先了解。对于信息虚假及侵占资产相关的舞弊,应区分具体事项,采用有针对性的审计程序。对于管理层凌驾于控制之上的舞弊,审计人员应当测试日常会计核算过程中做出的会计分录以及为编制财务报表做出的调整分录是否适当,复核会计估计是否有失公允,对于注意到的、超出正常经营过程或基于对被审计单位及其环境的了解显得异常的重大交易,了解其商业理由的合理性。

在舞弊检查工作结束后,内部审计人员应评价查明的事实,以满足下列要求:

(1)确定强化内部控制的措施;

(2)设计适当程序,对组织未来检查类似舞弊行为提供指导;

(3)使内部审计人员了解、熟悉相关的舞弊迹象特征。

思考题:舞弊审计的难度在哪里?

三、舞弊的报告

舞弊的报告是指内部审计人员以书面或口头形式向适当管理层或董事会报告舞弊检查情况及结果。

在舞弊检查过程中,出现下列情况时,内部审计人员应及时向适当管理层报告:

(1)可以合理确信舞弊已经发生,并需要深入调查;

(2)舞弊行为已导致对外披露的财务报表严重失实;

(3)发现犯罪线索,并获得应当移送司法机关处理的证据。

内部审计人员完成必要的舞弊检查程序后,应从舞弊行为的性质和金额两方面考虑其严重程度,出具相应的审计报告。报告的内容应包括:舞弊行为的性质、涉及人员、舞弊手段及原因、检查结论、处理意见、提出的建议及纠正措施。

(1)若发现的舞弊行为性质较轻且金额较小时,可一并纳入常规审计报告;

(2)若发现的舞弊行为性质严重或金额较大,应出具专项审计报告;如果涉及敏感的或对公众有重大影响的问题,应征求法律顾问的意见。

第三节 现金舞弊案例

一、金花股份（600080.SH）"高现金陷阱"

金花股份近几年年报以及 2005 年半年报的货币资金一直都保持在 3.5 亿元左右，不仅金额巨大，而且几年下来几无变化，问题或现端倪。我们曾经撰文质疑，这些货币资金很可能已经被质押或被占用。直至 2005 年 10 月 14 日，因控股股东金花投资未能履约，银行存款被强制划走，金花股份的"假现金"才被揭开面纱。

其实自 2004 年 11 月以来，金花股份就已将 2.85 亿元以存单质押的方式为控股股东金花投资及其关联公司提供全额银行承兑保证。如今，质押期满，金花投资及其关联公司却无力偿还，导致公司存款 2.85 亿元已被银行扣除；同时以公司名义借贷，由金花投资保证以其资产抵押或第三方保证的共计 3.17 亿元的 10 笔银行借款也被金花投资占用。以上占用资金合计 6.02 亿元，而金花股份从未就该银行存款质押做出披露，投资者还真以为这些都是公司能够支配的自由现金。

现在连忠心服务了八年的老搭档——岳华会计师事务所都明哲保身，宁可丢失客户也不愿意违背良心出具标准无保留意见，还有谁能够救得了金花股份呢？

二、明星电力（600101.SH）明日黄花昨日星

在 2005 年的最后时刻，明星电力真的成了耀眼的"明星"，但此"明星"毫不光彩。

能够排名十大现金舞弊排行榜第二，可以说第一大股东明伦集团是有预谋的。在入主明星电力之后，首先用 4.2 亿元的现金投资明星康桥和明星商社，这两个子公司后来成为明伦集团重要"道具"，然后又以明星电力的名义寻求银行借款，转移到自己的账上。截至 2004 年，还占用资金 2.91 亿元。但明星电力的厄运还没有完，香港力亿和天津杰超占用明星电力约 1.43 亿元的国际贸易货款，明星商社又以明星电力的定期存款分别为深圳升达等三家公司向银行申请的承兑汇票提供金额为 1.58 亿元的担保，并已陆续到期，其银行定期存单已有 1.2 亿元资金被银行扣除，预计到 2005 年年底还将有近 0.4 亿元资金被银行扣除。

此外，明星电力对外拆借资金的发生额高达 9 亿多元，据遂宁市政府部门调查，明星电力大股东造成了上市公司资金损失 4.76 亿元，以及违规担保责任 1.91 亿元。

如此的"大手笔"不成明星也难。也许我们在谴责上市公司的同时也该考虑一下，手无缚鸡之力的上市公司是否真的能够抵挡得住大股东的掏空洪流？

三、金城股份(000820.SZ)大股东的空城计

金城股份的第一大大股东——金城集团变着法子从上市公司身上揩油。先是利用代销产品,不及时偿还销售款项,导致实际占用经营性资金;然后又让上市公司提供医疗、环卫等非经营性资金。截至2005年半年报期末,累计余额58314万元被其占用。

另外,金城集团为了掩盖巨额占用金城股份资金的事实,还利用倒贷款的形式,取得临时贷款并在会计期末表面偿还上述欠款,随后转身即从金城股份将款项划回金城集团。以此手段,金城股份分别于2003年、2004年和2005年1—5月划给金城集团11.41亿元、10.51亿元和5.57亿元。

四、*ST成功(000517.SZ)成功之道非常道

连续两年年报的会计"差错更正",让我们怀疑*ST成功是否在滥用"差错更正"这一工具以掩盖隐瞒某些事实。*ST成功(甬成功)以上市公司名义贷款1.24亿元给关联方使用,为了掩盖关联方占用资金事实,在资金划拨时仅通过"银行存款"借贷方反映,未在"短期借款"和"应收款项"反映。

截至2004年年末,公司原未入账银行账户涉及资产共计0.90亿元,因此相应调减了当年的净利润。2005年半年报银行存款只剩下0.69亿元,而且其中0.48亿万元是定期存款质押。甬成功2002年、2003年、2004年分别实现收入5.91亿万元、6.50亿万元、5.53亿万元,货币资金账面值分别是4.38亿元、4.42亿元、5.22亿元,4亿~5亿元货币资金很明显远远超过其正常的现金需求,这里面大量的货币资金已受限。如果说舞弊会计师没有发现2002年、2003年高现金还情有可原的话,那么2004年货币资金没降反升也没有发现,令人感到不可思议。

有业内人士怀疑,甬成功2002年增发募集5.00亿元现金中大部分也被挪用或被关联方占用。只是上市公司"口风"向来很紧,态度很硬,但虚假骗来的高价增发资金,终究是要吐出来的。

五、创智科技(000787.SZ)财报中游戏智力

创智科技在2004年报,甚至是2005年半年报披露时,依然趾高气扬地声称自己是好公司,不存在任何违规为控股股东及其他关联方提供担保,不存在任何控股股东及关联方占用资金的情况。没有独董的特别说明,也没有事务所的"非标"意见,一切都是那么正常。

可是短短数月,在毫无预警的情况下,竟然曝出公司对外违规担保人民币5.59亿元,其中为第一大股东湖南创智集团及关联方提供担保3.89亿元,为第三大股东湖南创智实业提供担保0.5亿元,这些担保占到了公司2004年度经审计净资产的66%。还有大股东自编自导,为深圳新东源、深圳慧瑞信息、深圳天长正气、深圳浩明贸易四家公司安排同样

期限、同样金额这样"步调一致"的担保,并将这 1.20 亿元也据为己有。

由于上述担保,债权银行为了避免自身风险,甚至没有跟创智科技及其子公司打声招呼,就直接将其质押的定期存单、存款划扣,共计 2.50 亿元现金。公司隐瞒这么多违规担保,银行可以任意将钱划走,那么创智科技的报表到底含了多少水分,有多少金额值得相信?

创智科技留给我们的思考不仅仅是上市公司本身质量的问题,还包括了市场中所有环节的纰漏——独董为什么不站出来说话?事务所为什么不站出来说话?

大股东把自己账上的银行存款划走了,自己会毫无知觉吗?浙大海纳就会。审计师会看不懂银行对账单上的余额,或没有核对账单而称银行存款属实吗?浙江天健会计师事务所就能。

浙大海纳 2003 年年报、2004 年半年报披露的银行存款分别为 2.32 亿元和 2.61 亿元,但在这期间,大股东及关联方多次私自从公司账户上划走存款共计 2.33 亿元,实际银行存款只有 1.30 亿元和 0.46 亿元。另外,大股东不仅喜欢现金,还喜欢国债。截至 2004 年半年报,披露的债券投资额是 0.18 亿元,但实际上全部落入了关联方上海安正教育科技的囊中,公司的国债账户空空如也。大股东有此"胃口",上市公司也在行动上予以配合。

六、福建三农(000732.SZ)报表附注明做局

与浙大海纳同病相怜,福建三农也被股东及其关联方占用资金 3.05 亿元,分别以外埠存款的方式占用 1.55 亿元,以短期投资——国债投资的方式占用 1.50 亿元,合计占了上一年度经审计净资产的 61%。

纵观其报表,该公司的净资产只有 5.02 亿元,货币资金和短期投资净额却高达 4.34 亿,比例如此之高,让人心存疑虑。而其 2003 年年报附注中所说明的"其他货币资金为外埠存款 2.32 亿元,国债投资结余资金 0.42 亿元"、"期末货币资金不存在质押等限制所有权的情况"等解释反而成了"此地无银三百两"。但负责审计的华兴会计师事务所却出具了标准无保留意见。

七、*ST 康得新(002450.SZ)122 亿存款消失

曾经的白马股康得新正在一点点被剥掉华丽的外衣。2019 年 1 月 15 日,康得新发布公告称其受宏观金融环境及销售回款缓慢等诸多因素影响,公司的资金周转出现暂时性困难,因此无法兑付 2018 年度第一期超短期融资券,共计本息 10.4 亿元,已构成实质违约,引爆了 2019 年第一雷。2019 年 1 月 21 日,公司公告继续称无法按照约定筹措足额偿付第二期超短期融资券 5.2 亿元。1 月 21 日康得新发布公告,因主要银行账号被冻结,公司股票触发其他风险警示情形。自 2019 年 1 月 23 日开市起,公司股票交易实施其他风险警示。公司简称由"康得新"变更为"*ST 康得新"。广受市场质疑的是 2018 年三季度期末康得新账面货币资金 150.14 亿元。账面 150 亿余额却无力支付 10 亿债券本

息,到底出了什么问题?

2019年7月6日,证监会行政处罚通告了对新大地稽查的相关情况:2015—2018年,康得新通过虚构销售业务方式虚增营业收入,并通过虚构采购、生产、研发费用、产品运输费用方式虚增营业成本、研发费用和销售费用分别为23.81亿元、30.89亿元、39.74亿元、24.77亿元。另外,康得新存放于北京银行西单支行的122.1亿元实质被归集到控股股东康得集团,但北京银行提供的银行对账单上不显示母子账户间的归集交易,造成公司账面银行存款金额虚高。公司还存在未及时披露为控股股东提供关联担保情况的问题。张丽雄作为康得新时任资金部主管,在收到实际控制人钟玉的资金划拨指令后安排人员办理资金划拨事宜,负责违法行为的具体执行。

然而,2019年4月30日公司披露内部控制规则落实自查表,公告显示尽管公司制定了《内部控制制度》《资金及费用管理制度》《银行存款管理制度》《印章管理制度》等,但是,仍然存在时任管理层未能有效实施前述制度的情形,公司存在被大股东占用资金的情况。同时,公司还存在违规担保等问题,造成公司担保额度超过公司最近一期经审计净资产50%以上未经股东大会审批的情况。相关人员违规使用公司印章,完成了相关存单的质押担保,说明凌驾于管理层之上的股东行为使得公司内部控制形同虚设。

本章小结

舞弊,是指组织内、外人员采用欺骗等违法违规手段,损害或谋取组织经济利益,同时可能为个人带来不正当利益的行为。如何有效发现舞弊,已成为内部审计机构和人员关注的重点。本章系统地阐述了舞弊的概念和舞弊审计的分类和一般原则,阐明了内部审计人员应如何协助组织预防舞弊的发生。同时详细阐述了舞弊审计程序和舞弊审计报告的内容。

复习思考题

1. 舞弊有哪些类型?每一类各包括哪些内容?
2. 舞弊审计程序与财务报表审计程序有何区别和联系?
3. 舞弊的预防和检查程序有哪些?
4. 内部控制与舞弊有何关联?
5. 舞弊审计报告如何撰写?

案例分析题

新大地谜团

广东新大地生物科技股份有限公司建于2004年6月,主营业务为两种油茶苗的培育与推广及茶油精深加工系列产品的研发、生产和销售,是一家全产业链的油茶企业。2012年4月新大地通过证监会网站进行IPO预先披露,5月18日通过证监会创业板发审委的初步审批,然而后续的审核中发现新大地涉嫌欺诈上市,7月3日新大地向中国证监会提交终止发行上市申请。随后证监会向社会公开通报对新大地立案稽查的有关情况。

截至 2009 年,广东仅有 3 家油茶企业,年产值共计 1 亿元,彼时无一家油茶企业上市,广东新大地如异军突起,则将成为有名的油茶第一股。新大地产品主要在区域性市场销售,属于竞争性行业。公司实际控制人拥有公司 64.99% 的股权,财务业绩的好坏直接影响到公司的股价,以及实际控制人个人财产的情况,公司存在实施舞弊的动机和压力。

稽查人员详细查阅了新大地的招股说明书。根据其披露数据,新大地茶油销售收入、成本、毛利率、员工人数详见下表。

新大地油茶销售收入、成本、毛利分析表

	2011		2010		2009
	数额	增幅	数额	增幅	数额
收入(万元)	6 211.37	33.44	4 654.75	68.82	2 757.24
成本(万元)	3 963.53	50.70	2 630.00	142.45	1 084.76
毛利率(%)	36.19	−16.80	43.50	−28.29	60.66
茶籽平均采购价(每吨)	8 573.08	7.75	7 956.25	43.90	5 528.99
每吨成本(招股说明书列明)	33 617.99	54.81	21 716.19	47.28	14 745.00
计算的每吨成本(根据行业平均出油率计算)	35 720.83	7.75	33 151.04	43.90	23 037.45
全日制员工数(人)	91	37.88	66	29.41	51
西王食品毛利率(相关食品行业对比数)	7.14	−13.66	8.27	0.85	8.20

问:假如你是初入公司的内部审计人员,哪些数据会引起你的警觉?你将如何对舞弊的可能性进行检查?你将如何撰写舞弊报告?

第十章　风险管理审计

 学习目标(Learning Objectives)

1. 了解风险管理和风险管理审计的含义；
2. 掌握企业风险的主要类型及应对措施；
3. 列举风险管理审计的内容及企业风险征兆捕捉方法；
4. 明确内部审计在企业风险管理中的职责和目标；
5. 了解描述风险管理审计过程。

随着经济的不断发展，市场竞争日益激烈。对于企业而言，在适应新的经济环境的基础上要获得稳定发展，就必须强化风险管理。因此，对企业风险管理的有效性进行审查和评价，是现代内部审计的一个崭新领域。

第一节　企业风险管理审计概述

一、企业风险及风险管理

一般而言，风险是指在一定条件下和一定时期内可能发生的各种结果的变动程度，或者可能对目标的实现产生影响的事件发生的不确定性。风险的衡量标准是后果与可能性。风险不仅是指损失的不确定性，也包括盈利的不确定性。

COSO 在 2004 年颁布的《企业风险管理框架》中指出，企业风险管理是一个过程，它由董事会、管理当局和其他人员执行，应用于战略制订并贯穿于企业之中，旨在识别可能会影响主体的潜在事项，管理风险以使其在风险容量之内，并为主体目标的实现提供合理保证。

根据国务院国有资产监督管理委员会颁布的《中央企业全面风险管理指引》，企业风险是指未来的不确定性对企业实现其经营目标的影响。企业风险一般可分为战略风险、财务风险、市场风险、运营风险、法律风险等。另外，基于能否为企业带来盈利等机会的标准，也可以将风险分为纯粹风险和机会风险。其中，纯粹风险是只有带来损失这一种可能性，而机会风险是指能带来损失和盈利的可能性并存。相应地，全面风险管理是指企业围绕总体经营目标，通过在企业管理的各个环节和经营过程中执行风险管理的基本流程，培育良好的风险管理文化,建立健全全面风险管理体系,包括风险管理策略、风险理财措施、风险管理的组织职能体系、风险管理信息系统和内部控制系统,从而为实现风险管理的总体目标提供合理保证的过程和方法。

二、内部审计与企业风险管理的关系

中国内部审计协会在《第 1101 号——内部审计基本准则》中对内部审计的定义是:"内部审计,是一种独立、客观的确认和咨询活动,它通过运用系统、规范的方法,审查和评价组织的业务活动、内部控制和风险管理的适当性和有效性,以促进组织完善治理、增加价值和实现目标。"风险管理是组织内部控制的基本组成部分,内部审计人员对风险管理的审查和评价是内部控制审计的基本内容之一。也就是说,风险管理是内部审计的重要内容。

风险的内涵及其分类

国际注册内部审计师协会将内部审计描述为:"内部审计是一种独立、客观的保证工作与咨询活动,它的目的是为机构增加价值并提高机构的运作效率。它采取系统化、规范化的方法来对风险管理、控制及治理程序进行评价,提高它们的效率,从而帮助实现机构目标。"并且指出:"内部审计应该就管理层的风险管理过程的充分性和有效性进行检查、评估、报告,并提出改进意见。"可见,国际先进的内部审计理念已明确将风险管理作为内部审计的重要内容。现代内部审计的范围已从传统的财务审计扩大到风险管理和公司治理等层次之上,有效的风险管理机制和健全的公司治理结构已成为现代内部审计关注的重点。

在现代内部审计工作中,内部审计与风险管理有了明确的结合点——风险管理审计。风险管理审计是在账项基础审计和制度基础审计基础上发展起来的一种审计模式。它是指审计人员在对被审单位的内部控制充分了解和评价的基础上,运用一定的审计手段,分析、判断被审单位的风险所在及其程度,针对不同风险因素状况、程度采取相应的审计策略,加强对高风险点的实质性测试,将内部审计的剩余风险降低到可接受水平。

作为现代企业管理的重要内容,内部审计与风险管理的联系日趋紧密。内部审计本身就是企业管理的一种手段和方式,是内部管理的延伸;风险管理是企业管理的重要内容,同时也是现代内部审计的重要内容之一,内部审计负有识别和评估风险的责任。风险管理作为管理层的一项关键责任,企业管理层对其负有不可推卸的责任;内部审计师则有职责定期评价并协助其他部门进行风险管理,在改善管理层的风险管理流程效果和效率方面进行检查、评价、报告和提出审计建议,帮助识别、评价和实施风险管理方法和控制。内部审计和风险管理在企业中的目标是一致的,都是为了实现企业的组织目标。

三、企业风险管理审计目标

对企业风险管理进行监督和评价是现代内部审计发展的结果,企业风险管理审计的目标取决于对企业内部审计的功能定位。众所周知,企业内部审计的目标在于帮助企业实现目标,增加组织的价值

风险管理审计与风险导向审计

和改善组织的经营。企业内部审计的目标决定了企业风险管理审计的目的在于:通过内部审计机构和人员对企业风险管理过程的了解,审查并评价其适当性和有效性,提出改进建议,促进企业目标的实现。

(一)风险管理审计的总目标

总目标是审计主体通过审计活动所期望达到的境地或最终结果。企业风险管理审计的总目标是审计部门和审计人员按照组织风险管理方针和策略的部署,以风险管理目标为标准,审核被审计部门在风险识别、评价和管理等方面的合理性和有效性,在损失可能发生之前做出最有效安排,使损失发生后所需的资源与保持有效经营必要的资源之间,能够达成适度平衡,进而帮助组织实现预期目标。

(二)风险管理审计的具体目标

审计具体目标包括一般审计目标和项目审计目标。前者是所有审计项目必须达到的目标;后者则是按每个风险管理项目分别确定的审计目标,仅适用于某一特定项目的审计。企业风险管理审计的一般审计目标包括:

(1)风险范围确定的合理性,诸如组织战略范围、业务范围、风险范围等。
(2)风险评价标准与指标体系的科学性,如评价方法、指标设置、指标计算等。
(3)风险识别、评价的科学性。
(4)风险管理措施、方法和程序的合理性。
(5)风险实际处理的合理性。

四、企业风险管理审计的特点

企业风险管理审计是指企业内部审计部门采用一种系统化、规范化的方法,以测试风险管理信息系统、各业务循环以及相关部门的风险识别、分析、评价、管理及处理等为基础的一系列审核活动。它通过对机构的风险管理、控制及监督过程进行评价进而提高过程效率,帮助机构实现目标。

企业风险管理审计是一种现代审计模式,它有其自身的特点:

(1)审计思路和观念发生根本性转变。账项基础审计注重具体交易事项的审查测试;制度基础审计注重内部控制的运行有效性测试,而企业风险管理审计则是注重确认和测试风险管理部门为降低风险而采取的方式和方法。

(2)审计工作重心开始转移。审计人员的审计工作由原来的内部控制审计扩展到所有风险管理技术审计,审计范围拓宽了很多。

(3)企业风险管理审计的方法更科学、更先进。企业风险管理审计是利用战略和目标分析的结论,确定关键风险点,进行风险评估,采取必要的措施降低或消除风险。企业风险管理审计还广泛运用数学分析、统计分析和计算机等技术方法,使审计工作更加简单、快捷。

(4)企业风险管理审计的目的更加明确。企业风险管理审计的目的在于揭示企业的各种风险因素,降低和防范各种风险,协助企业决策者和管理层达到预期的经营目标。

五、企业风险管理审计的意义

(1)实施企业风险管理审计是针对内部控制制度的执行情况进行再监督,以便及时发现并消除风险点,把风险损失控制在最低限度。与此同时,能够通过对内部控制制度的健全性和有效性测试发现内控制度的不足之处,并提出改进意见,进一步修订和完善内部控制制度。

(2)实施企业风险管理审计还能起到预防风险与警示的作用,企业结合实际情况制定具体的内控制度,由相关部门或人员具体实施,事先控制可能出现的风险,把风险消灭在发生之前或萌芽状态,而当风险产生并造成损失时,分析原因、总结经验教训、采取相应措施,发挥风险管理审计的警示作用。

(3)企业风险管理审计的开展还有助于提高外部审计质量和效率,一方面将有限的审计资源用于高风险领域,另一方面,降低外部审计成本,提高审计效率。

第二节 企业风险管理框架

企业风险管理框架(Enterprise Risk Management Framework,ERMF)又叫风险模型,是用来反映风险管理过程和内容的程序图。具体模型包括澳大利亚—新西兰联合委员会的 AS/NZE 4360 模型(1995 年,首部企业风险管理标准)、加拿大标准委员会模型(1998 年,紧随澳新)、David McNamee 模型(1999 年,从企业经营角度将风险管理分为经营风险、行为风险、管理风险三部分,分出风险资产)、COSO 模型(1997 年"内部控制——整合框架"提出的"目标—风险—控制"模型)、IIA 研究基金的 ERM 框架(包括评估风险、整合风险、探究风险、保持向前四部分)、2004 COSO-ERM 模型,等等。

风险模型是一个有逻辑的规则系统和公式,它可以对组织中每一个商业活动和项目的总体经营风险建立风险模型。许多内部审计师运用风险模型来帮助他们规划每年的审计活动。以下择其要作一介绍。

一、AS/NZE 4360 模型

1995 年澳大利亚与新西兰联合委员会公布了风险管理标准,成为世界上首部比较规范的风险管理规范内容,为建立和实施风险管理过程提供了一般性指南。该委员会公布了风险管理基本模型,后经过修订,于 1999 年公布新模型——AS/NZE 4360 模型。该模型对企业风险管理内容和过程作了高度概括,清晰明了,受到普遍认可,见图 10-1。

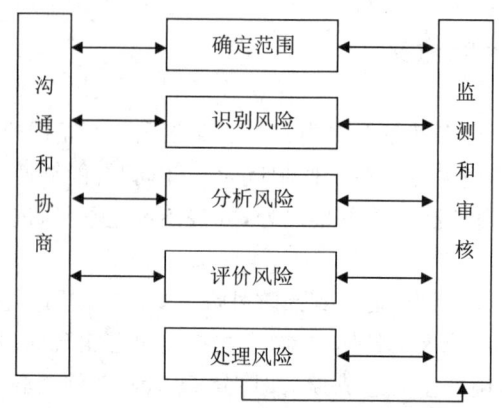

图 10-1　AS/NZE 4360 风险管理过程图

二、COSO 的"目标—风险—控制"模型

风险框架是组织内一般面对的有关经营风险的可视的逻辑图。这个框架通常是一般性的,易于为组织中的多数人理解。COSO 的"内部控制——整合框架"就具有很广泛的适用性。

COSO 模型从组织目标出发,从完成这些目标的风险以及减轻风险所需的扩展等方面探讨内部控制,详见图 10-2。

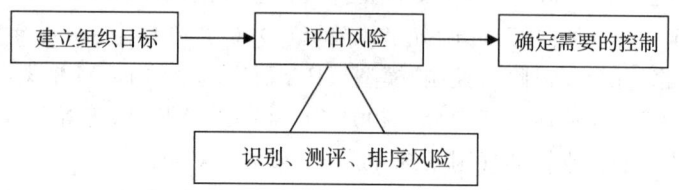

图 10-2　1997 年 COSO 模型:目标—风险—控制

2004 年 9 月,COSO 又提出了《企业风险管理——整合框架》。该框架既是对《内部控制——整合框架》的超越,也标志着内部控制的转型,在内涵界定、目标体系、构成要素等方面都进行了拓展和延伸。

COSO 委员会及其内部控制框架

三、IIA 研究基金的企业风险管理框架

2001 年底,IIA 研究基金的"企业风险管理——趋势和最佳实践"将企业风险管理定义为"对影响组织战略以及财务目标的所有风险进行评估和响应的一种严格的、协调的方法",并依据其概念,公布了 IIA 的企业风险管理框架,包括:(1)评估风险(estimating risk);(2)整合风险(shaping risk);(3)探究风险(exploit risk);(4)保持向前(keep head)。其企业风险管理方法及过程见图10-3。

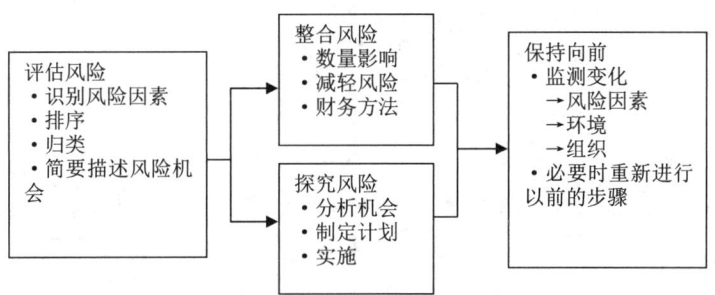

图 10-3　IIA 企业风险管理框架图

1997 年 COSO 框架与 IIA 框架的主要区别在于,COSO 框架是以企业风险管理为切入点,在程序建立过程中以影响组织目标实现的风险进行控制设计。相比之下,IIA 框架更注重风险过程中的适时调整,为实现、维持和发展组织目标而进行风险监测。

四、安达信的信息技术风险管理框架

原世界第一大会计师事务所阿瑟·安达信因涉嫌安然丑闻,已于 2002 年倒闭,但是,它对会计、审计及企业管理方面的贡献不可抹杀。安达信的咨询公司在实践中形成了对信息技术风险管理的框架,见图10-4。

安达信认为,一旦管理者确认出必须加以管理的信息技术相关风险之后,就需要制定和实施相应的风险管理程序。该程序包括六个步骤:

(1)确立管理目标和目的。该步骤在于传达高层管理者设定的项目目标和目的,确定风险承受限度。

(2)评估经营风险。识别危及企业目标实现的关键业务的基本因素,探究风险因素、风险事故,辨别风险性质,测评风险程度。

(3)制订经营风险管理战略。

(4)制订或实施风险监控程序。

(5)经营风险实施效果测试。

(6)改善经营风险管理过程。

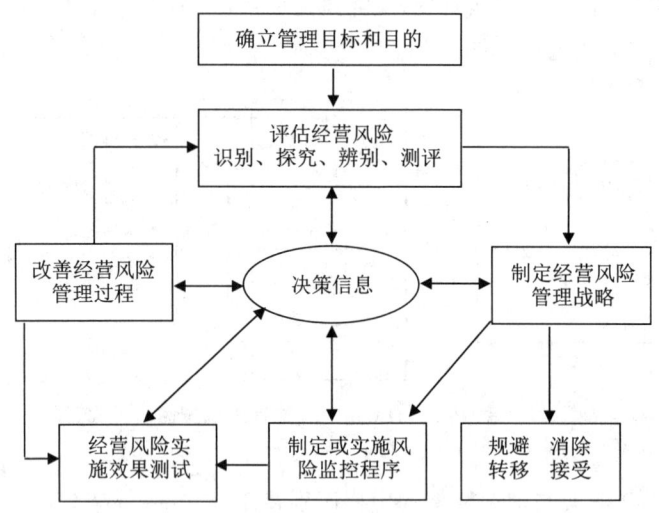

图 10-4　安达信咨询公司经营风险管理框架图

五、国资委《中央企业全面风险管理指引》的企业风险管理框架

2006年，国务院国资委印发了《中央企业全面风险管理指引》(国资发改革〔2006〕108号，以下简称《指引》)，要求各企业结合实际执行。《指引》中的企业全面风险管理框架如图 10-5 所示。

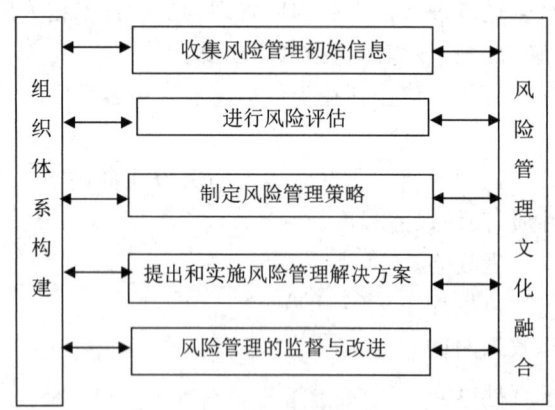

图 10-5　《中央企业全面风险管理指引》风险管理框架图

第三节　风险管理审计的主要阶段

一、组织管理层与内部审计人员的职责

风险管理是组织内部控制的基本组成部分,风险管理包括组织整体及职能部门两个层面。组织管理层负责确定可接受的风险范围,建立、健全风险管理机制并使之有效运行。

内部审计人员对风险管理的审查和评价是内部控制审计的基本内容之一,内部审计人员既可对整体风险进行审查与评价,也可对职能部门风险管理进行审查与评价。内部审计机构和人员应当充分了解组织的风险管理过程,审查和评价其适当性和有效性,并提出改进建议。

二、外部风险与内部风险

内部审计人员应当实施必要的审计程序,对风险识别过程进行审查与评价,重点关注组织面临的内外部风险是否已得到充分、适当的确认。

外部风险是指外部环境中对组织目标的实现产生影响的不确定性,其主要来源于以下因素:(1)国家法律、法规及政策的变化;(2)经济环境的变化;(3)科技的快速发展;(4)行业竞争、资源及市场变化;(5)自然灾害及意外损失;(6)其他。

内部风险是指内部环境中对组织目标的实现产生影响的不确定性,其主要来源于以下因素:(1)组织治理结构的缺陷;(2)组织经营活动的特点;(3)组织资产的性质以及资产管理的局限性;(4)组织信息系统的故障或中断;(5)组织人员的道德品质、业务素质未达到要求;(6)其他。

三、风险管理的主要阶段

(一)风险识别

风险识别主要是根据企业的组织目标、战略规划等识别企业所面临的各类内外部风险。它是对企业所面临的,以及潜在的各类内外部风险加以判断、归类和鉴定风险性质的过程,实质上就是对风险进行定性研究。内部审计熟悉公司的经营管理过程,以风险敏感性分析为起点开展工作,有效识别风险,从潜在的事件及其产生的原因和后果来检查风险,收集、整理可能的风险,并充分征求各方意见以形成风险列表。内部审计通常要关注的风险主要有:财务和经营信息不足而导致决策错误;资产流失、资源浪费和无效使用;顾客不满意,企业信誉受损等。

(二)风险评估

风险评估是对已识别的风险,评估其发生的可能性及影响程度。风险评估主要应用各种管理科学技术,采用定性与定量相结合的方式,找出主要的风险源,并评价风险的可能影响,最终定量估计风险大小。风险评估的目的是确定每个风险要素的影响大小,一般是对已经识别出来的风险进行量化估计,从风险发生的可能性和影响两方面对风险进行评估,通过公式"风险值=风险概率×风险影响",计算出风险值。审查时重点考虑以下因素:已识别的风险的特征;相关历史数据的充分性与可靠性;管理层进行风险评估的技术能力;成本效益的考核与衡量及其他因素。

(三)风险应对

风险应对是采取应对措施,将风险控制在组织可接受的范围内。完成了风险评估后,确定存在的风险以及它们发生的可能性,排列出风险的优先级,就可以根据风险性质和承受能力制定相应的防范措施。根据风险评估结果做出的风险应对措施主要包括以下几个方面:一是回避,是指采取措施避免进行可产生风险的活动;二是接受,是指由于风险已在组织可接受的范围内,因而可以不采取任何措施;三是降低,是指采取适当措施将风险降低到组织可接受的范围内;四是分担,是指采取措施将风险转移给其他组织或保险机构。

内部审计人员在评价风险应对措施的适当性和有效性时,应当考虑以下因素:一是采取风险应对措施之后的剩余风险水平是否在组织可以接受的范围之内;二是采取的风险应对措施是否适合本组织的经营、管理特点;三是成本效益的考核与衡量。内部审计人员对有关部门针对风险所采取的防范措施进行审查,对于缺乏充分的控制措施的情况,内部审计部门和内部审计人员应提出改进措施和建议,协助完善风险反应方案,以强化企业的风险防范管理,减少风险损失。

值得强调的是,企业风险并非一成不变。随着时间的推移,风险有可能会增大或者减小。因此,需要时刻监控风险的发展与变化情况,并确定随着某些因素的出现或消失而带来的新风险。风险监控包括两个层面的工作:其一是跟踪已识别风险的发展变化情况,关注风险产生的条件和导致的后果变化,衡量风险减缓计划需求;其二是根据风险的变化情况及时调整风险应对措施,并对已发生的风险及其遗留风险和新增风险及时识别、分析,并采取适当的应对措施。对于已发生过和已解决的风险,也应及时从风险监控列表调整出去。

随着现代化科学技术在内部审计部门的广泛应用,非现场审计正在成为审计工作的重要手段,特别是商业银行电子化、网络化发展迅速,数据集中程度较高,基本形成了以计算机网络为中心的业务处理系统,在业务处理系统和管理信息系统中设置审计接口,建立各项业务数据资料库,使内部审计部门适时开展动态的日常非现场监测成为可能。

基于 Bow_tie 模型的风险管理

审计人员可以通过数据接口适时对各业务开展动态的非现场审计监测,获得审计线索;同时,通过利用先进的计算机工具和软件程序,可以扩大抽样范围,提高分析速度和评估的准确率,从而极大地提高审计监测效率,扩大审计监测覆盖面。

第四节 风险管理审查与评价的基本方法

一、审查与评价风险

内部审计人员应当实施必要的审计程序,对风险评估过程进行审查与评价,重点关注风险发生的可能性与风险对组织目标的实现产生影响的严重程度等两个要素。

(一)确定风险范围,制定风险评价标准

1.风险范围

为了保证风险管理与企业的战略目标相一致,要确定风险范围,包括战略范围、组织范围、业务范围和风险管理范围。

风险战略范围是指影响企业战略决策制定与执行的各种外在团体力量和内在因素。这些战略范围一般有企业所有者、债权人、客户、消费者、供应商、竞争对手、政府组织、人才资源、组织经营与管理活动等。在企业多目标理论指导下,组织只有考虑如何实现客户、消费者、债权人等利益,才能实现投资人利益最大化的要求和目标。所以,在风险管理程序中,首先应该识别组织的利害关系人,确认其目标,再看实现目标的重大影响方面和条件。只有满足相应条件,利害关系人的目标才能得以实现。

组织范围是指为实现利害关系人目标而构建的有授权、管理、报告功能的系统。在风险管理中应该考虑组织的战略、目标、宗旨和能力。

业务范围是指组织为实现战略目标而进行的所有业务活动。经营战略是企业战略的核心,企业业务活动凝结着经理人和职工的心血,承载着利害关系人的希望,表达着对客户、消费者的理解程度。以制造业为例,按业务循环法反映的业务范围包括销售与收款循环、采购与付款循环、生产与存货循环、筹资与投资循环、货币资金等。

风险管理范围是指依照组织战略目标的要求,考虑风险的重要性,纳入风险管理范畴的风险。风险管理机构和审核机构应依据组织特定方面和综合方面的强项和弱项、机会和威胁,在时间和成本预算内进行适当的风险管理。没有必要对经营的所有范围进行风险管理。

2.制定风险评价标准体系

风险评价标准体系是企业风险管理部门对纳入风险管理范围的团体组织及活动相关重要特征和要求所制订的最低或最高要求标准。该标准体系应该具有如下特点:①相对高度概括。它应该能够概括风险管理需要的重要特征。②客观实际。它应该将风险管理对象的实际情况反映出来。③清晰反映。评价标准指标体系应该分类清晰。④弹性特点。所谓弹性是指风险评价标准应该随着组织内外部环境的变化而做相应调整。

根据风险管理对象的不同,可以建立相应的风险评价标准,如营运风险评价标准、新产品开发风险评价标准、内部控制风险评价标准、财务风险评价标准等。在大的体系下,也可以建立子标准体系。

表 10-1 显示的是企业营销风险评价指标体系的内容。

表 10-1　企业营销风险评价指标体系

风险种类	指标种类	指标(代码)		敏感指标	主要指标	辅助指标	值域
竞争风险 S1	客观指标	市场占有率	S101				0～100%
		相对市场占有率	S102				0～100%
		市场占有变化率	S103				100%左右
		销售额实质增长率	S104				100%左右
		产品销售率	S105				0～100%
		销售利润率	S106				0～100%
		销售费用率	S107				0～100%
		价格竞争率	S108				0～2左右
		存货周转率	S109				很低～高
		竞争集中度	S110				很小～高
		能力障碍度	S111				易～很难
		行业进入难易度	S112				0～1
		产品周期	S113				很小～大
		差异度	S114				很低～高
		替代产品价格性能比	S115				0～100%
顾客风险 S2	客观风险	合同履约率	S201				0～100%
		顾客投诉率	S202				0～100%
		赊销比率	S203				0～1
		应收账款周转率	S204				0～100%
		新顾客增长率	S205				很低～高
	主观风险	价格敏感度	S206				很低～高
		顾客心理占有率	S207				很低～高
		顾客情感占有率	S208				很低～高
		顾客忠诚率	S209				0～100%

续表

风险种类	指标种类	指标(代码)		敏感指标	主要指标	辅助指标	值域
供应商风险 S3	客观风险	价格增长率	S301				0~100%
		合同履行率	S302				0~100%
		采购合格率	S303				0~100%
		新客户比率	S304				0~4
		存货周转率	S305				1~2
		结算风险率	S306				0~50%
	主观风险	误导计划率	S307				很低~高
		供应竞争度	S308				0~100%
对手风险 S4	客观风险	资产负债率	S401				0~100%
		流动比率	S402				0~100%
		合同履约率	S403				0~100%
	主观风险	国内经济景气度	S404				0~100%
		企业显露度	S405				很低~高

(二)识别特定范围下的风险

按照不同标准,风险有不同形式的划分。站在企业的视角,通常按照风险产生的环境将风险分为环境风险、过程风险和信息风险三大部分。

1.环境风险

如竞争者风险敏感性、股东关系、资本取得、灾害损失、主权/政治风险、法律风险、行业风险、金融风险等。

2.过程风险

(1)营运风险。诸如客户满意风险、人力资源风险、产品开发风险、效率风险、生产容量风险、流程周期风险、采购风险、过时/萎缩风险、服从风险、经营中断风险、产品/服务失败风险、环保风险、健康/安全风险、商标/品牌贬值风险等。

(2)授权风险。包括领导风险、权限风险、外供风险、行为动机风险、变革准备风险、交流风险等。

(3)信息处理/技术风险。如相关性风险、完整性风险、访问权风险、适用性风险、基础结构风险等。

(4)金融风险。如价格风险、利率风险、货币风险、权益风险、商品风险、金融工具风险等。

(5)诚信风险。包括管理层欺诈风险、员工欺诈风险、违法行为风险、未经授权使用风险、声誉风险等。

(6)信誉风险。如拖欠风险、集中风险、收付风险、抵押风险等。

(7)流动性风险。如现金流风险、机会成本风险、集中风险等。

3.决策中的信息风险

(1)经营性的决策风险。包括定价风险、合约风险、一致性风险、规定报告风险等。

(2)财务性决策风险。主要有预算与计划风险、会计信息风险、财务报表评估风险、税务风险、养老基金风险、投资评估风险、规定报告风险等。

(3)战略性决策风险。如外在环境风险、经营组合风险、价值风险、行为评估风险、组织结构风险、资源分配风险、计划风险、生命周期风险等。

(三)风险分析

风险分析是结合企业特定条件(寿命周期、经营战略等),将识别出来的风险的可能性、损失额、发生频率等性质进行鉴别。风险分析的目的是判断风险程度,为合理制订风险管理策略与决定风险处理方案提供充分根据。

1.风险分析的目标

风险分析的目标是要将比可接受风险严重的次要风险从主要风险中分离出来,并提供数据以有助于风险的评价和处理。

2.风险分析的程序

风险分析的程序如图10-6所示。一般包括:(1)分析风险因素、风险事故,捕捉风险征兆,确定风险的存在;(2)分析风险可能性,风险发生的频率;(3)分析风险发生的可能影响——波及面及损失额。

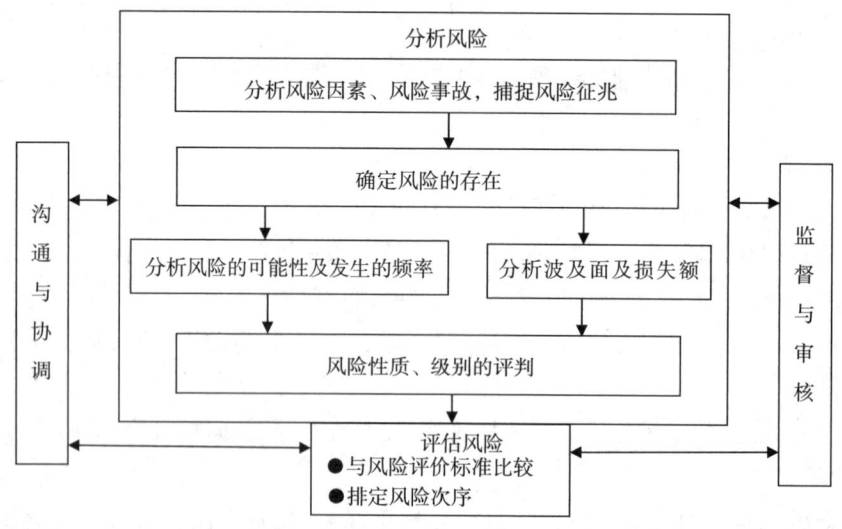

图10-6 风险分析程序

3.风险分析的内容

风险分析的内容包括对风险要素(风险因素、风险事故、损失)进行分析,找出风险源,捕捉风险征兆;分析风险后果、可能性及发生频率。风险分析是制订风险策略、确定风险处理方法的前提。

(1)分析风险因素、风险事故,捕捉风险征兆,确认风险的存在。风险因素是指促使或引起风险事故发生的条件,以及风险事故发生时,致使损失增加、扩大的条件,是风险事故发生的潜在原因,是造成损失的间接和内在的原因。根据性质,通常把风险因素分为实质性风险因素、道德风险因素、心理风险因素三种。

风险事故又称之为风险事件,是引起损失的直接或外在原因,是使风险造成损失的可能性转化为现实性的媒介。也就是说,风险是通过风险事故的发生来导致损失的。如工厂火灾、货船碰撞都是风险事故。

(2)风险管理对风险因素与风险事故的考虑。风险因素借助风险事故形成风险损失。就个别风险而言,风险因素所借助的风险事故是有限的,风险管理就是要根据风险的性质,降低或消除这两个风险要素相遇的机遇,从而降低损失,实现预期目标。

(3)风险征兆是指使风险因素与风险事故结合,有可能形成风险损失的各种现实迹象。

4.风险分析方法

风险征兆的捕捉方法有寿命周期分析法、SWOT法、KSF法、DCCS法、损益临界点法、财务会计与统计指标分析法、财务危机的"五率"衡量法等。

(1)寿命周期分析法

所谓寿命周期分析法就是指根据组织处在不同的寿命周期阶段经营风险、财务风险等表现出的不同特征来进行风险分析与管理的方法。企业处于不同的生命周期,经营风险和财务风险也不同。表6-3表明,企业在创立和导入阶段,由于其资本大多来自投资人,属股权资本,所以其财务风险几乎等于零;由于其市场地位、社会知名度比较低,产品处于被认知时期,它的经营风险则显得特别高。为了迅速进入成长期,企业可能通过大量的促销手段(如低信用政策、赠送)和投入高的广告开支,想方设法抓住顾客。在这个阶段,经营风险还是比较高。但财务方面由于没有很依赖债务筹资,故风险不是很高。进入成熟期,企业及产品被基本认可,营销相对稳定,营销风险与财务风险都趋于中档。进入衰退期,决策机构为获得税收上的好处,往往利用股利政策进行企业融资,由于同时也利用债务融资,故财务风险加大。经营上由于业务规模收缩,经营风险降低了。从整体上看,若该状态征兆明显,又无好的措施实施,那么,企业的持续经营将面临挑战。要想重振雄风,可能实行的方案是企业过程再造。企业过程再造强调革命性变革,需要进行资产重组,开发新产品,实行多元化经营。

表 10-2　产品寿命周期各阶段的风险

单位:元

阶段	经营风险	财务选择		股利融资
		财务风险	融资来源	
导入期	非常高	非常低	股权资本(风险资本)	零
成长期	高	低	股权资本(私募)	一般
成熟期	中等	中等	债权与股权资本(留存收益)	较高
衰退期	低	高	债务	100%

(2)SWOT 法

SWOT 分析是指对优势(Strengths)、劣势(Weaknesses)、机会(Opportunities)和威胁(Threats)四个方面进行的分析比较,借以明确企业自身面临的境界,抓住机遇、迎接威胁、扬长避短、创长补短,制定出适合企业实际可行的竞争战略。取其英文的字头,简记为"SWOT 分析法"。使用 SWOT 法就是找出企业内部强项和弱项、外部机遇与威胁,根据竞争需要找到关键的成功要素。

(3)盈亏临界点分析法

临界点乃是一触即发的时点。风险管理人士和内部审计人员都应特别注意风险评价标准中的界定值是否到达,从而决定对风险进行何种级别的警报。

风险分析的盈亏临界点分析法是利用管理会计中盈亏临界点的理论原理,事先根据经营战略确定盈亏及不同程度的关键临界值,通过收集的实际会计数据分析是否接近或达到这些临界值点,并将有关信息报告给有关负责人,为风险管理决策提供参考信息。

(4)DCCS 法

DCCS 分析法又称 Boston 矩阵分析模型。D 即 Dog,瘦狗,表示负现金流,亏损;C 即 Cats,问题猫(也有叫 Children,问题小孩),表示财务指标和市场行情有时出现背离状态,往往有高市场增长潜力,暂时的现金流为负数;C 即 Cows,现金牛,表示现金流和利润皆为正数,但市场潜力需要探讨;S 即 Stars,明星产品,表示虽然暂时的现金流为负数,但存在高市场份额和高市场增长潜力。

以风险为导向理解:Dog 代表危机产品;Cats 代表风险产品;Cows 代表赚钱产品;Stars 代表优势产品。该方法是将组织经营的产品或项目逐个地进行财务分析,对其现金流量、盈利情况等重要指标进行计算,并分析每种产品或项目的市场份额和增长潜力;然后,将这些产品或项目放在一个矩阵图中,对其现有的市场份额和未来的市场潜力进行对比;物竞天择,根据企业自身的资源和市场环境,最终做出投资决策,一般原则是"杀狗、养猫、挤奶、向明星"。

所谓 DCCS 分析法就是在组织存在多品种经营情况下,通过实行产品战略有效组合的风险分析图,分析每种产品财务与市场特征。企业即便实行多元化经营,由于管理资源和资产资源等的限制,加上不同的营销手段和背景,不同产品的风险也是不同的,为配合经营战略目标,需要对这些产品进行风险分析,参见图 10-7。目前,企业家和学术专家在进行投资组合方案分析风险决策一般使用 DCCS 分析法。

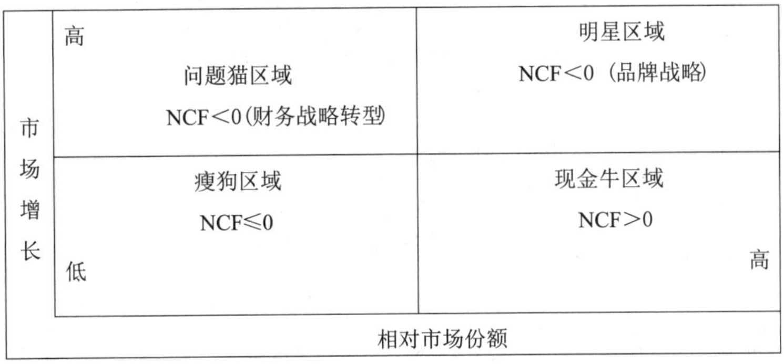

```
          高 ┌─────────────────────┬─────────────────────┐
             │     问题猫区域        │     明星区域          │
             │   NCF＜0(财务战略转型) │   NCF＜0（品牌战略）  │
    市         │                     │                     │
    场         ├─────────────────────┼─────────────────────┤
    增         │     瘦狗区域         │     现金牛区域        │
    长         │     NCF≤0          │     NCF＞0          │
          低 └─────────────────────┴─────────────────────┘
                                                        高
                         相对市场份额
```

图 10-7　DCCS 风险分析

(5)财务会计与统计指标分析法

财务会计与统计指标分析法是指通过会计、财务、统计指标数值,分析企业的生存状态、运营情况、经营结果及未来趋势。设定的风险评能性分析、频率分析应该遵循"大数法则",即如果有足够的事例可供观察,则这些未知与不可测力量将有趋于平衡的自然倾向,那些在个别情况中存在的不确定性和风险,将在大数中消失。大数法则告诉我们,在足够多的风险单位中,实际损失结果与预期损失结果的误差将很小。不过,在确定坏账准备率过程中,要求有足够多的赊款数额,这样才能得出合理的坏账准备提取率。

风险可能性分析的结果一般有"很少的"、"不太可能的"、"可能的"、"很可能"、"几乎是确定的"等几种情况。"很少的"意味着在例外情况下可能发生;"不太可能的"意味着在某些时候不大能够发生;"可能的"意味着在某些时候能够发生;"很可能"意味着在多数情况下很可能发生;"几乎是确定的"意味着在多数情况下预期会发生。见表 10-3。

表 10-3　可能性的定性测评表

序号	描述符	详细描述举例
1	几乎是确定的	在多数情况下预期会发生
2	很可能	在多数情况下很可能发生
3	可能的	在某些时候能够发生
4	不太可能的	在某些时候不大能够发生
5	很少的	在例外情况下才可能发生

一般的风险测算模型只考虑风险损失与可能性两种风险影响因素。通过对风险管理理论与实务的研究,我们认为风险发生频率也是风险管理应该特别注重的方面。例如,在保险业,风险发生的频率影响着风险业务是否受理与收费多少等重要风险战略决策。风险发生频率可以分为"高""较高""较低""低"这四个等级。

按照影响的结果(一般是量化成数值),一般将风险性质划分为"不重要的""次要的""中等的""主要的""灾难性的"等五个级别。各个级别的含义见表10-4所示。

表10-4 后果或影响的定性分析

程度	描述符	详细描述举例
1	不重要的	没有伤害,很低的财务损失
2	次要的	急救处理、现场立即分布、中等财务损失
3	中等的	需要"医学"处理,在没有外力帮助下现场分布,较高的财务损失
4	主要的	扩大了伤害,产品能力的损失,现场发布没有产生不良作用,主要的财务损失
5	灾难性的	现场发布产生不良的影响,巨大的财务损失

二、风险评估的方法

内部审计人员应当充分了解风险评估的方法,风险评估可以采用定性或定量的方法进行。

定量方法是对风险发生可能性的高低、风险对目标影响程度用具有实际意义的数量描述,如对风险发生可能性的高低用概率来表示,对目标影响程度用损失金额来表示。即运用数量方法评估并描述风险发生的可能性及其影响程度。

定性方法是直接用文字描述风险发生可能性的高低、风险对目标的影响程度,如"极低"、"低"、"中等"、"高"、"极高"等。即运用定性术语评估并描述风险发生的可能性及其影响程度。

(一)蒙特卡罗方法

蒙特卡罗方法是一种随机模拟数学方法。该方法用来分析评估风险发生可能性、风险的成因、风险造成的损失或带来的机会等变量在未来变化的概率分布。具体操作步骤如下:

(1)量化风险。将需要分析评估的风险进行量化,明确其度量单位,得到风险变量,并收集历史相关数据。

(2)根据对历史数据的分析,借鉴常用建模方法,建立能描述该风险变量在未来变化的概率模型。建立概率模型的方法很多,例如:差分和微分方程方法,插值和拟合方法等。这些方法大致分为两类:一类是对风险变量之间的关系及其未来的情况作出假设,直接描述该风险变量在未来的分布类型(如正态分布),并确定其分布参数;另一类是对风险变量的变化过程做出假设,描述该风险变量在未来的分布类型。

(3)计算概率分布初步结果。利用随机数字发生器,将生成的随机数字代入上述概率模型,生成风险变量的概率分布初步结果。

(4)修正完善概率模型。通过对生成的概率分布初步结果进行分析,用实验数据验证模型的正确性,并在实践中不断修正和完善模型。

(5)利用该模型分析评估风险情况。

正态分布是蒙特卡罗风险方法中使用最广泛的一类模型。通常情况下,如果一个变量受很多相互独立的随机因素的影响,而其中每一个因素的影响都很小,则该变量服从正态分布。在自然界和社会中,大量的变量都满足正态分布。描述正态分布需要两个特征值:均值和标准差。其密度函数和分布函数的一般形式如下:

密度函数:$\phi(x)=\dfrac{1}{\delta\sqrt{2\pi}}e^{-\dfrac{(x-\mu)^2}{2\sigma^2}},-\infty<x<+\infty$

分布函数:$\Phi(x)=P(X\leqslant x)=\int_{-\infty}^{x}\dfrac{1}{\sigma\sqrt{2\pi}}e^{-\dfrac{(t-\mu)^2}{2\sigma^2}}dt,-\infty<x<+\infty$

其中 μ 为均值,σ 为标准差。

由于蒙特卡罗方法依赖于模型的选择,因此,模型本身的选择对于蒙特卡罗方法计算结果的精度影响甚大。蒙特卡罗方法计算量很大,通常借助计算机完成。

(二)风险坐标图

风险坐标图是把风险发生可能性的高低、风险发生后对目标的影响程度,作为两个维度绘制在同一个平面上(即绘制成直角坐标系)。对风险发生可能性的高低、风险对目标影响程度的评估有定性、定量等方法。

表10-5列出某公司对风险发生可能性的定性、定量评估标准及其相互对应关系,供实际操作中参考。

表10-5 某公司对风险发生可能性的定性、定量评估标准及其相互对应关系

定量方法一	评分	1	2	3	4	5
定量方法二	一定时期发生的概率	10%以下	10%~30%	30%~70%	70%~90%	90%以上
定性方法	文字描述一	极低	低	中等	高	极高
	文字描述二	一般情况下不会发生	极少情况下才发生	某些情况下发生	较多情况下发生	常常会发生
	文字描述三	今后10年内发生的可能少于1次	今后5—10年内可能发生1次	今后2—5年内可能发生1次	今后1年内可能发生1次	今后1年内至少发生1次

表10-6列出某公司关于风险发生后对目标影响程度的定性、定量评估标准及其相互对应关系,供实际操作中参考。

表 10-6 某公司关于风险发生后对目标影响程度的定性、定量评估标准及其相互对应关系

			1	2	3	4	5
	定量方法一	评分	1	2	3	4	5
	定量方法二	企业财务损失占税前利润的百分比（％）	1％以下	1％～5％	6％～10％	11％～20％	20％以上
适用于所有行业	定性方法	文字描述一	极轻微的	轻微的	中等的	重大的	灾难性的
		文字描述二	极低	低	中等	高	极高
		文字描述三 — 企业日常运行	不受影响	轻度影响（造成轻微的人身伤害,情况立刻受到控制）	中度影响（造成一定人身伤害,需要医疗救援,情况需要外部支持才能得到控制）	严重影响（企业失去一些业务能力,造成严重人身伤害,情况失控,但无致命影响）	重大影响（重大业务失误,造成重大人身伤亡,情况失控,给企业致命影响）
		文字描述三 — 财务损失	较低的财务损失	轻微的财务损失	中等的财务损失	重大的财务损失	极大的财务损失
		文字描述三 — 企业声誉	负面消息在企业内部流传,企业声誉没有受损	负面消息在当地局部流传,对企业声誉造成轻微损害	负面消息在某区域流传,对企业声誉造成中等损害	负面消息在全国各地流传,对企业声誉造成重大损害	负面消息流传世界各地,政府或监管机构进行调查,引起公众关注,对企业声誉造成无法弥补的损害
适用于开采业、制造业	定性与定量结合	安全	短暂影响职工或公民的健康	严重影响一位职工或公民健康	严重影响多位职工或公民健康	导致一位职工或公民死亡	引致多位职工或公民死亡
		营运	・对营运影响微弱 ・在时间、人力或成本方面不超出预算1％	・对营运影响轻微 ・受到监管者责难 ・在时间、人力或成本方面超出预算1％～5％	・减慢营业运作 ・受到法规惩罚或被罚款等 ・在时间、人力或成本方面超出预算6％～10％	・无法达到部分营运目标或关键业绩指标 ・受到监管者的限制 ・在时间、人力或成本方面超出预算11％～20％	・无法达到所有的营运目标或关键业绩指标 ・违规操作使业务受到中止 ・时间、人力或成本方面超出预算20％

续表

	定量方法一	评分	1	2	3	4	5
适用于开采业、制造业	定量方法二	企业财务损失占税前利润的百分比(%)	1%以下	1%~5%	6%~10%	11%~20%	20%以上
	定性与定量结合	环　境	·对环境或社会造成短暂的影响 ·可不采取行动	·对环境或社会造成一定的影响 ·应通知政府有关部门	·对环境造成中等影响 ·需一定时间才能恢复 ·出现个别投诉事件 ·应执行一定程度的补救措施	·造成主要环境损害 ·需要相当长的时间来恢复 ·大规模的公众投诉 ·应执行重大的补救措施	·无法弥补的灾难性环境损害 ·激起公众的愤怒 ·潜在的大规模的公众法律投诉

对风险发生可能性的高低和风险对目标影响程度进行定性或定量评估后,依据评估结果绘制风险坐标图。如:某公司对 9 项风险进行了定性评估,风险①发生的可能性为"低",风险发生后对目标的影响程度为"极低";……风险⑨发生的可能性为"极低",对目标的影响程度为"高"。绘制风险坐标图如图 10-8 所示。

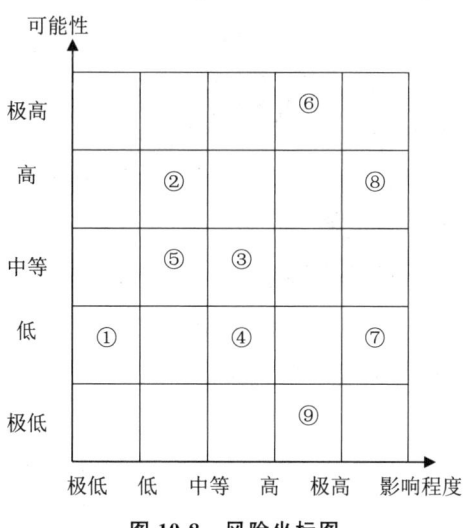

图 10-8　风险坐标图

如某公司对 7 项风险进行定量评估,其中:风险①发生的可能性为 83%,发生后对企业造成的损失为 2100 万元;风险②发生的可能性为 40%,发生后对企业造成的损失为 3800 万元;……而风险⑦发生的可能性在 55%到 62%之间,发生后对企业造成的损失在

7500万元到9100万元之间。在风险坐标图上用一个区域来表示,则绘制风险坐标图如图 10-9 所示。

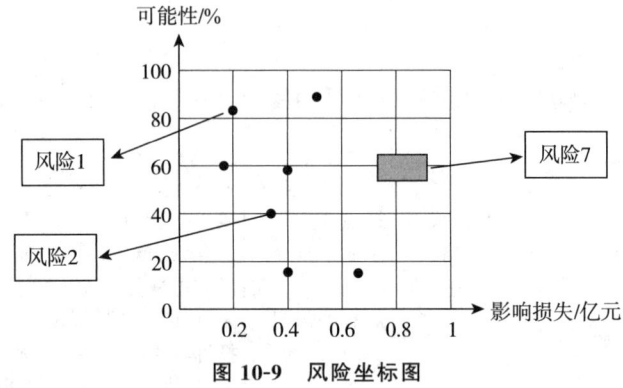

图 10-9　风险坐标图

绘制风险坐标图的目的在于对多项风险进行直观的比较,从而确定各风险管理的优先顺序和策略。如:某公司绘制了如下风险坐标图,并将该图划分为 A、B、C 三个区域,公司决定承担 A 区域中的各项风险且不再增加控制措施;严格控制 B 区域中的各项风险且专门补充制定各项控制措施;确保规避和转移 C 区域中的各项风险且优先安排实施各项防范措施。见图 10-10 所示。

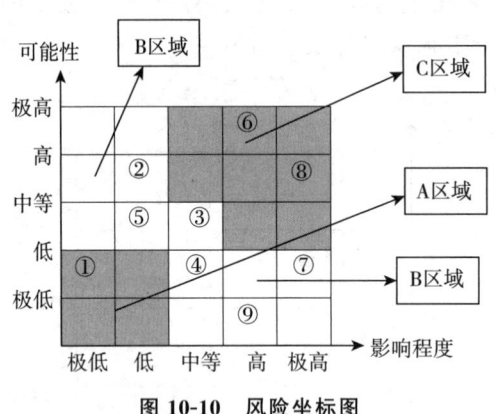

图 10-10　风险坐标图

第五节　企业风险管理审计的内容

风险管理包括组织整体及职能部门两个层面。内部审计人员既可对组织整体的风险管理进行审查与评价,也可对职能部门的风险管理进行审查与评价。企业风险管理审计应当包括以下方面的内容:

一、风险管理机制的审查与评价

企业的风险管理机制是企业进行风险管理的基础,良好的风险管理机制是企业风险管理有效的前提。因此,内部审计部门或人员需要审查以下方面,以确定企业风险管理机制的健全性及有效性。

1. 审查风险管理组织机构的健全性

企业必须根据规模大小、管理水平、风险程度以及生产经营的性质等方面的特点,在全体员工参与合作和专业管理相结合的基础上,建立一个包括风险管理负责人、一般专业管理人、非专业风险管理人和外部的风险管理服务等规范化风险管理的组织体系。该体系应根据风险产生的原因和阶段不断地进行动态调整,并通过健全的制度来明确相互之间的责、权、利,使企业的风险管理体系成为一个有机整体。

2. 审查风险管理程序的合理性

企业风险管理机构应当采用适当的风险管理程序,以确保风险管理的有效性。

3. 审查风险预警系统的存在及有效性

企业进行风险管理的目的是避免风险、减少风险,因此,风险管理的首要工作是建立风险预警系统,即通过对风险进行科学的预测分析,预计可能发生的风险,并提醒有关部门采取有力的措施。企业的风险管理机构和人员应密切注意与本企业相关的各种内外因素的变化发展趋势,从对因素变化的动态中分析预测企业可能发生的风险,进行风险预警。

二、风险识别的适当性及有效性审查

风险识别是指对企业面临的,以及潜在的风险加以判断、归类和鉴定风险性质的过程。内部审计人员应当实施必要的审计程序,对风险识别过程进行审查与评价,重点关注组织面临的内外部风险是否已得到充分、适当的确认。

1. 审查风险识别原则的合理性

企业进行风险评估乃至风险控制的前提是进行风险识别和分析,风险识别是关键性的第一步。

2. 审查风险识别方法的适当性

识别风险是风险管理的基础。风险管理人员应在进行了实地调查研究之后,运用各种方法对尚未发生的、潜在的及存在的各种风险进行系统的归类,并总结出企业面临的各种风险。风险识别方法所要解决的主要问题是:采取一定的方法分析风险因素、风险的性质以及潜在后果。

需要注意的是,风险管理的理论和实务证明没有任何一种方法的功能是万能的,进行风险识别方法的适当性审查和评价时,必须注重分析企业风险管理部门是否将各种方法相互融通、相互结合地运用。

三、风险评估方法的适当性及有效性审查

内部审计人员应当实施必要的审计程序,对风险评估过程进行审查与评价,并重点关注风险发生的可能性和风险对组织目标的实现产生影响的严重程度这两个要素。同时,内部审计人员应当充分了解风险评估的方法,并对管理层所采用的风险评估方法的适当性和有效性进行审查。

(一)审查风险评估方法应重点考虑的因素

内部审计人员应当对管理层所采用的风险评估方法进行审查,并重点考虑以下因素:
(1)已识别风险的特征;
(2)相关历史数据的充分性与可靠性;
(3)管理层进行风险评估的技术能力;
(4)成本效益的考核与衡量;
(5)其他。

(二)评价风险评估方法适当性和有效性的原则

内部审计人员在评价风险评估方法的适当性和有效性时,应当遵循以下原则:
(1)定性方法的采用需要充分考虑相关部门或人员的意见,以提高评估结果的客观性;
(2)在风险难以量化、定量评价所需数据难以获取时,一般应采用定性方法;
(3)定量方法一般情况下会比定性方法提供更为客观的评估结果。

四、风险应对措施适当性和有效性审查

(一)风险应对措施的主要类型

内部审计人员应当实施适当的审计程序,对风险应对措施进行审查。根据风险评估结果做出的风险应对措施主要包括以下几个方面:
(1)回避,即指采取措施避免进行会产生风险的活动;
(2)接受,即指由于风险已在组织可接受的范围内,因而可以不采取任何措施;
(3)降低,即指采取适当措施将风险降低到组织可接受的范围内;
(4)分担,即指采取措施将风险转移给其他组织或保险机构。

(二)评价风险应对措施的适当性和有效性

内部审计人员在评价风险应对措施的适当性和有效性时,应当考虑以下因素:(1)采取风险应对措施之后的剩余风险水平是否在组织可以接受的范围之内;(2)采取的风险应对措施是否适合本组织的经营、管理特点;(3)成本效益的考核与衡量。

五、审查和评价风险管理过程结果报告

内部审计人员应向组织适当管理层报告审查和评价风险管理过程的结果,并提出改进建议。风险管理的审查和评价结果应反映在内部控制审计报告中,必要时应出具专项审计报告。

推进中航国际风险管理导向内部审计

本章小结

风险管理审计是指企业内部审计部门采用一种系统化、规范化的方法，以测试风险管理信息系统、各业务循环以及相关部门的风险识别、分析、评价、管理及处理等为基础的一系列审核活动。它通过对机构的风险管理、控制及监督过程进行评价，进而提高过程效率，帮助机构实现目标。本章较全面系统地阐述了风险管理审计的目标和特点，介绍了企业风险管理框架和模型，同时结合实际阐述了风险管理审计的程序、方法和主要内容以及风险管理审计报告的要求。

本章练习题

一、单选题

1. 从风险管理的过程来看，主要有三个关键环节：风险识别、风险评价、风险应对。其中，根据组织目标、战略规划等识别所面临的风险对应的是（　　）。

　　A. 风险识别　　　　B. 风险评估　　　　C. 风险应对　　　　D. 风险管理

2. 以下（　　）是世界上第一部比较规范的风险管理模型，并将风险管理过程分为确定风险范围、识别风险、分析风险、评价风险、处理风险、信息与沟通、监督与审核等七个部分。

　　A. COSO 风险模型

　　B. AS/NZE 4360 模型

　　C. 安达信风险管理模型

　　D. IIA 研究基金的 ERM 框架

3. 在评估一项活动的风险时，内部审计师应（　　）。

　　A. 确定该风险怎样才能得到很好的控制。

　　B. 为风险管理提供保证工作。

　　C. 根据风险暴露情况更新风险管理程序。

　　D. 以设计控制措施减轻已识别的风险。

4. 首席审计执行官在制定审计计划时大多采用风险评估的方法，因为它提供了（　　）。

　　A. 一种系统化的评估程序并结合可能不利情形的专业判断。

　　B. 一份对组织有潜在不利影响事项的清单。

　　C. 组织内可审计活动的清单。

　　D. 某事件或行动对组织造成不利影响的可能性。

5. 在以下（　　）情况下，首席风险官的职能最有效。

　　A. 作为高级管理层的一员来管理风险。

　　B. 与直线管理者一起管理风险。

　　C. 与首席审计执行官一起管理风险。

　　D. 作为企业风险管理团队的一员来监督风险。

6.针对不同的风险点,建议管理层采取预防性、指导性、检查性和纠正性等控制措施,设法降低风险损失的概率和损失的数额的是(　　)。
A.建议风险回避　　　　　　　　　B.建议风险转移
C.建议风险控制　　　　　　　　　D.建议风险承担

二、简答题

1.阐述风险管理和风险管理审计的含义。
2.比较并阐述各种企业风险管理框架的异同。
3.阐述企业风险的类型。
4.阐述风险应对的主要措施。
5.说明风险评估方法的适当性及有效性审查。
6.阐述企业风险管理审计的内容。
7.举例说明企业风险征兆的捕捉方法。
8.阐述风险管理的主要阶段。
9.阐述内部审计与企业风险管理的关系。
10.描述组织管理层与内部审计人员的职责。
11.描述企业的外部风险与外部风险。
12.说明企业风险管理审计的特点。
13.描述企业风险管理审计目标。

第十一章 人际关系与内外协调

 学习目标(Learning Objectives)

1.明确内部审计人员可能涉及的人际关系的内容；
2.掌握内部审计与外部审计协调的目的。

第一节 人际关系

一、概述

(一)建立良好人际关系的意义

人际关系,是指内部审计人员与组织内外相关机构和人员之间的相互交往与联系。内部审计是对内部控制和经营过程的审计,面对的是很多人为的问题。为了获取必要的信息,并确保其审计结果被认真考虑和接纳,内部审计人员应当与被审计单位等相关主体建立起协调、融洽的人际关系。良好的人际关系对于加强内部审计人员与相关机构和人员之间的合作,取得他们的支持与理解将起到重要的作用。可以说,内部审计人员与相关机构和人员建立良好的人际关系,是做好内部审计工作的一个重要前提。

内部审计机构是组织内部的重要职能部门,与外部审计具有的超然独立性不同的是,内部审计是为组织利益服务的,也是为被审计单位服务的。内部审计人员在工作中经常需要与相关机构和人员打交道,并且需要借助于其他机构和人员的参与开展审计工作,如控制的自我评估等。此外,内部审计针对工作中发现问题提出的相应建议,需要相关主体的支持和理解才能得到贯彻和实施,从而最终实现内部审计的目的。良好的人际关系能对内部审计工作起到很好的促进作用。

(二)内部审计活动中的主要人际关系

内部审计活动中的人际关系主要包括内部审计人员与下列机构和人员之间的相互交往与联系:组织的管理层和相关人员;被审计单位和相关人员;组织内部各职能部门及相关人员;组织外部的相关机构和人员;内部审计机构中的其他成员等。

内部审计工作必须得到组织管理层的支持,才能顺利开展。内部审计人员必须与被审计单位和相关人员建立良好人际关系,才能使审计工作得以顺利、有效地进行,并能充分服务于被审计单位,使审计结果得到其认真考虑和接纳。除此之外,内部审计人员在审计过程中需要向组织内部其他职能部门寻求帮助,以获取审计证据,有时还需要利用外部专家或者注册会计师的工作,与他们建立良好的人际关系是开展工作的重要保障。内部审计机构内部成员的良好关系是建立良好工作氛围、提高工作效率和效果的前提。

(三)建立良好人际关系的目的

内部审计人员应当与组织内外相关机构和人员进行必要沟通,保持良好的人际关系,以实现以下目的:

(1)与相关机构和人员建立互相信任的关系,以促进彼此的交流与沟通。

(2)取得相关主体和人员的理解和配合,建立有效的信息获取渠道,以获得及时、可靠的信息,提高内部审计工作效率。

(3)确保内部审计意见得到有效贯彻,实现内部审计目标。

由于内部审计工作主要是对组织内部的制度和经营活动进行检查与评价,并针对其中可能存在的差异或缺陷提出审计建议,因此,内部审计能够为组织目标的实现提供合理保证。而内部审计能发挥多大作用在很大程度上依赖于组织管理层、被审计单位以及其他职能部门对其工作的认识和态度。内部审计人员应当通过良好人际关系的建立,让相关机构和人员充分认识到内部审计的重要性,取得他们的理解与配合,从而获得有效信息,提高审计效率,确保审计意见的贯彻执行。

(四)处理人际关系的原则要求

内部审计人员在处理人际关系时应当坚持如下原则:

(1)内部审计人员应当在遵循有关法律、法规的情况下灵活、妥善地处理人际关系。

(2)内部审计人员在人际关系的处理中应当注意保持内部审计的独立性和客观性。

与相关机构和人员建立良好的人际关系,是为了争取他们的理解与支持,以提高内部审计工作的效率和效果。但是,不能为了与其他机构和人员搞好关系而做出违反有关法律、法规的行为,也不能为此而放弃独立性与客观性。那样反而违背了与其他机构和人员建立良好人际关系的初衷。因此,内部审计人员应当在遵循有关法律、法规的情况下灵活、妥善地处理人际关系,并应注意保持内部审计的独立性和客观性。

(五)对内部审计人员的素质要求

要与他人建立协调、融洽的人际关系,需要内部审计人员具备一定的意识和技能,例如,可以事先制定交流计划,列出需要了解的资料的清单;掌握良好的交流、沟通技巧;注意交流的时机、环境等因素;根据交流对象的特点运用适当的沟通技巧与方式等。

(六)内部审计机构负责人的责任

建立良好的人际关系对于内部审计机构而言是件非常重要的工作,因此,内部审计机构负责人应当制定适当制度并采取措施要求内部审计人员主动进行这项工作,并且定期对人际关系进行评价,以便及时发现问题,改进人际关系。

二、处理人际关系的方式和方法

(一)沟通

在处理人际关系时,内部审计人员应当积极主动与相关主体进行沟通,尤其是发现问题或者需要相关信息时,以避免由于时间拖延带来的误会,提高工作效率。在沟通时,内部审计人员应当注意沟通的有效性,注重语言、形体、表情的恰当运用,以促进良好人际关系的形成。

1.人员沟通的形式

内部审计人员与相关人员之间的沟通形式包括:倾听、语言沟通、非语言沟通等形式。

倾听是指内部审计人员利用聆听行为接受口头信息,理解其含义并对此做出反应的过程。它是内部审计人员接收外部信息的一种主要形式。会对内部审计人员的倾听产生障碍的因素可能有:先入为主的偏见;不分巨细和重点;试图记录每一个信息;易受情绪干扰等。

语言沟通是指内部审计人员利用语言行为发送和接收信息而进行信息交流的过程。它是沟通双方以语言进行互动交流的形式,具体还可以分为口头交流和书面交流。非语言沟通是指内部审计人员利用形体、表情或其他非语言信号进行信息交流的过程。非语言信号可以传递一些信息,能够促进双方的交流。例如,在交流过程中,内部审计人员的表情严肃、语气生硬,与表情轻松、语气温和,给交流对方的感觉完全不同,对最终的沟通效果也会产生不一样的影响。此外,内部审计人员还可以通过对一些现象的观察获取信息。例如,通过对交流对象的衣着的观察,可以对他的性格做出一定的判断。

语言沟通和非语言沟通是两种互为补充的信息获取方式,内部审计人员可以根据具体情况结合运用。在一定程度上,非语言沟通起到的作用也是比较大的,因此,在交流过程中,内部审计人员要注意自己的言行。

2.组织沟通的形式

内部审计人员在特定组织环境下的沟通形式包括:纵向沟通、横向沟通与斜向沟通等形式。这几种沟通形式是根据与内部审计人员进行沟通的对象与内部审计人员的相对位置来划分的。纵向沟通是指上下级部门之间的信息交流;横向沟通是指组织内各平行部门之间的信息交流;斜向沟通是指信息在非平行、非隶属部门之间的交流。

3.沟通的方式

沟通的主要方式有两种:口头沟通与书面沟通。口头沟通一般包括:询问、会谈、调查、讨论、会议、征求意见等。书面沟通一般包括:审计通知书、问卷调查、内外部审计协调的书面报告、审计报告和管理建议书等。

这两种具体的交流形式各有其优缺点。口头交流的好处是内部审计人员可以很快得到反馈,可以及时对有疑问的信息进行确认。口头交流的缺点是交流时可能会有较多的噪音,此外,口头的信息在发出前未经认真地编辑,容易产生口误,而且口头信息也无法加以保存。书面交流的优点是当信息较为复杂时,可以用比较多的时间来进行研究,其次,书面交流的信息易于保存。但是,书面交流也有缺点,当书面信息存有疑问时,无法及时得到解答。

(二)人际关系冲突的处理

1.人际关系冲突的原因

内部审计人员在工作中时常会遇到人际关系的冲突,其主要原因在于:缺乏必要及时的沟通;对同一事物的认识存在分歧,导致不同的评价;各自的价值观、利益观不相一致;职业道德信念的差异。

2.化解人际关系冲突的方法

内部审计人员应当及时、妥善地化解人际冲突。可以采取的化解方法有:暂时回避、寻找适当的时机在进行协调;说服、劝导;适当的妥协;互相合作;向适当管理层报告,寻求协调。

(1)暂时回避,寻找适当的时机再进行协调。在冲突产生的时候,双方情绪可能都不稳定,此时坚持进行沟通,反而可能会激化冲突,无助于冲突的解决。因此,可以采取暂时回避的方法,待双方冷静后再做进一步的沟通。这实际上是缓解冲突的策略,是过渡办法,不能从根本上解决问题。

(2)说服、劝导。冲突的产生可能是源于双方对同一事物的认识存在分歧,也可能是双方的价值观和利益观不一致而导致。此时,内部审计人员要认真分析产生冲突的原因,从组织的整体利益出发,坚持客观、公正的立场,进行耐心的说服和劝导。这是化解冲突的主要方式。

(3)适当的妥协。问题的解决,通常取决于多种外界因素,只能分步骤、分阶段地得到最终解决。当问题的性质较轻时,内部审计人员的过分坚持会让被审计单位认为是吹毛求疵,在这种情况下,本着双方建立良好人际关系的目标,内部审计人员可以做适当的妥协。但是,什么问题需要适当妥协、妥协的程度如何,需要内部审计人员进行慎重的判断,要考虑审计风险,以免妥协过度,失去内部审计的独立性和客观性。也就是说,妥协不能违背审计工作的基本原则。

(4)互相合作。当冲突产生的原因是由于双方对于问题的解决方案难以取得一致意见时,内部审计人员应当争取与对方携手合作,双方可以开诚布公地进行讨论,互相倾听并理解双方的差异,对有利于双方的所有可能的解决办法进行仔细考察,共同解决这一问题。这是一种双赢的解决方式,是解决冲突的最好的办法。

(5)向适当的管理层报告,寻求协调。如果双方对于冲突的解决无法达成共识,内部审计人员可以考虑向适当管理层汇报,由上一级的管理层进行协调,管理层应当根据组织的最大利益决定如何处理。这种方法是内部审计人员不得已采取的方法,因为它不是解决冲突的方法,使用不当将使冲突升级。

(三)与组织适当管理层进行沟通的途径

内部审计人员应当积极主动地与对内部审计工作负有领导责任的组织适当管理层进行沟通,可以采取的沟通途径包括:

(1)积极主动地与组织适当管理层联系。

(2)与组织适当管理层就审计计划进行沟通以达成共识。

(3)咨询组织适当管理层,了解内部控制环境。

(4)根据审计中发现的问题和审计结论,及时向组织适当管理层提出相应的审计建议。

(5)发出书面审计报告之前,要利用各种沟通方式征求组织适当管理层对审计结论、决定和建议的意见。

内部审计与管理层建立积极联系的目的主要在于了解管理层的需求,根据组织及管理层的需要制定审计计划,在审计过程中发现的重大问题,应当及时向管理层汇报,以便管理层能够及时采取措施,防止出现重大的损失。另外,与管理层积极、主动地进行沟通,也可以取得他们对审计结果的理解与支持,有利于促进审计建议的实施。

(四)与被审计单位的沟通途径

内部审计人员应当与被审计单位建立并保持良好的人际关系,采取下列途径获得被审计单位的理解、支持与配合:

(1)在了解被审计单位基本情况时,应当进行及时有效的沟通和协调。

(2)在实施审计前,利用审计通知书与被审计单位进行书面沟通,审计通知书内容的表述应清晰、简洁,并具备可行性。

(3)通过询问、会谈、会议、问卷调查等沟通方式,了解被审计单位内部控制的情况。

(4)通过口头方式或其他非正式方式与被审计单位交流审计发现。

(5)在审计报告提交之前,以书面方式与被审计单位进行正式结果沟通。

内部审计的审计对象是经营过程中的各种控制制度与经营活动,许多经营活动的过程对于内部审计人员而言,可能十分复杂,甚至有些术语可能都是陌生的。因此,与被审计单位建立良好的人际关系,有助于获取充分的信息,否则内部审计活动难以开展,更难以取得良好的效果。另一方面,与被审计单位建立良好的人际关系,进行及时、充分的沟通,也有助于被审计单位理解内部审计人员的立场和观点,虚心接受内部审计人员所指出的问题及提出的相应审计建议。另外,对于经营活动中存在的问题及改进措施被审计单位可能早已知道,只是由于某种原因导致问题无法解决,因此与被审计单位进行充分的沟通,了解其障碍所在,有助于内部审计人员从被审计单位那里得到启发,并最终找到解决问题的办法。

(五)与组织内部其他职能部门建立并保持良好人际关系

内部审计人员应当与组织其他职能部门建立并保持良好的人际关系,确保在以下方面得到支持与配合:

(1)了解组织及相关职能部门的情况

(2)寻求审计中发现问题的解决办法

(3)落实审计决定

(4)有效利用审计成果

(5)其他

与其他职能部门保持良好的人际关系是为了更多地了解组织各个部门的运作情况,了解组织经营过程中可能存在的问题。此外,审计中发现的问题,其根源通常并非只是在于被审计单位自身,而是可能涉及许多其他方面、其他部门,问题的最终解决,也往往需要依赖于多个部门的协作与共同努力。因此,与其他职能部门的沟通,也有助于内部审计人员发现问题根源,找出解决办法。

(六)与组织外部相关机构及人员建立并保持良好的人际关系

内部审计人员在审计过程中,也经常需要与组织外部的相关机构和人员打交道,例如与外部审计的协调,与外部专家的合作等。与这些相关外部机构和人员建立并保持良好的人际关系,有助于在必要的时候取得他们的帮助与协作。

(七)内部审计机构内部的人际关系

内部审计人员应当重视内部审计机构成员之间的人际关系,相互协作、相互包容。每一个审计项目通常是由一个审计小组负责实施的,在审计小组中,尽管每个成员的分工不同,但是,每个人的工作对于整个项目的完成都是非常重要的。因此,内部审计机构成员间良好的人际关系,也是确保内部审计工作高效、高质完成的重要条件之一。

第二节　内部审计与外部审计的协调

一、内部审计和外部审计协调的意义和目的

(一)内部审计与外部审计协调的意义

内部审计与外部审计的协调是指内部审计机构、人员与会计师事务所、国家审计机关及相关人员在审计工作中的沟通与合作。内部审计是相对于外部审计而言的,是对组织的各项经济活动及内部控制的独立、客观的监督和评价活动。一般外部审计是指由被审计单位以外的独立的技术人员进行的审计活动,包括注册会计师审计(也叫做民间审计、社会审计)和国家审计。注册会计师审计是注册会计师事务所接受各单位委托,对指定的被审计单位实施的审计,其目的是对被审计单位会计报表的合法性、公允性和会计处理方法的一贯性发表意见。在某些情况下也为被审计单位提供管理咨询、验资、鉴证等其他服务。国家审计则是代表国家依法对政府机构及国有企业等进行财政收支审计、合法合规性审计、绩效审计及离任审计等。内部审计与外部审计虽然在审计对象、审计依据和审计结论的执行效果方面有差距,但是他们在审计程序、审计范围、审计方法以及审计术语方面有许多相似之处,因此可以互相利用对方的工作结果。加强内部审计与外部审计之间的沟通与合作,是降低审计成本、提高审计效率的必然要求,也是内部审计建立良好人际关系的必然需要。同时,外部审计具有其自身技术上的优势,加强与外部审计的沟通与协调也有利于提高内部审计人员的业务素质和胜任能力。

从另一个角度看,内部审计强调组织的自我监督机制这一点恰好弥补了外部审计的不足,当今国际审计理论的发展趋势也证明了这一点。最高审计机关国际组织认为,当今世界各国的审计重点是欺诈和舞弊,但光靠国家审计机关而不建立一种自我监督机制,不可避免地会出现像前菲律宾总统马科斯、智利总统皮诺切特和刚果总统蒙伯托一样,侵吞巨额国家财产并逃避国家审计监督的现象。因此,从目前发展趋势上看,需要建立一套现代审计监督机制,依靠三种审计力量的共同发展,充分结合国家审计、民间审计和内部审

计的监督作用,扬长避短,各取所长。而做好内部审计与外部审计的协调工作有利于这一目标的实现。

(二)内部审计与外部审计协调的目的

内部审计应做好与外部审计的协调工作以实现以下目的:

1.保证充分、适当的审计范围

内部审计是组织内部的一种独立客观的监督和评价活动,它通过审查和评价经营活动及内部控制的适当性、合法性和有效性来促进组织目标的实现。不论是注册会计师审计或是国家审计的审计目的都与内部审计不同,虽然从审计范围上来说有一定的重叠,但是外部审计无法涵盖内部审计的全部范围。因此,内部审计必须做好与外部审计的协调工作,了解外部审计的目的及范围,在此基础上根据自身的目的制定计划,特别要保证外部审计没有涵盖到的审计范围能够得到独立、客观的监督和评价,这样才能确保审计范围的充分性,避免审计结论的片面性。

2.减少重复审计,提高审计效率

虽然内部审计与外部审计的总体审计目标有所不同,在审计范围上也有各自不同的关注点,但内部审计与外部审计在一定程度上依然有重叠之处。例如,注册会计师所进行的财务报表审计与内部审计机构进行的财务审计;国家审计执行的合规性审计与内部审计机构对经营活动、内部控制的遵循性审计等。在这些审计活动中二者都有重叠之处,内部审计与外部审计将履行重复的审计程序以达到某些共同的目的,这些重复的审计程序对于审计资源而言是一种极大的浪费。因此,内部审计机构应该做好与外部审计的协调工作,了解外部审计的审计范围、审计重点,并评价其审计质量,在此基础上可以利用外部审计的成果,减少重复工作,提高审计效率。

3.共享审计成果,降低审计成本

由于内部审计与外部审计存在重叠的审计范围,因此,独立、胜任的外部审计人员,以其应有的职业谨慎执行审计程序之后得出的审计结论可以被内部审计所利用。同样,由于内部审计熟悉组织经营活动及内部控制,其审计成果也可以作为外部审计人员确定审计时间、范围及重点的考虑因素。内部审计与外部审计之间做好协调工作,可以使双方共享审计结果,从而使双方的审计成本都得以降低。

4.持续改进内部审计机构工作

在我国,注册会计师审计、国家审计较内部审计而言,其发展历史相对较长,理论与实践经验都较为丰富。因此,外部审计理论与实务中具有许多值得内部审计借鉴的审计方法、程序及技术。做好内部审计与外部审计的协调工作,可以促进双方在审计理论与实践方面相互交流,从而提高内部审计人员的素质,改进内部审计机构工作,提高内部审计质量。

二、内部审计与外部审计的协调工作

(一)协调工作的组织

内部审计与外部审计协调工作,应在组织适当管理层的支持和监督下,由内部审计负责人具体组织实施。组织适当管理层是指对内部审计负有领导职责的管理层,该管理层必须支持内部审计与外部审计的沟通与合作,只有取得管理层的支持,内部审计与外部审计的沟通与合作才能得以顺利、有效地进行。同时,内部审计与外部审计的协调工作必须在管理层的监督之下进行,因为按照《内部审计人员职业道德规范》,内部审计人员应当遵循保密性原则,按规定使用其在履行职责时获取的资料。因此内部审计与外部审计的协调也应在必要的范围内进行,组织适当管理层必须监督内部审计与外部审计的协调,以确认协调工作的适当性。

(二)协调工作的评估

内部审计机构负责人应定期对内外部审计的协调工作进行评估,并根据评估结果及时调整、改进协调工作。内部审计机构负责人应制定对协调工作评估的标准,并且定期对内外部审计的协调工作进行评估。对协调工作的评估主要针对内部审计与外部审计各自职责的履行情况,以及内部审计与外部审计的总成本和综合效率。评估的目的是为了判断协调工作是否充分、适当,能否减少重复审计、减少内部审计与外部审计的总成本,提高综合效率。内部审计机构负责人要根据评估结果及时调整、改进协调工作。

(三)协调的时间

内部审计机构应在外部审计为本组织提供审计服务时做好协调工作。注册会计师的审计服务一般是指财务报表审计,某些情况下,组织出于成本效益的考虑,特别是小规模的组织未设立自身的内部审计机构,会要求注册会计师提供内部审计服务。国家审计机关往往根据国家有关政策、法规的要求对组织开展财政财务收支审计、合法合规性审计、管理审计及离任审计等。由于协调工作主要针对的内容是和审计服务密切相关的,因此,在外部审计为本组织提供上述审计服务时,必须做好协调工作,以便内部审计与外部审计能及时沟通、相互合作,从而提高审计效率。

(四)协调的方法

内部审计与外部审计之间的协调,可以通过定期会议、不定期会面或其他沟通方式进行。

1.定期会议

定期会议是由内部审计机构负责人主持召开的,内部审计与外部审计相关人员在会议上讨论需要协调的问题,就审计范围、审计程序以及双方在工作中的具体职责达成一致意见。

2.不定期会面

不定期会面是指在必要时候,内部审计机构负责人或相关人员可以与外部审计人员面谈,就出现的一些突发事件或特别问题寻求沟通与合作。

3.其他沟通方式

其他沟通方式包括会面以外的其他方式,例如:电话联系、信函联系或其他方式。运用这些方法的目的是为了保证协调工作顺利、及时、有效地进行。

(五)协调的内容

内部审计与外部审计的协调工作包括以下几个方面:

1. 与外部审计机构及人员的沟通

内部审计应采用多种方式积极同外部审计机构及人员进行沟通,以确认需要双方合作的事宜及合作的具体内容。

2. 配合外部审计工作

社会审计与政府审计在工作过程中,需要内部审计提供有关经营活动、内部控制等方面的信息,以便外部审计能有针对性地进行审计。内部审计应在组织适当管理层的支持与监督下配合外部审计工作,以提高外部审计效率,减少外部审计成本。

3. 评价外部审计工作质量

内部审计要利用外部审计工作成果,必须建立在一个前提之下:外部审计工作质量符合既定标准。因此,评价外部审计工作质量是协调工作之一。评价外部审计工作质量必须考虑的内容有:外部审计提供服务的独立性;外部审计所采用的审计程序及方法是否适当;外部审计的工作范围和内容是否达到内部审计的要求;内部审计能否利用该外部审计的工作成果。

4. 利用外部审计工作成果

如果外部审计工作质量符合既定标准,内部审计可以利用外部审计的工作成果。利用外部审计工作成果包括取得外部审计报告与管理建议书等。审计报告与管理建议书中探讨的事项将帮助内部审计减少重复审计工作并规划其工作的重点。

(六)协调的中心议题

在内部审计与外部审计的协调工作中,有以下几个中心议题:

1. 内部审计与外部审计应在审计范围上进行协调

内部审计与外部审计应在审计范围上进行协调,在制定审计计划时,应考虑双方的工作,以确保充分的审计范围,最大限度减少重复性工作。协调工作的部分目的是为了确保充分的审计范围,并且最大限度地减少重复性工作。为了达到这个目的,内部审计与外部审计在制定审计计划时必须进行充分讨论,在审计工作中必须采用各种方式进行协调,及时有效地完成审计工作,并根据实际情况决定是否需要调整计划的工作范围。

2. 相互交流相关审计工作底稿

内部审计与外部审计应在必要的范围内互相交流相关审计工作底稿,以便在审阅后相互评价工作质量,利用对方的工作成果。内部审计与外部审计的协调内容之一在于评价外部审计工作质量。为了确保评价结果的客观性,必须审阅外部审计的相关工作底稿。同样,外部审计也需要在评价内部审计的工作质量的基础上决定是否要利用其工作成果,因此应当允许外部审计人员在必要范围内审阅内部审计工作底稿。需要说明的是,内部审计与外部审计在相互交流工作底稿时必须遵循保密原则。

3. 相互参阅审计报告

内部审计与外部审计利用对方工作成果的主要形式就是互相交流审计报告和管理建议书。外部审计的审计报告和管理建议书中探讨的事项将帮助内部审计减少重复审计并规划审计重点。对外部审计提出的审计中发现的问题,组织适当管理层应考虑采取纠正措施,内部审计应评价该纠正措施是否及时、有效。而外部审计取得内部审计报告则可以帮助其决定和调整审计范围。

4.相互沟通具体审计程序和方法

内部审计与外部审计应在具体审计程序和方法上相互沟通,达成共识,以促进双方的合作。内部审计和外部审计要利用对方工作成果,就必须理解对方的具体审计程序和方法,就审计程序、方法、技术、术语达成共识。为此,内部审计机构负责人必须采取一定措施确保内部审计人员充分理解外部审计所运用的具体程序和方法,同时提供足够的信息,使外部审计人员理解内部审计所运用的具体审计程序和方法,以便双方在审计工作中更好地合作。

本章小结

人际关系,是指内部审计人员与组织内外相关机构和人员之间的相互交往与联系。通过本章学习学生应该认识到内部审计机构和内部审计人员保持良好人际关系的重要性,认识到做好内部审计与外部审计协调工作的重要意义,并初步了解保持良好人际关系的方法,掌握内部审计与外部审计协调的时间、方法以及中心议题等。

谈审计人员的语言沟通艺术

复习思考题

1. 内部审计人员可能涉及的人际关系包括哪些内容?内部审计人员为什么要保持良好的人际关系?
2. 人员沟通的主要形式有哪些?各有什么优缺点?
3. 化解冲突的方法有哪些?
4. 内部审计与外部审计协调的目的是什么?
5. 内部审计与外部审计协调的方式有哪些?
6. 内部审计与外部审计协调的内容有哪些?
7. 内部审计与外部审计协调的中心议题是什么?

本章练习题

案例分析题

背景资料:三泰公司是于1997年成立的专门从事石油生产和销售的企业,2012年组建了内部审计机构,现有专职内部审计人员3人,处长李胜和专职审计人员陈军、赵丽。

案例1

三泰公司审计室李处长认为,内部审计活动中的人际关系是非常广泛的,主要包括:

1. 组织适当管理层和相关人员
2. 被审计单位和相关人员
3. 组织内部各职能部门及相关人员
4. 组织外部的相关机构和人员

5.内部审计机构中的其他成员

请问:三泰公司审计室李处长关于内部审计活动中的人际关系的看法是否正确?

案例2

三泰公司李处长常说内部审计人员要有良好的个人形象,并提出了以下具体要求:

1.要有自知之明,了解自己的优点和缺点

2.要有归属感

3.要对周围事物反应敏锐

4.要有优先为他人服务的观念

5.要有工作效率

6.要为人正直

请问:三泰公司审计室李处长关于内部审计人员要有良好的个人形象的说法是否合理?他提出的六点要求是否过分?

案例3

三泰公司审计室李处长认为内部审计人员与相关人员的沟通形式包括以下几个方面:

1.纵向沟通

2.横向沟通

3.斜向沟通

请问:李处长关于内部审计人员与相关人员的沟通形式的认识是否符合要求?是否符合要求?

案例4

三泰公司审计室李处长认为有效沟通是建立良好人际关系的有效途径,内部审计人员处理人际关系时采用的主要沟通方式是书面方式,具体包括:

1.审计通知书

2.问卷调查

3.内外部审计协调的书面报告

4.审计报告和管理建议书等。

请问:李处长关于建立良好人际关系的有效途径的认识是否正确?关于内部审计人员处理人际关系时采用的沟通方式的认识是否全面?

案例5

三泰公司审计室根据2016年度的审计计划安排,对其所属的三泰装备厂进行了内部审计。审计室李处长介绍,内部审计与外部审计存在严重重复监督的现象,两者协调难度很大。国家审计机关在2015年度延伸审计过装备厂,本次审计过程中想调阅一下审计机关所做的工作底稿,以评价外部审计的质量,但对方以保密为由拒绝了。因为相互不信任,内部审计与外部审计的协调工作难以进行。

请问:三泰公司审计室李处长介绍的情况是否存在?三泰公司审计室是否有权调阅国家审计机关的工作底稿?

第十二章 信息系统内部控制及其审计

 学习目标(Learning Objectives)

1. 了解计算机信息系统对内部审计的影响；
2. 理解计算机会计信息系统内部控制的特点及主要内容；
3. 了解计算机会计信息系统内部控制审计的具体实施过程。

第一节 信息系统审计概述

一、信息系统审计的概念

信息系统审计是收集和评估证据的过程,以判断算机系统是否能够保护资产,保持数据完整性,有效果地实现组织目标、有效率地支配资源。信息系统审计支持传统审计目标：鉴证目标(外部审计人员的目标)关注资产保护和数据完整性,管理目标(内部审计人员的目标)不仅包括鉴证目标,还包括有效性和效率目标(Ron Weber, 1998)。

审计署(2012)给出在政府审计范畴内信息系统审计的定义,是指国家审计机关依法对被审计单位信息系统的真实性、合法性、效益性和安全性进行检查监督的活动。

而在内部审计领域,内部审计协会(2013)认为,信息系统审计是指内部审计机构和内部审计人员对组织的信息系统及其相关的信息技术内部控制和流程所进行的审查与评价活动。

因此,我们认为信息系统审计是对实体信息技术基础设施的控制的检查。这些审查可以与财务报表审计、内部审计或其他形式的认证业务一起执行。它是收集和评估组织的信息系统、实践和操作证据的过程。评估获得的证据用来判断组织的信息系统能否保护资产,保持数据完整性,并且有效率和有效果地实现组织的目标。

三、组织为什么需要信息系统审计

组织必须进行基于信息系统的控制和审计的原因在于,这些系统运行不规范和出错的代价很高。组织生存可能因其数据库的崩溃或破坏而岌岌可危,比如:因信息质量差而造成决策失误;滥用电脑造成的财产损失;昂贵电脑硬件、软件毁坏和关键技术人员流失;其他计算机错误而引发的高昂成本;个人隐私泄露;以及无法控制计算机在组织中的使用方式。在这些方面,Everest(1985)提出,数据为组织提供了自身、环境、历史和未来的画像。如果这个画像是准确的,那么组织将在不断变化的环境中增强其适应和生存的能力;如果该画像不准确或丢失,组织可能会遭受重大损失。

计算机使用带来的潜在危险

三、信息系统审计的目标

信息系统审计的目的是通过实施信息系统审计工作,对组织是否实现信息技术管理目标进行审查和评价,并基于评价意见提出管理建议,协助组织信息技术管理人员有效地履行职责。

组织的信息技术管理目标主要包括:

(1)保证组织的信息技术战略充分反映组织的战略目标;

(2)提高组织所依赖的信息系统的可靠性、稳定性、安全性及数据处理的完整性和准确性;

(3)提高信息系统运行的效果与效率,合理保证信息系统的运行符合法律法规以及相关监管要求。

第二节 计算机会计信息系统的特点

会计电算化是对会计发展的一个历史的飞跃。与手工会计系统相比较,计算机会计信息系统应该遵循的会计制度和财经纪律均没有改变,但是由于采用了电子数据处理技术,计算机会计信息系统具有许多与手工会计系统不同的特点。为了对计算机会计信息系统进行有效的控制和审计,我们应该先了解计算机会计信息系统的特点及对内部审计的影响。

计算机会计信息系统利用电子计算机进行会计信息的处理、存储、分析和检查。从审计的角度看,计算机会计信息系统的有下列主要的特点。

一、会计信息处理电算化

计算机会计信息系统的首要特点就是会计信息由电子计算机进行处理,在手工会计系统中,会计信息由手工处理,从编制记账凭证、记账、算账、结账、编制会计报表到银行对账和会计信息的检查与分析等工作完全由手工完成。在计算机会计信息系统中,各种会计处理工作由电子计算机执行。计算机的处理是否符合会计制度和有关财经纪律,将取决于系统应用程序的正确性和可靠性。计算机会计信息系统提供的会计信息是否合法、可靠、准确,除取决于输入数据本身的合法性和正确性外,关键在于系统的应用程序。如果系统的应用程序错误或被人篡改,计算机只会按照错误的程序处理相关的业务,其后果必将是严重的。为了保证电算化信息系统处理的合法、正确,为系统提供的会计信息能够准确、可靠,必须保证系统应用程序系统的正确和安全。

二、会计信息储存电磁化

计算机会计信息系统的另一个重要特点是会计信息系统以电磁信号的形式存储在磁性介质中。在手工会计系统中,会计信息以肉眼可见的形式存储在纸质的凭证、账簿、各种汇总表、分配表和会计报表中。这些资料若被篡改,如涂改或挖补,会留下痕迹,很容易被发现。但在电磁化的会计系统中,会计信息以各种数据文件的形式记录在磁性介质中,其中不少信息,如会计科目、部门、产品等,用计算机代码表示。这些用代码表示的信息在使用时需要被翻译为人们熟悉的形式。磁性介质中的会计信息是以肉眼不能够被发现的,仅计算机可读的形式存在的。一旦计算机出现故障,电磁化的会计信息就无法取出和使用。电磁化的载体——磁盘或磁带比纸质凭证、账簿、报表更容易被损坏。更危险的是,磁性的会计信息很容易被删改而不留痕迹。因此,要保证系统会计信息的安全和可靠,对磁性的会计信息必须实行恰当的、严密的控制。

三、会计信息的处理与存储集中化

会计信息处理和存储的集中化是计算机会计信息系统的又一重要特点。在手工会计系统中,会计业务处理一般由多人分管。例如,在工业企业中,材料、工资、固定资产、成本、产成品、销售往来、货币资金等各种核算、登记总账、编制会计报表等,一般根据企业的大小、业务量的多少由一个小组或一个人负责处理其中的一项或几项,相应的账册也由负责处理的人员各自保管,只有在年终结账后才交会计档案保管人员归档管理。通过恰当的职责分离和互相稽核,可以有效地防止错弊的发生。在计算机会计信息系统中,各种会计核算可能集中由计算机处理,手工处理系统中的职责分离不再存在。经计算机处理的各种会计信息,也常以数据文件的形式集中存储在系统的硬盘中。由于会计信息的处理和存储集中于计算机系统,一旦计算机系统被破坏或毁损,整个会计系统可能瘫痪,后果将不堪设想。如果没有恰当的控制,机密的经济信息可能被不法分子轻易地浏览或者复制窃取。因此,电算化条件下,计算机系统本身的安全、可靠是至关重要的。

四、内部控制程序化

内部控制程序化是指计算机会计信息系统相当重要的一部分内部控制建立于系统的应用程序中,系统的运行由计算机自动执行。这是计算机会计信息系统又一重要的特点。在手工会计系统中,内部控制措施主要是通过工作人员间适当的职责分离,实现互相牵制，由人工完成各种检验、核对和判断。在计算机会计信息系统中，由于会计信息由计算机集中处理，手工会计系统中原有的某些分离和控制已失去了意义，要代之以新的控制。针对计算机会计信息系统的特点和风险，新的内部控制包括许多建立在应用系统程序中，由计算机自动执行的各种检验、核对、判断、监控以及对系统各种功能调用的权限和密码控制等。这些程序化的内部控制对提供会计计算机会计信息系统地安全可靠性非常重要。当然，除了程序化的内部控制外，计算机会计信息系统地内部控制还包括其管理制度和必要的手工控制，这些控制也非常重要。

第三节 计算机会计信息系统对传统内部审计的影响

近几年来，计算机会计迅速发展，越来越多的单位自行开发或购买商品化的会计软件进行会计业务的处理，计算机会计系统得到了广泛的应用。然而，在计算机会计系统下，传统的会计核算手段和账务处理程序发生了重要的变化。由于，这一变化的出现，使得以凭证、账簿、会计报表及其其他经济资料为主要对象的传统审计工作面临许多新的问题。这些新的问题主要表现为以下几个方面。

一、内部控制发生了重大变化

对内部控制的审计师审计中的重要任务，系统内部控制的变化直接影响审计技术和方法的变化。会计业务从手工处理到电算化，在处理工具、处理流程等方面都发生了较大的变化，内部控制功能、方法、技术也随之发生了重大的变化。计算机会计信息系统内部控制发生了的重大的变化主要表现在以下几个方面。

第一，控制方式由手工控制变为手工控制和计算机控制相结合，部分内部控制可以由计算机会计软件自动执行，例如，在会计软件中设计借贷平衡控制、科目合法性控制。

第二，内部控制的对象多而且更复杂。在手工会计信息系统下的会计核算内部控制，是通过合理分工、明确责任、规定业务处理程序、加强业务人员之间的互相联系和互相制约，以及通过凭证、账簿、报表之间的钩稽关系而形成的内部控制体系，它可以保证手工操作下会计数据处理的真实、可靠、安全。而计算机会计信息系统把原手工系统许多由不同职员执行职责集中后，一个人可以执行互相不相容的职责。例如，计算机会计信息系统中的记账功能是由计算机自动完成的，记账人员完成"记账"工作后，可以同时生成日记账、明细账、总账，而传统手工会计中是由不同的会计人员完成不同的记账任务的。这样在计算机会计信息系统中就应该设计不同于手工会计内部控制的措施。因此，审计人员对计算机会计信息系统中新设置的内部控制，应该检查和评价。例如，不相容职责的划分、口令控制的作用，控制小组的组建等，以预防和检查违章的行为，而对它们进行控制，则要求更高、技术更强。审计人员只要对被审计单位的内部控制进行全面了解和详细验证，并做出确切评价后，才能据以确认审计工作的范围和重点，以进一步制定审计工作的计划和程序。

第三，内部控制的重点由会计人员和会计业务部门转移到电子数据处理部门，数据处理集中由计算机自动完成，财务人员对交易活动的直接监督减少了。计算机数据处理的集中性、连贯性使大部分职权分割的控制作用近于消失；数据存储载体的改变及其共享程度的提高，又使手工会计系统下的账簿控制体系失去作用。在这种情况下，内部控制一方面要加强，另一方面要采用新的方式。可见，对系统的内部控制进行审批的范围比较广泛，需要新的审计方法。

二、审计线索发生了重大变化

在手工会计中，存在这大量的肉眼可见的审计线索。例如，大量的原始凭证、记账凭证、总账、明细账，汇总表等形成一条明显的审计线索。审计人员可以从原始凭证开始，通过记账凭证，账簿追踪到会计报表，也可以从会计报表开始追根寻源，一直追溯到原始凭证，通过这些可见的审计线索检查证、账、表数据所反映的经济业务合法性、排他性，通过每个会计人员手写笔迹的不同，确定每一责任人完成业务的准确性。总之，在手工会计中，会计人员对经济业务的详细记录都跃然纸上，审计人员所需要的审计线索，都可以通过这些书面记录加以审计。但是，在计算机会计信息系统中，除了一些原始文件，打印的会计账册，会计报表等为肉眼可见的审计线索，其他大部分数据都以数据文件的形式保存在内、外存中，这些会计信息只能通过机器再现，不再是肉眼直接所能识别的了，审计人员难以像在手工审计中那样对经济业务进行最终、审查。同时，由于磁性介质修改不留痛迹的特点，使得只审查最终数据变得很不可靠，必须审计数据处理过程及系统本身；其次，传统手工会计中的大部分人工数据处理在计算机会计中转换为由会计软件几周内集中进行处理，例如财务处理中的记账，会计软件对审核通过的记账凭证自动登记账簿，不需要平行登记各种账簿，所以，传统手工会计中的审计线索在这里中断，消失了。审计人员必须对计算机会计信息系统的运行进行审计，而这些都需要计算机审计技术，即审计人员在系统的设计和开发时就提出审计要求，保证将系统的各种数据文件都保留下审计线索。除应保证会计数据文件的打印输出外(这种数据形式和手工会计资料形式基本相同)，还应将会计数据文件以审计的形式进行存储保留。审计人员可利用计算机获取被审计单位计算机会计信息系统中的数据文件，通过必要的数据转换，使其成为审计人员可识别的数据文件形式，再进行各种数据的重新组合和处理，从而达到审计目的。审计线索发生的重大变化促使审计人员在审计中使用计算机技术进行审计。

三、差错因素发生了重大变化

会计核算采用手工操作时，会计数据处理的结果是否真实可靠，是有据可查的，至于他是否合理合法，是否存在舞弊和差错，主要取决于会计人员工作态度的好坏，工作能力的强弱，技术水平的已经以及他们对有关法律法规，财经纪律，考核制度的理解程度及其贯彻执行情况。但是，会计核算采用计算机会计信息系统后，会计数据处理结果是否真实可靠，就不仅仅取决于会计人员的业务水平和工作态度因素，更取决于会计处理过程中所使用的计算机硬件系统和软件系统是否准确可靠,操作运行及处理流程是否符合要求等,这为判断是否存在舞弊行为增加了难度,需要计算机辅助审计。

四、审计方法发生了重大的变化

在手工会计信息系统下,审计人员可根据情况采用审阅、核对、分析、检查、监督、观察、查询及函证、计算和分析性复核等方法对被审计单位的有关经济业务进行审查。而在计算机会计信息系统,为了适应审计线索和审计对象的变化,只能采用新的审计手段,新的审计方法才能达到审计目的。对于存在存储介质上的程序、文件、数据、审计人员只能利用计算机进行审计。另外,采用计算机辅助审计方法可以更迅速,更有效地完成审阅、核对、分析、比价等各项审查内容,提高审计地效率和质量。

第四节　计算机会计信息系统内部控制

内部控制一般包括内部管理控制和内部会计控制。计算机会计信息系统的内部控制则是内部会计控制的特殊形式,也是内部会计控制深层次的发展。随着计算机技术、网络技术、通信技术和数据库技术等高新技术的飞速发展和在各个领域(包括会计领域)的广泛应用,会计工作经历了从手工会计到会计电算化再到网络会计的发展过程,会计处理的流程也随之发生了变化;会计数据处理的工具也从算盘发展到计算机单机和计算机网络,会计账簿、企业财务报告从传统的纸介质形式向电子账簿、网络财务报告形式转变,构成了计算机会计信息系统。在计算机会计信息系统环境下,这些变革无疑也给内部会计控制带来了新的问题和挑战。本节通过分析了我国计算机会计信息系统内部控制的特点,初步探讨了其主要内容和可能存在的问题,并对如何加强和完善计算机会计信息系统的内部控制提出了相应的建议。

一、与手工会计系统相比,计算机会计信息系统内部控制的特点

内部会计控制是处理会计业务时所形成的自我调节和自我约束的有机体,包括了一系列既相互联系又相互制约的制度和手续。它是会计活动健康有序运行的重要保证,也是开展审计工作的基本条件和重要内容。《中华人民共和国会计法》规定各单位必须建立健全内部会计控制制度,《会计法》关于内部会计控制制度的主要内容包括:职责明确、相互制约、严格程序、如实记录、定期检查等。经过多年的研讨、实践、积累,手工会计系统的内部控制已形成了一整套行之有效的方法和制度,然而,随着现代信息技术在财会领域的广泛应用,使得原有的会计内部控制制度和方法在各方面都受到了挑战。本文认为,与手工会计系统的内部控制相比,计算机会计信息系统的内部控制有以下几方面的特点:

(一)内部控制的措施和方式发生了变化

主要体现在两个方面:一是原手工会计系统下的一些内部控制措施在实施电算化后

没有必要存在。例如,制作科目汇总表、凭证汇总表,试算平衡的操作,以及总账、明细账核对等。由于计算机自动计算汇总一般不会出错,除非在计算机病毒的影响、非法操作和数据受损等情况下才会出现试算不平衡等现象,因此以上措施没有必要存在。二是原手工会计系统下的一些内部控制措施,在电算化后转移到了计算机内部。例如,记账凭证金额的借贷平衡、各账户的发生额平衡、账户的余额平衡检查等,也就没有必要存在了。一般来讲,计算机会计信息系统的内部控制措施分为以组织措施为主的一般控制和以计算机系统程序控制为主的应用控制,并且组织控制是应用控制的基础和保障;而控制的方式由人工控制转变为计算机控制为主,并与人工控制相结合。

(二)内部控制制度有了新的内容

由于计算机技术、网络技术等现代信息技术的引入,一方面使一些会计工作的形式发生变化,另一方面也给会计工作增加了一些新的工作内容;同时使内部会计控制的范围更广,包含了手工会计系统所没有的一些内部控制,因而计算机会计信息系统下的内部控制制度也必须要有新的内容。例如,计算机硬件及软件分析、程序设计、计算机维护人员及计算机操作人员的内部控制规章;计算机病毒防治,计算机系统内及磁盘内会计信息的安全保护,网络系统的安全控制规章;计算机操作管理员、系统管理员、系统维护员岗位责任制度;软件使用权限的控制、修改程序的控制、数据备份的控制、科目代码的控制、结账时间的控制和设备的接触控制等系统的权限控制制度等。

(三)内部控制的重点发生了转移

手工会计信息系统内部控制的重点是会计凭证保管、整理、归档的控制,记账程序的控制,会计人员岗位责任的控制,账证、账表和账实核对等的控制;计算机会计信息系统内部控制的重点将由传统的财务部门转移到电子数据处理部门,内部控制放在原始数据输入计算机的控制、会计信息输出的控制、人机交互处理的控制、计算机系统之间连接的控制、系统的安全控制等方面,控制的要求也更加严格。

二、计算机会计信息系统内部控制的主要内容

计算机会计信息系统的内部控制可以划分为:一般控制和应用控制两大类。它们都是用来预防、发现、纠正系统所发生的错误、舞弊和故障,使系统能正常运行;是提供可靠和及时的信息保证。与手工会计系统相比,它们也是计算机应用于会计信息系统所产生的特殊控制。

(一)计算机会计信息系统的一般控制

计算机会计信息系统的一般控制是面向整个系统的控制,其对象涉及人员、设备和程序等。计算机会计信息系统一般控制影响到计算机应用的成败,是应用控制的基础,它为数据处理提供了良好的环境。计算机会计信息系统一般控制主要包括系统的组织控制、操作控制、系统安全控制、系统开发控制和系统维护控制等相互配合的系统运行环境方面的控制。

1.组织控制

组织控制的目的主要是减少电算化部门发生错误及舞弊行为的可能性。它的某些内

容在原理上与手工会计系统的控制并没有多少区别,如职责分工、适当分权、职位轮换等。组织控制的基本原则是不相容的职责由不同的人员或部门来承担,基本目标是建立恰当的组织机构和职责分工制度。计算机会计信息系统从建立到运行的整个生存周期中,根据职能不同化分为两大部门即系统开发部门和系统应用部门,系统开发部门主要承担系统的开发研制以及系统的维护工作等,系统应用部门主要负责日常会计处理工作。两部门的人员要严格分工,系统开发人员一般不能从事系统应用操作,因为他们都是计算机专业人员,精通计算机并且了解电算化系统采用的各种控制技术、保密措施,可以轻易地进入系统进行不留痕迹的修改、破坏等操作。组织控制就是要使有关人员的越权处理活动难以进行,相互牵制、相互制约,以此来防止差错、舞弊和犯罪行为的发生,保证电算化系统的可靠运行。

2.操作控制

为了保证数据处理的准确性和安全性,必须制定和执行各种标准的操作管理规程。例如,建立完备的机房管理制度,明确哪些人能上机操作、操作次序如何,严禁无关人员进入电算化机房,还要按有关规定记载上机日志等。为了防止舞弊行为,程序员不得参与操作,操作员不得接触参与程序设计、不得更动软件和打开数据库修改数据;操作员不得随意更换计算机所配置的系统参数及所安装的软件、并且不得在工作计算机上做任何与会计核算业务无关的事情,如在工作计算机上玩游戏。

3.系统安全控制

计算机会计信息系统应该层层设防、严加防范,主要包括硬件安全控制、软件安全控制、网络安全控制和实体安全控制等。访问授权是计算机技术中一种常见的控制手段,它可以保证会计信息只能由授权人访问,以防止非授权者的访问、复制、修改和破坏,并且系统一旦被破坏仍保证能利用会计档案备份迅速恢复正常。无论是正常操作还是非法操作都必须由上机日志记录在案,即使发生问题,也可以根据权限范围以及上机日志迅速追查事故原因,以便分清责任、解决问题。

4.系统开发控制

它是一种预防性控制,目的是防止电算化系统开发阶段的错误和偏差,确保系统开发过程及内容符合内部控制的要求和有关标准。开发系统前,要进行有效的可行性研究,使系统的每项设计都等满足单位的会计工作要求,并能适当满足单位发展前景的要求;系统开发过程中还要留下审计线索,以保证日后审计工作的需要。电算化系统正式投入运行前,要对有关人员进行培训,还要和手工会计工作并行一段时间(大约 3 个月),并经过有关主管部门和财政部门的评审验收,以证明新系统的合理合法性。

5.系统的维护控制

为了适应系统运行环境的变化,系统维护涉及电算化系统功能的调整、扩充和完善,包括软件的修改升级、计算机硬件和通信设备的维修或更新等。对电算化系统进行维护必须经过周密计划,维护过程的每一环节都应设置必要的控制,如系统操作员不能直接参与软件的修改,所有与系统维护有关的活动都应严格记录并存档。

(二)计算机会计信息系统的应用控制

计算机会计信息系统的应用控制是指影响系统特定用途的控制,即为适应会计处理的特殊要求而建立及实施的控制。应用控制是一般控制的深化,可以在一般控制的基础上,直接深入到具体的业务数据处理,为数据处理的准确性、完整性和可靠性提供最后的保证。应用控制主要包括3个方面:输入控制、处理控制、输出控制。

1. 输入控制

目前电算化系统的数据输入手段有键盘手工输入、软盘转入和网络传送等,其中键盘手工输入应用得最多,也最易出错。只有输入正确的数据,才能进行正确的处理。输入控制包括4个方面:(1)经济业务在由计算机处理前经过适当的批准;(2)经济业务没有被遗漏、添加、重复或不正当的更换;(3)经济业务准确地转变为机器可读的形式,并被记录在数据文件中;(4)不正确的经济业务被剔除、改正。在数据输入过程中,目前使用的大部分软件都设置了各种控制程序。例如,建立科目代码名称字典文件,输入科目代码时提示科目名称,当有新增科目代码自动追加到科目名称字典中供用户使用;建立科目对应关系参照文件,记账凭证输入完毕后,计算机自动判断该科目的对应关系是否正确,如果不对,提示用户进行修改。

2. 处理控制

处理控制是对数据处理的准确性和可靠性的控制。数据处理的准确、可靠,虽然在很大程度上依赖于输入数据的准确性、计算机硬件和软件安装的可靠性,但是,即使这方面都有其保证措施,仍然可能出现一些问题。例如,程序逻辑错误、计算错误、处理非法数据、重复输入等情况。因此,还必须设置处理控制措施,采用各种技术手段对输入数据的准确性进行校验。例如,在账务处理系统下未经复核的凭证不能记账,上月未结账本月不能结账;又如利用会计账户的余额进行控制,费用和收入类账户在期末一般没有余额,资产类账户的期末余额一般在借方,负债类和所有者权益类账户的余额一般在贷方,因此可以将这个基本内容作为余额合理性标准编入程序,当程序运行时就可以对所有账户余额进行合理性检查。

3. 输出控制

财务软件的输出功能一般包括查询输出、打印输出和向软盘输出或运用网络输出等方式。输出控制的主要目的是为了保证计算机输出结果的正确性、可靠性、及时性和必要的保密性,保证输出的接触人员是仅限于经过授权的人员。为此,要对打印或下载的文档资料严格控制,对储存输出数据的各种磁盘或其他磁性介质也要采取各种控制措施,并建立输出资料控制制度,由专人负责分发、保管并登记输出资料的使用者、分发日期、打印份数或下载情况;同时对发生的差错、丢失、泄密等事故要进行记录,仔细检查、分析形成事故的原因是操作员的过错还是程序本身的,并能采取相应的避免措施或改进措施。软件应对各种输出要求进行权限设置,未经授权,计算机拒绝执行其输出要求。例如在网上传输要设置网络口令,只有当口令正确时才能执行输出操作;又如对向软盘输出的情况,计算机应首先检查软盘的安全性,以防止计算机病毒的侵蚀。

三、计算机会计信息系统内部控制存在的问题

在计算机会计信息系统环境下,有形记录较手工会计系统大为减少,账务处理结果及

数据文件都存储在计算机或磁盘等电子介质上,不像手工会计系统那样直观,特别是在磁盘上更改数据不会留下任何痕迹,而在计算机内部,会计数据无论是形态还是结构却发生了变化,这对会计数据的真实性、有效性和完整性都造成了威胁,一旦出现舞弊行为,后果将是严重的和难以发现的。目前,在会计工作实践中,计算机会计信息系统内部控制存在的问题主要表现在以下三个方面。

(一)数据的安全性差

手工会计系统中数据的处理和储存都分散于各个不同的部门和人员,而电算化系统的突出特点是会计数据处理的自动化、集中化,因此给数据安全带来了一定的威胁。例如,电算化系统都有必要的财务分工功能,每个操作员都设置有自己的口令和不同的工作权限,并且每个操作员都应保守自己的口令秘密。但是在电算化实践中,(1)一部分单位虽然设置有不同的财务分工,却往往是一个操作员身兼数职,可以以不同的身份进入系统进行不同的操作,这样,财务分工的控制就名存实亡。(2)未经授权的计算机专业人员可以利用计算机技术和网络技术轻易地浏览各种数据文件,造成会计机密数据被泄漏。(3)会计数据文件大量地保存在磁性材料中,一旦发生火灾、水灾、盗窃之类的事件,就可能使全部数据丢失和毁损;同时磁性材料对外界环境的要求比较高,要防火、防水、防磁和防尘,对环境温度也有一定要求,因此增加了数据的脆弱性。如果不加强计算机会计信息系统数据安全方面的控制,数据丢失和毁损的可能性就会大大增加,并造成财务软件的程序控制失效。为了保证会计信息的安全性、可靠性,财政部曾制定了相关的规则,对财务软件必须具有的安全性做了一些具体规定和指导意见。

(二)差错的反复性和严重性

手工会计系统中数据处理环节分散于多个部门、多个员工,一个部门或人员的差错往往可以在下个环节发现和纠正。所以,一般情况下一定时间内差错重复发生的可能性不大,发生重大差错的可能性也不大。电算化系统数据处理自动化、集中化,再加上计算机运行的高速性、程序运行的重复性,使得处理结果一旦发生错误,往往就会在短时间内迅速蔓延,造成多种数据文件、账簿及整个系统的会计数据失真,并且可能使系统出现反复性差错。正如信息处理中的一句名言:"垃圾进,垃圾出",也就是说如果输入数据出错,以后的处理环节再正确,也只能输出错误的信息。电算化系统数据处理的高速性和集中性都使得出现差错的危险性增大,因此,计算机会计信息系统数据输入、数据处理各环节和系统硬件设施等方面都需要加强控制。

(三)管理和监督的有效性差

根据财政部的有关规定,以计算机代替手工记账的单位必须达到一定条件,并且需要经有关财政部门或上级主管部门的审批;运用互联网输出、输入或处理数据,还需要到公安部门登记注册。但是,实际上部分单位未经审批就直接采用计算机代替手工记账;更为严重的是,有些单位未能满足相关条件就正式使用计算机代替手工记账。例如,计算机和手工并行三个月且取得与手工相一致的结果是审批的必要条件之一,有些单位未完成这一环节、也未经审批,就直接实施了会计电算化。计算机代替手工记账的单位必须建立完善的电算化管理制度,有些单位虽然建立了内部管理制度,但徒有虚名并没有切实执行。例如,按职权分离原则,系统开发人员不应直接接触或者正式操作计算机会计信息系统,凭证的输入和复核人员必须由不同的人员执行,但有些单位系统开发人员则可以随时接触会计核算系统,甚至顶班操作;也有一些单位由同一个人按照不同的姓名口令进入系统去完成凭证输入和复核两项不兼容的工作。

四、计算机会计信息系统内部控制的加强和完善

计算机会计信息系统的内部控制实际执行了一部分审计工作,它是一项技术性强并相当复杂的工作,因此必须加强和完善计算机会计信息系统的内部控制,以保证系统的正常运行和财务数据的安全可靠,减少甚至消除可能发生的危害。提升单位或企业的整体管理水平,以保障单位或企业管理目标的实现,主要措施应有以下几个方面。

(一)强化风险意识

会计信息化是会计发展的必然趋势,与手工会计系统相比,计算机会计信息系统具有明显的优越性,但是电算化系统有不同于手工会计系统的特点及其风险,必须建立更加严密的、系统的内部控制制度。各级领导和财会部门、信息部门人员都应对会计信息化树立正确的思想认识,营造风险防范从我做起的氛围。目前,社会中计算机犯罪行为的增加,使我们更应认识到计算机会计信息系统加强内部控制的重要性。强化系统的内部控制,既是预防电脑犯罪的重要措施,也是减少差错的有效保障。

(二)在法规、准则制度上完善对计算机信息系统的内部控制机制的规范

目前,财政部已陆续颁布了一系列内部会计控制规范文件,但我国有关部门颁布的电算化方面的政策法规还不多,参照国际惯例,计算机会计信息系统内部控制的内容应以准则的方式对外发布。实施计算机会计信息系统的单位可以结合自身的特点,制定切实可行的内部会计控制制度及方法。财政部和主管部门应制定内部控制工作指南,对单位计算机会计信息系统内部会计控制工作提出指导和建议。

(三)加强与使用电算化系统有关的审批、评审和验收等工作的监督机制

使用计算机会计信息系统的单位必须具备几个基本条件,各级财政部门和业务主管部门应加强审批的各项管理措施,以保证实现会计电算化的单位都具有良好的内部控制制度,特别是对于商品化的财务软件,要加强对软件的评审管理。评审的内容主要是针对软件是否符合国家统一的会计制度,软件的安全性、可靠性以及软件的售后服务功能等方面。验收工作主要是检查与软件相配合的运行环境和管理制度的建立情况。

(四)人员控制

人员控制是电算化系统管理的根本,会计电算化人才的缺乏是制约我国会计信息化工作发展的关键环节。为此,首先要通过各种培训提高会计人员的计算机业务水平和职业道德水准、增强遵守各项法规的自觉性,实行考核合格才准上岗的制度;其次要通过各类院校培养既懂会计又掌握一定计算机知识及技能的专业人才充实到会计队伍中;第三,会计人员不仅要具备财会知识和计算机知识,同时还要掌握一定的管理知识;最后,业务主管应当熟悉整个会计电算化处理业务,以便对系统会计工作流程进行监控和指导。

总之,任何计算机系统都不是无懈可击的,任何规章制度也不是天衣无缝的,因此,完善有效的计算机系统及管理制度是计算机会计信息系统安全之本;提高会计电算化人员

素质,规范和完善计算机会计信息系统操作和管理章程,重视内部审计,增强数据安全意识,是当前强化计算机会计信息系统内部控制的关键问题。

第五节 计算机会计信息系统内部控制及其审计

内部审计是单位或企业内部控制系统的重要组成部分,也是强化内部会计监督的制度安排。计算机会计信息系统的运作往往是"人机"对话的特殊形态,对网络环境下的会计信息审核必须运用更复杂的查核技术,只有精通计算机网络知识、熟悉审计财务程序的人员才能胜任此项工作,这给内部审计加大了难度。内部审计制度是保障内部控制的重要手段之一,通过内部审计可以了解现有的一些内部控制措施是否能满足为内部会计系统提供准确、可靠的信息,以及这些控制措施能否有效地运作以达到预期的目的。在电算化系统运行过程中,审计人员对会计业务处理等工作进行评价和检验,有利于检测财务软件的可靠性,发现存在的问题、提出解决问题的建议,有利于提高会计核算质量和管理水平。

一、计算机会计信息系统环境下内部控制的研究与评价

(一)计算机会计信息系统的特征

审计人员在研究、评价内部控制及评估审计风险时,应当考虑计算机会计信息系统的以下特征:

(1)缺乏交易轨迹;
(2)同类交易处理的一致性;
(3)缺乏职责分工;
(4)在特定方面发生错误与舞弊行为的可能性较大;
(5)交易授权、执行与手工处理存在差异;
(6)其他内部控制依赖于计算机处理;
(7)有利于计算机辅助审计技术的利用。

(二)计算机会计信息系统内部控制

国际公认的计算机会计信息系统内部控制包括一般控制和应用控制两类。

1.一般控制

一般控制包括以下几项:(1)电子数据处理的组织和操作的计划;
(2)对系统或程序的设计、开发和变动的记录、审核、测试和批准;
(3)由制造商在设计内部所设置的控制("硬件"控制);
(4)对接触设备和数据文件的控制;
(5)对电子数据处理系统的运行有影响的其他数据和指令程序的控制。

2.应用控制

应用控制包括应用控制包括输入控制、数据处理控制和输出控制三个方面。

(1)输入控制是指电子数据处理部门要处理的数据均得到适当的批准、确认并转换成机器可读的形式,数据不会被遗失、隐瞒、添加、复制或其他不适当的改变等。

(2)数据处理控制是为了确保在计算机运行时,可以检查预先规定的事项,以发现、纠正和报告某些含有错误的输入,从而保证数据处理的可靠性和正确性。数据处理控制必须从计算机会计信息系统的硬件和软件两方面着手。

(3)输出控制是用以确保处理结果(如账户、报表、磁性文件、发票、支票等)的准确性,并确保只有经过批准的人员才能得到输出。

审计人员对计算机会计信息系统环境下内部控制的研究与评价步骤与手工环境下基本相同,一般也分为了解内部控制、对内部控制进行符合性测试和对内部控制做出评价三个步骤。

二、计算机会计信息系统内部控制审计的具体实施

(一)总体要求

审计人员应当考虑与计算机会计信息系统相关的安全性控制、交易完备性控制和流程整合。内部审计人员还应当考虑内部控制制度下列方面:

(1)在快速变化的电子商务环境中保持控制程序的完备性;

(2)确保能够访问相关记录,以满足被审计单位和内部审计的需要。

(二)会计信息系统安全性控制风险评价

内部审计人员应当考虑被审计单位安全基础架构和相关控制是否足以应对与电子商务交易的记录和处理相关的安全风险:

(1)有效使用防火墙和病毒防护软件;

(2)有效使用加密技术;

(3)对用于支持电子商务活动的系统的开发和运行的控制;

(4)当出现的新技术可能危害互联网安全时,现有的安全控制是否仍然有效;

(5)控制环境能否对所采用的控制程序提供支持。

(三)会计信息系统交易完备性控制风险评价

内部审计人员应当考虑交易完备性控制,包括被审计单位会计处理所依据信息的完整性、准确性、及时性以及是否经过授权。

内部审计人员针对会计系统中与电子商务交易相关的信息完备性所实施的审计程序,主要涉及评估用于采集和处理此类信息的系统的可靠性。在针对负责电子商务实施审计程序时,内部审计应当重点考虑在交易信息的采集和即时自动化处理中与交易完备性相关的自动化控制。

在电子商务环境中,与交易完备性相关的控制通常用于:

(1)验证输入;
(2)防止交易的重复记录或遗漏;
(3)确保在处理订单之前,交易双方已就交货条件和信用条件等交易条款达成一致;
(4)区分顾客的浏览和正式订单,确保交易的一方事后不能否认已达成一致的特定条款,必要时还应确保交易是与经核准的交易方进行的;
(5)确保所有步骤均已完成并得以记录,或拒绝未完成所有步骤的订单,以防止出现处理不完整的情况;
(6)确保交易的详细信息在同一网络内的多个系统之间适当分配;
(7)确保记录得到适当保管、备份和保护。

(四)会计信息系统流程整合风险评价

流程整合是指将多个信息技术系统集成,使之实质上如同一个系统运转的过程。内部审计人员应当关注被审计单位采集电子商务交易数据并将其传递至会计系统的方式可能对下列事项产生影响:

(1)交易处理和信息存储的完整性和准确性;
(2)销售收入、采购和其他交易的确认时点;
(3)有争议交易的识别和记录。
(4)针对电子商务交易与内部系统的集成实施的控制;
(5)针对系统改变和数据转换实施的控制。

(五)电子记录对审计证据的影响

内部审计人员应当考虑被审计单位实施的信息安全政策和安全控制措施,是否足以防止未经授权修改会计系统或会计记录,或修改向会计系统提供数据的系统。

在考虑电子证据的充分性和适当性时,内部审计人员可能需要测试自动化控制(如记录完备性检查、电子日戳、数字签章和版本控制),并根据对这些控制的评价结论,考虑是否需要实施追加大审计程序,比如向第三方函证交易细节或账户余额。

三、信息系统审计的审计流程

信息系统审计并不完全类似于财务报表审计。内部控制的评估可能在信息系统审计中进行,也可能不在其中进行。依赖内部控制是财务审计的一个独特特征。在财务审计中,对内部控制的评估是必要的,以便审计人员能够依赖内部控制,从而大大减少对公司财务报表形成意见所必需的测试量。另一方面,信息系统审计倾向于确定与信息资产相关的风险,并评估控制以减少或减轻这些风险。信息系统审计可以采取"一般控制审定"或"特定控制审定"的形式。关于信息资产的保护,审计的目的之一是通过回答以下问题来审查和评估组织的信息系统的可用性、保密性和完整性:

(1)组织的计算机系统是否在任何需要的时候随时可用?(可用性)
(2)系统内的资料只会向获授权用户披露吗?(机密性)

(3) 系统提供的信息是否始终准确、可靠、及时？（完整性）。

信息系统审计的绩效涵盖了我们客户财务和组织职能的几个方面。图 13-1 概述了信息系统审计流程：从财务报表到控制环境和信息系统平台。

信息系统审计主要是对组织层面信息技术控制、信息技术一般性控制及业务流程层面相关应用控制的审查和评价。

信息技术内部控制的各个层面均包括人工控制、自动控制和人工、自动相结合的控制形式，内部审计人员应当根据不同的控制形式采取恰当的审计程序。

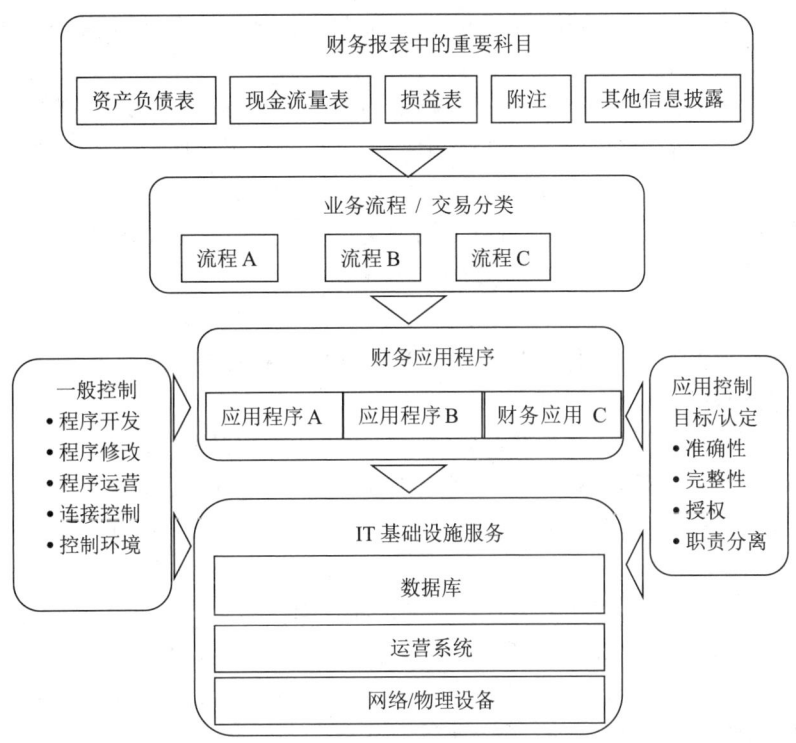

图 13-1　信息系统审计流程概述：从财务报表到控制环境和信息系统平台

组织层面信息技术控制，是指董事会或者最高管理层对信息技术治理职能及内部控制的重要性的态度、认识和措施。内部审计人员应当考虑下列控制要素中与信息技术相关的内容：

（1）控制环境。内部审计人员应当关注组织的信息技术战略规划对业务战略规划的契合度、信息技术治理制度体系的建设、信息技术部门的组织结构和关系、信息技术治理相关职权与责任的分配、信息技术人力资源管理、对用户的信息技术教育和培训等方面。

（2）风险评估。内部审计人员应当关注组织的风险评估的总体架构中信息技术风险管理的框架、流程和执行情况，信息资产的分类以及信息资产所有者的职责等方面。

（3）信息与沟通。内部审计人员应当关注组织的信息系统架构及其对财务、业务流程的支持度、董事会或者最高管理层的信息沟通模式、信息技术政策/信息安全制度的传达与沟通等方面。

(4)内部监督。内部审计人员应当关注组织的监控管理报告系统、监控反馈、跟踪处理程序以及组织对信息技术内部控制的自我评估机制等方面。

(一)信息技术的一般控制

信息技术一般性控制是指与网络、操作系统、数据库、应用系统及其相关人员有关的信息技术政策和措施,以确保信息系统持续稳定的运行,支持应用控制的有效性。对信息技术一般性控制的审计应当考虑下列控制活动:

(1)信息安全管理。内部审计人员应当关注组织的信息安全管理政策,物理访问及针对网络、操作系统、数据库、应用系统的身份认证和逻辑访问管理机制,系统设置的职责分离控制等。

(2)系统变更管理。内部审计人员应当关注组织的应用系统及相关系统基础架构的变更、参数设置变更的授权与审批,变更测试,变更移植到生产环境的流程控制等。

(3)系统开发和采购管理。内部审计人员应当关注组织的应用系统及相关系统基础架构的开发和采购的授权审批,系统开发的方法论,开发环境、测试环境、生产环境严格分离情况,系统的测试、审核、移植到生产环境等环节。

(4)系统运行管理。内部审计人员应当关注组织的信息技术资产管理、系统容量管理、系统物理环境控制、系统和数据备份及恢复管理、问题管理和系统的日常运行管理等。

(二)业务流程层面应用控制

业务流程层面应用控制是指在业务流程层面为了合理保证应用系统准确、完整、及时完成业务数据的生成、记录、处理、报告等功能而设计、执行的信息技术控制。对业务流程层面应用控制的审计应当考虑下列与数据输入、数据处理以及数据输出环节相关的控制活动:(1)授权与批准;(2)系统配置控制;(3)异常情况报告和差错报告;(4)接口/转换控制;(5)一致性核对;(6)职责分离;(7)系统访问权限;(8)系统计算;(9)其他。

信息系统审计除上述常规的审计内容外,内部审计人员还可以根据组织当前面临的特殊风险或者需求,设计专项审计以满足审计战略,具体包括(但不限于)下列领域:(1)信息系统开发实施项目的专项审计;(2)信息系统安全专项审计;(3)信息技术投资专项审计;(4)业务连续性计划的专项审计;(5)外包条件下的专项审计;(6)法律、法规、行业规范要求的内部控制合规性专项审计;(7)其他专项审计。

(三)信息系统审计的主要内容

信息系统审计主要有四个方面的内容:

(1)IT 治理(信息技术治理)审计——评价客户在 IT 方面的组织架构、政策、职责划分、运营管理与监督机制是否合规、是否达到公司治理种对 IT 方面的要求;

(2)信息系统建设生命周期管理审计——评价客户系统的开发、采购、测试、配置、使用、维护是否经济合理;

(3)IT 系统运行审计——评价客户 IT 服务质量是否达到所要求的等级级别是否有效地支持了企业业务;

(4)信息系统安全审计——评价客户是否建立了适当的安全体系(如政策、标准和控制),信息资产的机密性、完整性和有效性如何,是否在业务影响最小化情况下实现灾难恢复。

(四)信息系统审计的主要方法

内部审计人员在进行信息系统审计时,可以单独或者综合运用下列审计方法获取相关、可靠和充分的审计证据,以评估信息系统内部控制的设计合理性和运行有效性:(1)询问相关控制人员;(2)观察特定控制的运用;(3)审阅文件和报告及计算机文档或者日志;(4)根据信息系统的特性进行穿行测试,追踪交易在信息系统中的处理过程;(5)验证系统控制和计算逻辑;(6)登录信息系统进行系统查询;(7)利用计算机辅助审计工具和技术;(8)利用其他专业机构的审计结果或者组织对信息技术内部控制的自我评估结果;(9)其他。

信息系统审计人员可以根据实际需要利用计算机辅助审计工具和技术进行数据的验证、关键系统控制/计算的逻辑验证、审计样本选取等;内部审计人员在充分考虑安全的前提下,可以利用可靠的信息安全侦测工具进行渗透性测试等。

内部审计人员在对信息系统内部控制进行评估时,应当获得相关、可靠和充分的审计证据以支持审计结论完成审计目标,并应当充分考虑系统自动控制的控制效果的一致性及可靠性的特点,在选取审计样本时可以根据情况适当减少样本量。在系统未发生变更的情况下,可以考虑适当降低审计频率。

内部审计人员在审计过程中应当在风险评估的基础上,依据信息系统内部控制评估的结果重新评估审计风险,并根据剩余风险设计进一步的审计程序。

(五)相关工作人员的工作职责及应掌握的技能

组织中信息技术管理人员的责任是进行信息系统的开发、运行和维护,以及与信息技术相关的内部控制的设计、执行和监控;信息系统审计人员的责任是实施信息系统审计工作并出具审计报告。

从事信息系统审计的内部审计人员应当具备必要的信息技术及信息系统审计专业知识、技能和经验。必要时,实施信息系统审计可以利用外部专家服务。

信息系统审计可以作为独立的审计项目组织实施,也可以作为综合性内部审计项目的组成部分实施。当信息系统审计作为综合性内部审计项目的一部分时,信息系统审计人员应当及时与其他相关内部审计人员沟通信息系统审计中的发现,并考虑依据审计结果调整其他相关审计的范围、时间及性质。

内部审计人员应当采用以风险为基础的审计方法进行信息系统审计,风险评估应当贯穿于信息系统审计的全过程。

四、计算机辅助审计技术

(一)计算机辅助审计技术的含义

计算机在会计和管理领域中的运用使得审计人员所审的重要会计信息由计算机处理生成,这就产生了计算机信息系统环境下的审计[国际审计准则称之为"电子数据处理(EDP)环境下的审计"]。在计算机信息系统环境下,审计人员(包括内部审计)所采用的审计技术主要有以下三种:

1. 手工审计技术

在该种审计方式下,审计人员采用的是和非计算机信息系统审计相同的方法来审核评价内部控制,执行实质性测试程序,既不运用计算机进行审计,也不对计算机本身进行审计,把计算机仅仅看成是储存和处理数据的手段。审计人员在审计时首先检验输入数据,然后以手工形式验算处理过程,并将结果同计算机信息系统的输出进行对比并对发现的任何差异进行追查。这种审计方式是计算机信息环境下最原始的审计方式,审计人员并不需要掌握较多的计算机知识,只要具备以下三个方面的条件即可进行审计工作:(1) 取得非机器语言表达的原始文件;(2)文件应按审计之需归档;(3)输出资料的列举必须十分详尽,使审计人员可借此原始文件到输出或者相反方向追查每笔业务。

2. 测试数据技术

即在被审单位的计算机信息系统中处理审计人员的测试数据(模拟数据或经济业务抽样数据或以前处理过的数据均可)并将获得的结果同预定的结果相比较以确定被审单位的计算机程序能否正确处理所发生的有效或无效的经济事项。测试数据技术在复核被审单位数据处理系统及错误控制等方面都是有用的。

3. 审计软件技术

审计软件由审计人员使用的计算机程序所组成,作为他的审计程序的一部分,以处理来源于被审单位会计系统的重要审计数据。审计软件可以按不同的标志进行分类:

(1)按审计软件适用对象的多少分类可分为专用软件和通用审计软件。专用审计软件是为某一被审单位或某一审计项目而设计的计算机程序,通用审计软件是指可以从市场上购得的适用面广的商品化的计算机程序。

(2)按审计软件的内容和目的分类分为程序包、目的写入程序和实用程序。程序包,即一般化的审计软件,是指预定执行数据处理功能的综合计算机程序。该程序包括阅读计算机文件、选择信息、执行计算、生成数据文件,以及在审计人员规定的格式中打印报告等。目的写入程序,即专门化的审计软件,是预定在特殊情况下执行审计任务的计算机程序。这种程序可以由审计人员编制,也可以由被审计单位或审计人员委托的外部程序设计员编制。实用程序通常不是为审计目的设计的,所以,可能不包括诸如自动记录计数或总额控制功能。

审计软件技术的运用可以分为两个阶段。第一阶段是将审计人员控制的计算机程序装入被审单位的计算机系统内,由审计人员实施对被审单位的财务报表有关的内容的审计程序,如检查小计金额和总计金额,核查记录的质量、完整性、一致性和正确性,比较相互独立的文件中的数据,汇总或重新排列数据以进行分析,将公司记录和其他审计程序所得的数据进行比较,选取审计样本,打印询证函等。第二阶段是微机辅助审计阶段,即审计人员使用便携式微机到被审单位进行审计。使用微机作为审计工具和在被审单位的计算机信息系统中使用通用审计软件之间有着重要的区别。微机即使在被审计单位的数据没有电算化或被审单位的软件与审计人员的软件不相兼容时也常常使用,而通用审计软件只能是一种核实被审单位以机器语言表示的数据记录的方法,在审计软件与审单位的软件不相兼容时无法实施规定的审计程序。审计人员使用微机,使审计软件有了更加广泛的用途,如在微机上编制绝大部分审计工作底稿等,该项工作在不使用微机的情况下绝大部分需要手工完成,被审单位的计算机不可能让审计人员长时间占用的。

上述计算机信息系统环境下的三种审计技术的后两种,即测试数据技术和审计软件技术,统称为计算机辅助审计技术。

(二)计算机辅助审计技术的优势

同手工审计技术相比,使用计算机辅助审计技术具有下列优势:

(1)提高审计程序在取证方面的效率和效果。例如:①同样的取证成本利用计算机辅助审计可以检查某些经济业务的全部或大部分内容,而在手工审计技术下可能只能检查其中一部分内容;②在施行分析检查程序中,利用计算机辅助审计技术对经济业务和余额细数的检查以及对非常项目的报告打印可以比用手工方法更有效率;③利用计算机辅助审计技术可以实行附加的实质性测试程序,这比依赖内部控制和有关的符合性测试更有效率。

(2)在被审单位使用计算机信息系统的情况下,使用计算机辅助审计技术可以测试被审单位应用软件的正确性和适当性,能发现何处存在数据处理错误,而手工审计技术对看不见摸不着的审计程序束手无策,对不产生可见的审计的轨迹的数据处理也无法知道错在何处。

(3)计算机辅助审计技术的首次计划、设计、开发,通常可以为以后期间的审计服务,而手工审计技术往往在不同期间需要进行重复劳动,要查以前年度的档案很不方便。

(4)在执行审计的可用时间是有限的情况下,审计人员可以计划利用计算机辅助审计技术,这将比其他审计方式能更好地满足审计人员的时间要求。

(三)运用计算机辅助审计技术应注意的几个问题

(1)审计人员的计算机知识、专长和经验要与不同层次的计算机辅助审计技术相适应。当运用数据测试技术时,审计人员应该懂得被审单位应用软件和被应用的审计文件的详细知识以及数据处理和计算应用的知识;当运用审计软件进行复杂测试及高度自动化工作时,审计人员还应懂得鉴赏系统分析和操作系统并且应具有应用软件的经验。

(2)当被审单位计算机信息系统的一般控制不可靠时,审计人员应完成以下工作:①对一般控制中有缺点的区域进行记录分析,以确定这些缺点对计算机辅助审计技术的实际影响;②建立补偿控制程序,以加强薄弱区域,至少在计算机辅助审计技术使用期内应该如此;③复印有关数据,并在别的设施上实施计算机辅助审计技术。

(3)当在被审单位的计算机信息系统上使用计算机辅助审计技术无效时,审计人员应获取有关数据使用合适的计算机信息系统进行审计工作。

4.计算机辅助审计技术的应用应由审计人员进行控制,以便提供合理的保证,能够符合审计目标和计算机辅助审计技术的具体要求,并且保证该技术未被误用。具体控制措施包括三个方面:

一般使用控制,包括:①批准技术规范,并对含有利用计算机辅助审计技术的工作执行技术检查;②检查被审单位计算机信息处理的一般控制,保证计算机辅助审计技术运用的完整性;③经计人员输出资料和数据进入审计过程要保证适当的完整。

控制审计软件的开发和应用,包括:①确定和复查审计软件的目标;②控制审计软件的开发或维护;③测试审计软件;④保证所使用的是正确的计算机文件(例如复查诸如手工控制总数的外部凭证、操作系统和指令记录等);⑤取得审计软件已如计划那样起作用的证据(例如,查核输出和所控制的资料);⑥制定适当的安全措施以保护被审单位的数据文件不被操作。

控制测试数据的应用程序,包括:①监督和控制送交的测试数据;②对单项交易和全部交易事项,将实际测试数据的输出同事先确定的结果进行比较;③确认用来处理测试数据的计算机程序是经批准生产的版本,④评价在审计期间对计算机程序所做的变动,以确定对测试数据结果的影响。

(5)审计人员在运用计算机辅助审计技术时,应注意被审单位使用的是独立微型计算机还是联机计算机系统,两者对审计程序的要求是不完全相同的,要求审计人员根据具体情况增加或缩减相应的审计程序操作。

本章小结

会计电算化是对会计发展的一个历史的飞跃,由于采用了电子数据处理技术,计算机会计信息系统具有许多与手工会计系统不同的特点。本章阐述了计算机信息系统对内部审计的影响,计算机会计信息系统内部控制的特点及计算机会计信息系统内部控制审计的具体实施过程。通过本章的学习,要求学生了解计算机会计信息系统对内部审计的影响,理解计算机会计信息系统内部控制的特点及主要内容,了解计算机会计信息系统内部控制审计的具体实施。

复习思考题

1.与手工会计系统相比,计算机会计信息系统有哪些特点?
2.计算机会计信息系统在哪些方面对传统内部审计产生影响?
3.与手工会计系统相比,计算机会计信息系统内部控制有哪些特点?
4.计算机会计信息系统内部控制的主要内容是什么?
5.计算机会计信息系统内部控制审计应实施哪些具体程序?
6.为什么需要进行计算机会计信息系统的内部控制和审计?

本章练习题

一、单选题

1.以下哪个文件的丢失可能对制造业企业造成严重的后果?(　　)
　A.库存文件　　　　　　　　　　B.材料需求计划文件
　C.作业工艺路线文件　　　　　　D.物料清单文件
2.下列哪个信息系统审计目标要求审计人员关注专有软件被窃取的可能性?(　　)
　A.实现系统效果　　　　　　　　B.保存数据完整性
　C.实现系统效率　　　　　　　　D.维护资产安全

3.在基于计算机的信息系统中,对于职责分离的说法,最贴切的是（　　）。
A.总是以手工系统相同的方式进行职责分离
B.与手动系统相比,必须以不同的形式实现
C.不像在手工系统中那么重要,因为程序比职员出错少
D.通常很容易自动化,特别是在个人PC系统中

4.与手工系统相比,计算机系统中的错误后果往往更为严重,因为（　　）。
A.计算机系统中的错误往往是随机的
B.计算机系统比手工系统处理更多的数据
C.计算机系统中的错误是高速产生的,纠正和重新运行程序的成本可能很高
D.计算机系统的用户过于相信计算机输出的正确性

5.与手工系统相比,在计算机系统中（　　）。
A.基本内部控制目标改变了
B.控制的实施方法改变了
C.控制目标更难实现
D.内部控制原则发生改变

6.与手工系统相比,基于计算机的信息系统的资产和记录往往（　　）。
A.集中在一个地方
B.分散在多个的地方
C.集中程度大致相同
D.更集中在不同的地点,但价值更低

7.下列哪项不是以计算机为基础的信息系统对审计工作的影响？（　　）
A.证据收集往往较难执行
B.理解控制技术往往比较困难
C.通常很难追踪控制弱点的影响
D.审计的基本目标发生改变

8.下列哪项有关信息系统审计控制测试阶段的陈述是错误的？（　　）
A.一般控制通常在应用程序控制之前进行测试
B.在控制测试阶段结束时,审计人员重新评估控制风险
C.审核员在控制测试阶段关注重大的事务类
D.控制测试的主要目的是确定是否存在控制

9.如果审计人员使用通用审计软件重新计算发票上的金额（价格乘以数量）,他们进行的是（　　）。
A.分析评审程序　　　　　　　　B.理解内部控制的程序
C.交易细节的测试　　　　　　　D.控制测试

第十三章 内部审计报告

 学习目标(Learning Objectives)

1.熟悉内部审计报告的含义及作用;
2.熟悉内部审计报告的编制原则及要求;
3.掌握内部审计报告的主要内容及其分级复核制度;
4.了解审计结果沟通的意义、内容;
5.了解审计报告的呈报与保管要求。

第一节 内部审计报告的定义和编制原则

审计报告是审计的最终产品,既是记载审计人员实施审计情况的书面文件,也是审计人员与报告使用者传递信息的主要渠道,要内容真实、观点明确、简明扼要、通俗易懂,让报告使用者看得懂、用得上,不仅较好地服务于领导决策,而且能促进被审计单位的业务发展。

内部审计报告是内部审计人员根据内部审计计划对被审计单位实施必要的审计程序后,就被审计单位经营活动和内部控制的适当性、合法性和有效性出具的书面文件。作为内部审计活动最终的结果,审计报告对被审计对象的经营活动和内部控制进行了评价,并且提出了改进建议,是内部审计工作成果的最终体现,是内部审计人员与被审计单位、组织管理层和其他相关机构沟通、交流的媒介,同时也是内部审计活动增加组织价值、促进组织目标实现的一个重要工具。

从上个世纪 80 年代内部审计重新登上历史舞台以来,内部审计为我国社会主义市场经济健康、规范地发展做出了很大的贡献。但由于历史和现实的种种原因,相当一部分内部审计人员的素质和业务水平还不够高,内部审计业务程序也不够规范,在内部审计报告工作方面存在诸多不足,给内部审计工作造成了一定的影响。我国自 1987 年中国内部审计学会组建以来,一直非常重视内部审计的业务规范问题。2003 年 4 月 12 日,中国内部审计协会颁布了《内部审计具体准则第 7 号——审计报告》,从 2003 年 6 月 1 日起实施。制定该准则的目的在于对内部审计报告的质量要求、要素、内容、编制、复核、报送等相关问题进行规范,对内部审计人员出具审计报告提出明确的要求,有利于提高内部审计报告质量,有效地发挥内部审计的作用。

为了适应内部审计的最新发展,更好地发挥内部审计准则在规范内部审计行为、提升内部审计质量方面的作用,中国内部审计协会对2003年以来发布的内部审计准则进行了全面、系统的修订。全面修订的《中国内部审计准则》自2014年1月1日起施行。《第2106号内部审计具体准则——审计报告》中明确规定了编制内部审计报告的一般原则、内容以及编制、复核与报送等相关程序。

一、审计报告的含义

IIA在内部审计实务标准中没有专门对内部审计报告做出明确的定义。

我国根据《第2106号内部审计具体准则——审计报告》规定,审计报告是指内部审计人员根据审计计划对被审计单位实施必要的审计程序后,就被审计事项做出审计结论,提出审计意见和审计建议的书面文件。内部审计报告分为终结审计报告和中期报告。

(一)终结审计报告

终结审计报告是对被审计单位经营活动和内部控制适当性、合法性和有效性审查和评价的最终结果。该审查和评价活动是在审计计划的指导下进行的。

终结审计报告的形式一般采用非标准格式、非公布目的的详式审计报告。它应当对审计的概况、审计的依据、审计结论、审计决定、审计建议等做出详细说明。

终结审计报告的格式范例如下:

关于××公司内部会计控制的审计报告

××公司总经理:

为了配合公司今年年底组织的行业检查活动,内部审计人员临时调整了审计计划,组成了以王××为项目负责人的5人审计小组,对公司内部会计控制制度进行了局部审计,旨在通过自我评价消除内部控制的弱点,改善公司管理水平,争取在行业评比中获得优异成绩。内部审计人员的审计目标是测试内部会计控制方面是否存在漏洞,寻找与同行业其他企业的差距。审计涉及的期间是20××年1月1日至20××年12月31日。审核的范围包括会计制度设计、会计核算程序、会计工作机构和人员职责、财务管理制度等方面。

内部审计人员按照内部审计准则的规定,计划和实施本项目内部审计工作,并采用了内部审计人员认为应当采用的必要的审计程序。根据抽查结果,内部审计人员认为下列情况应当予以关注:

1.没有定期对银行账单进行调节。截至内部审计人员进行审计时,银行对账单的调节工作已经延误了四个月,严重削弱了公司对资金安全性的控制。(见附件第××页)

2.由于没有设置投资收益账户上舞弊行为的控制程序,导致超过200000元的股利被非法挪用。(见附件第××页)

3.……(其他审计发现)

除上述问题外,内部审计人员认为,组织管理层对内部会计控制的设计在整体上是符合公司实际情况的,其运行取得了预期的效果。

内部审计人员认为,上述问题发生的主要原因是相关职位人员配备不足,不相容职务未予以分离。建议财务部门健全资金控制制度,并招聘一名有经验的会计人员充实相关职位。

附件:1.××
   2.××
   3.××

审计项目负责人:×××
审计小组成员:×××、×××
××审计机构(签章)
××××年××月××日

(二)中期审计报告

在某些特殊情况下,内部审计人员在实施必要的审计程序后,根据需要提交中期审计报告,以便组织适当管理层及时采取有效的纠正措施改善经营活动,完善内部控制。

中期报告一般应用于以下情况:

(1)审计项目的实施周期比较长,需要进行阶段性的总结或汇报;

(2)审计人员在审计过程中发现了一些重大问题,有必要马上进行报告;

(3)组织管理层需要马上了解某些情况;

(4)被审计期间比较长;

(5)突发事件引起特殊要求;

(6)其他需要提供中期审计报告的情况。

与最终的审计报告相比,中期报告能够及时反馈信息,导致快速的行动,并且由于被审计单位可能因此采取了纠正措施,在所有审计程序结束后的终结报告的审计意见将会更令人满意。

由于中期报告是特定情况下出具的报告,内部审计机构可以根据实际情况,自行确定报告的形式。

(1)书面报告,可以采取简单的报告,也可以采取备忘录的形式等。

(2)口头报告,可以直接向相关人员汇报,也可以以会议、座谈等内部审计人员认为可行的方式。

但是,中期报告并不能取代最终的审计报告,在所有审计程序执行完毕后,内部审计人员依然要按要求出具正式的终结审计报告。

以下列示中期审计报告的格式。

关于"出纳付款程序"的中期审计报告

××公司总经理：

从正在进行的公司××××年度财务收支审计中，内部审计人员发现公司财务部付款内部控制存在严重缺陷。出纳员××保管着公司财务专用章及财务经理私章，可随时支取款项。内部审计人员在初步审核中，已经发现未经审批的付款××笔，共计××万元。如果不采取紧急措施，将可能导致更大的舞弊风险。

根据上述情况，内部审计人员建议财务经理收回相关印鉴，对每一笔公司款项的支付进行严格审核后才能签发，同时责成出纳员说清××万元款项的去向，采取各种手段追回款项，并建议临时停止出纳员的职务工作。

附件：1.××
　　　2.××
　　　3.××

审计项目负责人：×××
审计小组成员：×××、×××
××审计机构（签章）
××××年××月××日

二、内部审计报告的作用

企业内外部环境的变化，导致企业内部受托管理责任关系复杂化和领域、内容、重点的变化，使得对管理控制的需求日益强化，包括董事会对高层管理当局、高层管理当局对各管理责任中心、管理当局履行受托管理责任和实施有效控制，等等。因此，内部审计作为董事会及其审计委员会和最高层管理当局实施控制的手段，在企业管理尤其是风险管理、内部控制以及公司治理有关方面，组织运营中的地位和作用日趋突出，成为企业兴衰成败的重要因素。审计发现如何传递，审计成果如何利用，舞弊风险如何防范，所有这一切将直接关系到内部审计在风险管理监督体系中的存在价值和作用。而内部审计报告作为内部审计工作的最终成果，是内部审计活动的客观描述和结晶，也是内部审计机构和人员向组织管理层汇报审计工作的主要方式。具体而言，内部审计报告的作用主要体现在以下几个方面：

(1)通过内部审计报告全面总结内部审计过程和结果，及时反馈内部工作完成情况；

(2)通过内部审计报告客观评价被审计组织的经营活动及其内部控制状况，并有针对性地提出审计意见和建议；

(3)通过内部审计报告及时与组织适当管理层沟通情况，认真指导组织适当管理层开展各项工作，以利于组织适当管理层纠错防弊，积极改善经营管理，完善内部控制，提高经济效益。

(4)撰写和发布内部审计报告是整个内部审计工作最重要的环节之一，内部审计报告的质量也是组织评价内部审计机构和人员工作业绩，控制内部审计工作质量的重要依据。

三、审计报告的编制原则及要求

(一)审计报告的编制原则

审计报告的质量是内部审计活动能否正常发挥作用的关键,是内部审计价值的体现。内部审计报告准则第五条规定:"审计报告应当客观、完整、清晰、及时、具有建设性,并体现重要性原则。"

1.客观性原则

客观性是指审计报告应基于客观的立场,以客观事实为依据,不掺杂个人的主观愿望,不为被审计单位或第三者的意见所左右,根据确凿、充分、适当的证据,实事求是、不偏不倚地反映审计事项,做出客观、公正的审计结论。审计结论、审计意见和审计建议,都应该做到不带个人的好恶或成见、偏见。只有客观的审计报告才能获得使用者的信赖。

2.完整性原则

客观性审计报告应当做到要素齐全,叙述事实完整,格式规范,不遗漏审计中发现的重大事项,审计结论完整。

3.清晰性原则

审计报告应做到富有逻辑、突出重点、简明扼要、观点明确。避免使用不必要的过于专业性、技术性的复杂语言;语言要表达准确,不能含糊其辞或故意采用两可之辞;应使用简单明了的语言,使内部审计报告便于理解。

4.及时性原则

在执行审计项目时,内部审计人员应提高效率,及时完成审计项目并尽快提交审计报告,使审计发现的问题能够及时得到解决,审计建议能尽快得以落实。审计报告的目的在于告知组织的管理层被审计单位存在的问题并提出相应的建议,以便及时控制风险、解决问题。如果缺乏时效性,审计报告的意义也就不复存在了。

5.实用性原则

审计报告所提供的信息,应当有利于解决经营管理中存在的重要问题,并有助于组织实现预定的目标。

6.建设性原则

审计报告不仅应当发现问题和评价过去,而且还应能解决问题和指导未来。审计报告中所提出的审计建议,应该符合被审计单位的客观实际,应该是切实可行的,有助于改善、纠正问题,有助于促进组织目标的实现。

7.重要性原则

在形成审计结论与建议时应充分考虑审计项目的风险水平和重要性,对于被审计单位经营活动和内部控制中存在的严重差异和漏洞以及审计风险高的领域,必须在审计报告中重点详细说明。

同时,内部审计人员还要考虑所做审计建议的成本与效益的对比。

(二)审计报告的编制要求

《第2106号内部审计具体准则——审计报告》规定,内部审计报告应当体现内部审计

项目目标的要求,并有助于组织增加价值。审计报告的编制应当符合下列要求:

(1)实事求是、不偏不倚地反映被审计事项的事实;

(2)要素齐全、格式规范,完整反映审计中发现的重要问题;

(3)逻辑清晰、用词准确、简明扼要、易于理解;

(4)充分考虑审计项目的重要性和风险水平,对于重要事项应当重点说明;

(5)针对被审计单位业务活动、内部控制和风险管理中存在的主要问题或者缺陷提出可行的改进建议,以促进组织实现目标。

第二节 审计报告的主要内容

《第2106号内部审计具体准则——审计报告》对内部审计报告的各个组成要素和正文的主要内容做出了明确的规定。

一、审计报告的基本要素

审计报告主要包括下列要素:

(一)标题

审计报告的标题应当包括被审计单位名称、审计事项的主要内容和时间。

(二)收件人

审计报告的收件人应当是被审计单位和组织适当管理层。审计报告应当载明收件人的全称。

(三)正文

在通常情况下,审计报告的正文内容应由审计概况、审计依据、审计发现、审计结论、审计意见、审计建议等部分组成。但是由于审计对象和审计类型的变化,审计报告的内容并非一定完全由以上部分组成,内部审计人员可视具体审计项目的情况决定审计报告的内容,但仍应至少对审计目的、审计范围和结论做出说明。

(四)附件

审计报告的附件,应当包括对审计过程与审计发现问题的具体说明、被审计单位的反馈意见等内容。在审计报告的正文中,主要是对审计过程和审计发现的重点问题进行概括性的介绍,在附件中,应对整个审计过程和审计发现的各类问题进行比较详细的说明和介绍,使报告使用者可以在必要的时候通过附件内容对整个审计项目进行全面的了解。此外,在审计报告的编制过程中,审计人员应当就审计结论、审计意见和建议与被审计单位进行必要和适当的沟通、协调,对于被审计单位的反馈意见,应当作为附件的一部分,让报告使用者同时了解被审计单位的意见和立场。

(五)签章

审计报告应当由内部审计机构签章。

(六)报告日期

报告日期应当是内部审计人员完成审计工作的日期。

(七)其他

二、审计报告正文的主要内容

在通常情况下,审计报告的正文内容应由审计概况、审计依据、审计发现、审计结论、审计意见、审计建议等部分组成。但是由于审计对象和审计类型的变化,审计报告的内容并非一定完全由以上部分组成,内部审计人员可视具体审计项目的情况决定审计报告的内容。但仍应至少对审计目的、审计范围和结论做出说明。

(一)审计概况

审计概况部分应交代本次审计活动的立项依据、审计目的和范围、审计重点和审计标准等内容。

审计概况部分应当交代本次审计活动的立项依据,即根据实际情况说明审计项目的来源,包括审计计划安排的项目、有关机构(外部审计机构、组织有关部门)委托的项目、根据工作需要临时安排的项目及其他项目等。

同时,应清楚、详细地陈述本次审计的目的,以帮助报告的使用者了解可以从报告中所获得的内容,且能够帮助他们很容易地找到所需要的信息。

对于审计项目的审计范围,应进行说明,如果存在未进行审计的领域,应在报告中指出,特别是某些受到限制无法进行核查的项目,应说明受限制无法审查的原因。如果有某些项目受到限制而未在报告中指出,可能会造成报告的使用者误以为审计人员已经对审计项目涉及的所有内容全部进行了审计。

另外,应结合审计目的和被审计对象的实际情况,就此次审计项目的重点、难点进行说明,并说明针对这些困难采取了何种措施及其产生的效果,也可以对审计中所发现的重点问题做出简短的叙述及评论。

审计标准是审计人员对经营活动和内部控制做出审计判断的依据。在财务审计中的审计标准主要是会计准则和会计制度,这是国家已经做出统一规范的。管理审计中的审计标准往往没有统一的规范,需要组织管理层根据组织情况制定适当的标准。例如,在经济性审计中的审计标准主要是组织管理层已经制定的各种计划、预算、业务标准和技术标准等。

(二)审计依据

审计依据是审计人员在履行审计职责时做出审计判断和进行审计处理的标准,包括实施审计所依据的相关法律法规、内部审计准则等规定。在审计报告中应声明内部审计是按照内部审计准则的规定实施的。内部审计准则是内部审计人员在实施内部审计活动中必须遵循的执业规范,是保证内部审计工作质量的重要保障,因此审计报告中应声明这个重要的审计依据。但是由于每个审计项目的具体情况不同,当确实无法按照准则要求执行必要的程序时,应在审计报告中陈述理由,并就此可能导致的对审计结论、审计决定和整个审计项目质量的影响做出必要的说明。

(三)审计发现

审计发现是内部审计人员在对被审计单位的业务活动、内部控制和风险管理的检查和测试过程中所得到的积极或消极的事实,一般应包括下述内容:

(1)所发现事实的现状及审计发现的具体情况;
(2)所发现事实应遵照的标准,如政策、程序和相关法律法规;
(3)所发现事实与预定标准的差异;
(4)所发现事实已经或可能造成的影响;
(5)所发现事实在目前状况下产生的原因(包括内在原因与环境原因)。

(四)审计结论

审计结论是指内部审计人员根据已查明的事实,对被审计单位业务活动、内部控制和风险管理所做的评价。审计结论部分是审计报告中的重要组成部分。在做出审计结论时,应针对本次审计的目的、原因,根据已掌握证据和已查明事实,对被审计单位的业务活动、内部控制和风险管理做出评价,并应就本次审计最终是否达成预期的目标做出说明。

审计人员在提出审计结论时,应列示有证明力的事实作为结论的支持。同时,如果被审计单位内部控制良好,组织管理有序、高效,审计人员也应对被审计单位良好的运作情况进行适当的赞誉,特别要避免在审计报告中仅反映被审计单位的缺点及不足之处,而不反映优点和进步之处。这也有益于内部审计人员与被审计对象之间建立良好的合作关系。

(五)审计意见

审计意见是内部审计人员针对审计发现的主要问题提出的处理意见。

(六)审计建议

审计建议是审计人员针对审计发现的主要问题,提出的改善业务活动、内部控制和风险管理的建议。审计建议的基础是内部审计人员的审计发现和审计结论。审计建议的目的在于帮助组织的管理层对审计发现的问题做出改进或纠正。但是审计建议的采纳与否,取决于管理层对综合情况的理解和判断。

审计人员在提出建议时,应充分考虑被审计单位所处环境及建议执行的成本,以确定实施审计建议所带来的效益是否大于实施成本。

审计建议可以是具体、详细的纠正措施或改进方案,也可以是概括性的综合意见,或者也可能仅仅是建议组织适当管理层进行调研等。

三、审计报告分级复核制度

为了确保审计质量,提高审计工作效率,减少差错,及时发现和解决问题,避免或降低审计风险,内部审计机构应该建立健全审计报告分级复核制度,在提交最终的审计报告之前,应对审计报告的编制进行分级复核,并明确规定各级复核的要求和责任。

(一)复核人

复核工作应由内部审计机构的负责人或其指定的具有丰富经验的人员承担。审计报告的最终复核人应由内部审计机构的负责人担任。具体设置多少个级别的复核层次,视审计项目的复杂程度和内部审计机构的规模、人员配备等各种因素而定。

(二)复核的基本内容

复核人应对审计工作底稿进行综合、全面的复核,复核的基本内容包括:

(1)检查是否实施所有必要的审计程序,运用的审计方法是否恰当有效,是否遗漏重要的事项;

(2)所收集的审计证据是否达到标准,审计依据是否恰当,审计判断是否准确,是否支持最终的审计结论、审计决定、审计建议;

(3)审计报告中的审计结论、审计决定、审计建议是否明确、恰当,是否存在错误表述。

四、审计报告的相对保证

组织的经营活动和内部控制是内部审计的主要审计对象,由于这些审计对象自身的局限性,即使是设计完善的内部控制,也可能由于内部人员的串通或者工作人员的疏忽等原因而失效,因此,审计风险总是客观存在的。

同时,内部审计人员只能对所审查的对象在合理的水平上进行抽样审计,而不可能对所有项目都进行详细审计。抽样审计方法也决定了审计人员不可能发现审计事项中存在的所有错误。因此,内部审计人员对被审计单位的经营活动和内部控制做出的评价并不能保证绝对正确,只能是其适当性、合法性和有效性的相对保证。

因此,审计报告准则第七条规定:"审计报告是对被审计单位经营活动及内部控制的适当性、合法性和有效性所做出的相对保证。"

第三节 审计结果的交流与沟通

一、审计结果沟通的性质

(一)审计结果沟通的含义及目的

《第2105号内部审计具体准则——结果沟通》第二条对结果沟通的定义做了规定:"本准则所称结果沟通,是指内部审计机构与被审计单位、组织适当管理层就审计概况、审计依据、审计发现、审计结论、审计意见和审计建议进行的讨论和交流。"

审计结果沟通的目的是提高审计结果的客观性、公正性,并取得被审计单位、组织适当管理层的理解和认同。内部审计机构,可以与被审计单位、组织适当管理层进行结果沟通,听取对方的意见,从不同角度去检验审计结论和建议,对可能存在的错误或不当之处进行修正,以保证审计结果的客观、公正。同时,在与被审计单位、组织适当管理层的交流中,争取对方的理解和支持,以确保审计结论和建议的落实和贯彻。可见,审计结果的交流与沟通是内部审计机构与被审计单位、组织及适当管理层交流看法,并取得理解和支持的过程,是内部审计机构与被审计单位建立良好人际关系,推动内部审计工作顺利进行的一个重要环节。审计概况、依据、发现、结论、意见或建议都是审计报告的内容,在正式提交审计报告之前,就这些内容和被审计单位、组织适当管理层进行沟通,能够确保审计结果的客观、公正,促进审计结论和建议的落实和贯彻。

内部审计机构应当建立沟通制度,使内部审计人员与被审计单位、组织适当管理层等相关主体及时、有效的沟通成为内部审计活动中必不可少的工作。在组织规模较大或者审计工作涉及人员较多的情况下,条件具备时,内部审计机构可以针对具体的审计项目制定沟通计划。根据具体审计项目的审计目的,充分考虑沟通目的、沟通内容、沟通方式和沟通对象,事先进行沟通的规划,以便于内部审计人员遵照执行。

被审计单位应当配合内部审计机构,认真、充分地进行沟通,并及时向内部审计机构反馈意见。被审计单位的配合,不仅有助于确保审计结论客观、公正,而且有助于内部审计机构针对审计中发现的问题提出合理、可行的审计建议。

(二)审计结果沟通的意义

内部审计人员的工作贯穿于整个组织,需要与组织内部的各个部门打交道,以测试和评价他们的工作,并将审计中发现的问题和改进建议向适当管理层报告。出具内部审计报告的目的就是为了促使组织适当管理层及时纠正在审计中发现的问题,进一步完善内部控制制度。加强与被审计单位之间的结果沟通,有助于避免审计双方发生不必要的冲突,或在冲突发生之后,缓解冲突造成的损害,实施有效的冲突管理;内部审计人员倘若能够取得被审计单位对审计结果的理解和支持,将有助于审计结论和建议的贯彻落实。而加强与适当管理层的沟通,有助于提醒管理层对审计发现问题严重性和审计建议可行性的认识,进而督促被审计单位及时采取纠正措施,改善自己的营运和管理。取得管理层尤其是最高管理层对内部审计结果的理解和支持,是有效开展内部审计工作的重要保证。因此,内部审计人员对在审计中发现的问题和提出的改进建议首先要与被审计单位及组织适当管理层进行沟通,对与被审计单位之间存在的冲突或不同意见,更需要通过及时交流与沟通以消除误会或达成一致意见,然后再撰写正式的审计报告,以确保内部审计报告的可信度。

(三)审计结果沟通的方式

根据准则规定,审计结果沟通一般采取书面或口头方式,也可采用其他适当方式。沟通常见的方式有书面沟通和口头沟通两种。

书面沟通的优点在于沟通的信息通过书面形式可以得到清晰、明确地表达,当书面信息内容比较复杂,或者信息量较多时,读者可以有充裕的时间进行研究和思考;书面沟通的资料容易归档保管。缺点则是当读者在阅读书面资料时,如果存在疑问,可能得不到及时解答,并可能因此而造成误解,使沟通的效果和效率受到影响。

口头沟通的优点在于内部审计人员可以得到很快的反馈,可以及时听取对方的意见和建议,并可立即做出回答和解释。缺点在于交流时可能有多种噪音,会影响听者的信息接收和处理。另外,口头沟通的信息在发出前不可能像书面资料那样得到充分的编辑和修改,可能会传达出错误的信息,而且口头沟通的信息无法存档。

书面沟通和口头沟通是常见的两种沟通方式。此外,内部审计人员还可以通过图片等其他适当的方式与被审计单位、组织适当管理层等进行沟通。

(四)审计结果沟通的时机

根据准则规定,内部审计机构与人员应在审计报告正式提交之前进行审计结果的沟通工作。

审计结果沟通应当在内部审计人员正式提交审计报告之前进行。这是为了保证审计结果的客观、公正,保证审计工作的质量。在审计报告正式提交之前,内部审计机构与被审计单位、组织适当管理层进行及时、充分的沟通,可以避免因疏忽或者失误而形成错误的审计结论和建议。

二、审计结果沟通的内容

(一)IIA 的相关规定

IIA 的《内部审计实务标准(2003 年修订)》并没有单独制定结果沟通准则,但是在内部审计实务标准第 2240A1《公布审计结果》中对结果沟通相关事项做出了规定。具体规定如下:

(1)在发布最终审计结果之前,内部审计师必须向适当层次的管理人员征求对审计结论和审计的意见。

(2)对审计结论和建议的讨论通常是在审计过程中或审计结束后召开的会议(撤出会谈)上进行的。另一种方式是由被审计部门提供澄清具体问题和表达他们对审计发现、结论和建议的机会,从而有助于保证不会对事实产生误解和扭曲。

(3)对参与结果沟通的人员做出规定。标准规定虽然参与讨论和审阅的管理人员的层次可以依据机构和报告的性质而有所变化,但他们通常是了解业务详细情况和有权执行纠正措施的人。

2004 年 5 月国际内部审计师协会新出台 2 个实务公告,并对原来的 5 个实务公告进行了修订。此次修订对沟通结果的相关规定的改动如下:

(1)新准则规定,审计结束前应将审计工作的结果与客户进行沟通。沟通"应包含内部审计师的总体审计意见或结论。内审师应将绩效良好的人员和部门的相关信息告知管理层。"

(2)《内部审计实务标准》在对《实务公告 1310-1:质量项目评价》进行修订时增加了对结果沟通方面的规定。准则规定为了提高责任性和透明度,审计执行主管应当与不同的利益相关方分享内部质量项目评价结果,例如高级管理层、董事会和外部审计师。

(3)修订后的《实务公告 1311-1:内部评价》增加了对结果沟通方面的规定。准则规定内部控制检查的初步结果应当在评价过程实施期间以及做出结论时与审计执行主管进行讨论,最终结果应当报告审计执行主管和其他批准开展检查工作的人员,最好直接送交高级管理层和董事会的合适成员。

同时准则对内部沟通结果报告的内容做出规定:在评分基础上,对内部审计部门遵守标准的情况发表意见;如未能直接送交有关材料,审计执行主管应当就检查结果与高级管理层和董事会的合适成员交换意见,同时还包括对重大事项的计划纠正措施以及这些计划措施完成后的信息。

(二)我国内部审计准则的相关规定

《第2105号内部审计具体准则——结果沟通》第4~6条明确指出,为了提高审计结果的客观性、公正性,并取得被审计单位、组织适当管理层的理解和认同,要求内部审计机构应当建立审计结果沟通制度,明确各级人员的责任,进行积极有效的沟通,内部审计机构应当与被审计单位、组织适当管理层进行认真、充分的沟通,听取其意见。

根据准则规定,内部审计机构与被审计单位、组织适当管理层沟通的主要内容包括以下几个方面:

(1)审计概况,是指对本次审计活动的立项依据、审计目的和范围、审计重点和审计标准等内容的概括说明。

(2)审计依据,是指内部审计人员所遵照执行的内部审计准则。

(3)审计发现,是指内部审计人员在对被审计单位的业务活动、内部控制和风险管理的检查和测试过程中所得到的积极或消极的事实。

(4)审计结论,是指内部审计人员根据已查明的事实,对被审计单位业务活动、内部控制和风险管理所做的评价。

(5)审计意见,是指内部审计人员针对审计发现的主要问题提出的处理意见。

(6)审计建议,是指审计人员针对审计发现的主要问题,提出的改善业务活动、内部控制和风险管理的建议。

这些沟通内容大致可以概括整个审计项目的总体状况,让相关主体了解整个审计项目的来龙去脉。

(三)现场审计结束前与被审计单位的沟通

《第2105号内部审计具体准则——结果沟通》第11条规定:"内部审计机构应与被审计单位进行审计结果沟通。被审计单位对审计结果持有异议,审计项目负责人及相关人员应进行研究、核实。"内部审计机构通过与被审计单位的沟通,可以听取被审计单位对审计中发现的问题的解释,并了解他们对审计结论和建议的意见。如果内部审计人员发现由于自己的疏忽和失误导致审计结论和建议存在错误,就应当及时进行更正。与此同时,在交流的过程中,内部审计机构可以向被审计单位解释自己的立场、形成审计结论的依据以及所提审计建议的原因,争取被审计单位的理解和支持。只有这样,才有助于审计结论和建议的最终落实和贯彻。

在审计项目的实施过程中,内部审计人员应注意加强与组织适当管理人员及被审计单位的相关人员的交流。审计项目负责人应在实施必要的审计程序后,编制审计报告,并就审计报告中所提出的审计结论、审计建议等与组织适当管理层进行沟通和征求意见。这是内部审计项目过程必不可少的一个环节。一般情况下,在现场审计结束前,内部审计人员应与组织适当管理层通过召开"撤点会议"讨论在审计中发现的问题和提出的改进建议。"撤点会议"是内部审计人员在正式签发内部审计报告前针对内部审计报告内容与组织适当管理层之间的一次正式沟通,其目的是取得组织适当管理层对审计中发现的问题和提出的改进建议的认可,特别是要得到组织适当管理层对审计中发现的问题和问题产生原因的确认。讨论的重点在于弄清问题的实质,在不影响对问题实质的确认和理解的情况下,内部审计人员可以考虑按更易于被组织适当管理层接受的表达方式来调整内部审计报告。另一方面,"撤点会议"也是内部审计人员显示自身价值、提供富有建议性专业服务的好时机,有利于内部审计机构和人员更好地协助组织管理层促进组织目标的实现,为组织创造价值。同时,通过这种深层次的沟通和讨论,有利于内部审计机构和人员与被审计组织建立更好的合作关系。

内部审计机构与被审计单位进行结果沟通时,应注意沟通技巧,进行平等、诚恳、恰当、充分的交流。沟通是一种双向的交流,因此进行结果沟通的内部审计人员应当能够清晰、完整地表达自己的想法,能够让对方充分理解自己所要表达的信息,同时,也应当认真听取对方的想法和意见,能够理解对方所传达出来的信息。在沟通前,应当进行充分的准备,确定所要表达的信息内容,并考虑需要从对方获取哪些信息。此外,还应当注意沟通的时间和地点,并根据沟通对象的特点,采取适当的沟通方式,这样才能保证良好的沟通效果。

(四)与组织适当管理层的沟通

《第 2105 号内部审计具体准则——结果沟通》第 11 条规定:"内部审计机构负责人应与组织适当管理层就审计过程中发现的重大问题及时进行沟通。"内部审计机构与组织适当管理层的沟通,主要是汇报在审计过程中发现的重大问题,向他们征求对审计结论和审计建议的意见,以及解释相应审计结论和建议的合理性和必要性。因为组织适当管理层是可能采取纠正措施的人,他们通常能够对内部审计人员在审计中发现的问题采取措施予以解决或者能够确保措施的执行,向他们征求这方面的意见,可以保证结论或建议的可行性等。因此取得组织适当管理层的理解和支持是促使内部审计工作有效开展的保证。而与被审计单位相关人员的交流,则可以给被审计单位一个就具体问题进行解释澄清的机会。因为被审计单位最了解业务的具体情况,在具体问题背后,是否存在着某些客观因素导致了问题的产生。只有与被审计单位进行交流,才可能防止内部审计人员做出错误的判断及得出错误的结论和建议。

当然,内部审计人员在内部审计报告中提出的审计结论、审计意见和建议应当在审计过程中就已经开始与相关方面进行讨论和协商,而不是突然在报告中提出。

如果被审计单位对审计报告持有异议的,审计项目负责人及相关人员应进行研究、核实。确实属于内部审计人员对某些问题存在错误的判断时,应及时进行调查、复核,必要时应修改审计报告。审计报告经过必要的修改后,审计项目负责人应及时将审计报告送内部审计机构负责人复核。

此外,由于被审计单位对问题的解释说明及意见有助于报告使用者理解审计报告,内部审计人员还应当在报告附件中附上被审计单位的反馈意见。

第四节　审计报告的呈报与保管

一、审计报告的呈报

在审计报告完成之后,内部人员应将审计报告送交相关人员,呈报对象主要包括:被审计单位;组织适当的管理层;组织外部相关机构和人员。

(一)被审计单位

被审计单位是审计报告的基本收件人之一。在将审计报告送交被审计单位时,应要求被审计单位及时采取纠正措施,在规定的期限内解决审计中发现的问题。

(二)组织适当的管理层

组织适当的管理层主要是指主管内部审计机构的管理层、主管被审计机构的管理层以及有权对审计发现问题采取纠正措施或能对采取纠正措施做出指示的管理层。必要时,也可以将报告呈送给董事、监事等相关人员。

(三)组织外部相关机构和人员

组织外部相关机构和人员,主要是指国家审计机关或独立审计组织出于利用内部审计成果的目的,可能会向组织的内部审计机构提出取得审计报告的要求。内部审计机构应根据具体情况,决定是否将内部审计报告送交组织外部的相关机构和人员,或者是将审计报告的部分内容呈送组织外部的相关机构和人员。在做出决定时,应考虑的因素主要有:

(1)外部机构、人员需要内部审计报告的用途是否合法、合理,是否会危及组织的相关利益。

(2)外部机构、人员是否承诺对组织的信息和资料负有保密责任。

(3)应对外部机构、人员进一步扩散内部审计报告所含信息进行限制。

在决定对外报送内部审计报告时,须经内部审计机构负责人或组织适当管理层的批准程序后才能送出。但是法院、检察院或其他有权部门依照法律进行查阅的除外。

二、审计报告的保管

审计报告是重要的审计资料,内部审计机构应当及时地将审计报告归入审计档案,按照内部审计机构制定的审计档案管理制度加以妥善保存。可以考虑对审计报告进行编号存档,以便于管理与查找。

(1)内部审计机构应建立有关制度,限制未经批准的人员随便接近审计报告。

(2)内部审计机构应建立审计报告的借用登记制度,防止借出的审计报告遗失。

三、内部审计报告范例

不同类型的内部审计业务,其报告格式略有不同,以下格式仅供参考。

(一)范例一:常规内部审计报告

关于××百货商场 2005 年度财务收支的审计报告

××股份有限公司董事会:

根据(2006)审字第 10 号《审计通知书》,我们于 2006 年 3 月 15 日至 3 月 20 日对××百货商场 2005 年的财务收支情况进行了审计。我们的审计是按照《中国内部审计准则》进行的。在审计过程中,我们根据《企业会计准则》和《企业会计制度》,审查了该商场 2005 年度资产负债表、利润表、现金流量表和有关财务收支的账簿,抽查了年度内的有关记账凭证和原始凭证,盘点了库存现金和存货,按照审计计划如期完成了审计任务。经审计查明:该商场 2005 年度尽管经营业务有所发展,较好地完成了商业任务,但由于财经法纪观念不强,财会工作薄弱,仍存在内部控制制度执行不严,会计处理不及时,财务收支不真实等错弊行为。审计发现并落实的有:隐匿各项收入 161520 元,扩大各项开支 140321 元,人为加大销售成本 125625 元,造成偷逃所得税 36265 元。

一、被审计单位概况

××百货商场系××股份有限公司所属的中型百货企业,以零售为主,兼营少量批发业务。2003 年 1 月开业,经营大小百货、文化用品、针纺织品、五金交电、服装、鞋帽、家具、家用电器等类商品 17000 多种。2005 年实有干部职工 1225 人,专职财会人员 8 人。按商品大类设 15 个商品柜组,每个柜组的副组长为兼职核算员。

近年来,在经济体制改革中,商场的经营业务有所发展,较好地完成了商业任务。该商场 2005 年的流动资金平均占用额为 145 万元(其中商品资金占 82.7%),年销售总额为 1387 万元,实现毛利 176 万元,毛利率为 12.73%(比 2004 年增长 12%),实现利润总额 85 万元,利润率为 6.13%(比 2004 年增长 13.33%),开支商品流通费 41 万元,费用水平为 2.95%,比上年下降 3.06%,全年全员劳动效率为 61664 元,人均利润为 3778 元,总的看来,各项主要经济指标完成计划较好。

二、发现的问题和处理意见

除内部控制制度不严,存在漏洞,以及务处理不及时,长期挂账,致使会计资料不实等问题已分别指出纠正外,查实的属于财务收支错弊问题和处理意见如下:

(一)加大销售成本,压低销售利润

1.经查,该商场经营的两种电扇,2005 年 6 月份进货的价格每台已调低 30 元,而月末计算销售成本时仍按当月初成本计算,而未按先进先出法计算,使当月售出的 780 台电扇,每台多计成本 30 元,共计加大成本 23400 元,压低了销售利润,造成偷逃所得税 12870 元。商场财务科长承认有弄虚作假的错误,并做了书面检查。

2.该商场的小百货、文化用品和糖果烟酒三个商品柜组的库存商品分别按售价金额核算,分柜组计算已销商品的进销差价。经审核计算发现,该三个商品柜组 12 月份的已销商品进销差价并未实际计算,而是按 11 月份的三个商品柜组的进销差价率计算的,致使12月份实际实现的进销差价少计2225元,造成少计利润,偷逃所得税1223.75元。商场财务科长承认错误,并称当时因年终财会业务繁忙,图省事造成,并非故意作弊。经查证,财务科长所述属实。

以上两项人为地扩大销售成本,压低利润,造成偷逃所得税14039.75元。虽已做出检查,但情节较为严重。除应立即调整账项,补缴所得税外,对2005年6月所售电扇780台有意多计成本,偷逃所得税12870元,已征得税务部门同意,处以一倍的罚金。

(二)隐匿收入,偷逃所得税

1.该商场自2005年1月起将6个临街门面橱窗租借给本市6家工厂作商品宣传广告栏用。商场每月收取租金1200元(每个橱窗200元),全年合计14400元,记入"应付账款——其他应付款"的有关明细账户下,长期悬挂,不作清结。商场承认此项收入准备用作"意外"支出,但尚未动用,以致偷逃所得税4752元。

2.该商场2005年10月为"家用电器厂代销"33台滞销收录机,每台代销手续费50元,共得手续费1650元,采用以上手段,偷逃所得税544.50元。

以上两项均应计算经营成果,照章缴纳所得税。长期悬挂,备作"意外"开支,属隐匿收入行为。虽均未动用,但已造成严重后果。应立即补缴所得税,并调整2005年度的未分配利润。

(三)扩大商品流通费开支

1.2005年3月16日支付购蒸笼9只,单价35元,计315元,支付餐饮用具款307元,两项合计622元列入"管理费用"。该项开支均属商场餐厅所用,按财务制度规定应由职工福利基金列支,违反现行制度,造成少缴所得税205.26元。

2.2005年9月10日支付"购消防运动会奖品"一笔,计493元,列入"管理费用"。根据财务制度规定,职工运动会奖品属于职工福利基金开支范围,乱计费用造成少交所得税162.69元。

(四)乱列营业外支出

1.2005年财税大检查中,商场因乱计费用、偷逃所得税受到罚款11000元的处理。按现行会计制度规定,支付罚款应先列入"营业外支出",计算缴纳所得税时,进行纳税调整。但该商场并未进行纳税调整,造成应税所得不实,偷逃所得税3300元。

2.2005年6月20日经商场经理同意,将截至6月份的医药费共计11642元,由"营业外支出"列账,违反了现行财务制度,并偷逃所得税3841.86元。

以上两笔乱列营业外支出共计22642元,均属有意违反制度弄虚作假行为。对上述乱列营业外支出行为应立即纠正。为维护财经纪律,除将偷逃所得税7141.86元补缴入库外,并征得税务部门同意处以一倍罚金。

三、决定和建议

从这次审计中发现的以上问题可以看出,××百货商场主要负责人法制观念淡薄,财会工作质量较低,并未从历次财务检查所发现的错弊行为中吸取教训,以致仍发生有意无意隐匿收入、扩大开支、财务收支严重不实、偷逃国家税收等一系列违反国家财经纪律和财会制度的行为。为了维护国家利益,严肃财经法纪,促进改善管理,我们做出的决定和建议如下:

1.对上列问题分别按各项处理意见进行纠正、调整,并按规定补缴所得税,处以罚金。

2.公司应对该商场的财会工作进行整顿。商场应从此次审计所发现的问题中吸取教训,并采取措施予以改进。

3.该商场经理和财务科长对上述舞弊行为负有直接责任,应向公司做出检查。

本报告各项内容及建议,该商场已出具书面材料,表示完全同意。

××股份有限公司审计部(印) 　　　　　　　　审计组组长:××(印)
　　　　　　　　　　　　　　　　　　　　　　　审计员:××(印)
　　　　　　　　　　　　　　　　　　　　　　　　　　××(印)
　　　　　　　　　　　　　　　　　　　　　　　2006年3月20日

附:××百货商场对本报告表示同意材料一份。

(二)范例二:任期经济责任审计内部审计报告参考格式

关于对××××××的审计报告

××××:

根据审通字[××××]×号审计通知书,我们自20××年×月×日至×月×日对×××××进行了就地审计。现将审计结果报告如下:

一、基本情况(略)

二、经营成果

(一)资产负债损益情况

(二)任期考核指标完成情况

(三)盈亏情况

账面反映和审计核实的总盈亏情况、不良资产或潜亏总额。具体情况可在附件中反映。如亏损,要简要分析原因。

三、投资情况及效果

如果投资效益不好,要简要分析原因,包括决策和管理的原因及责任。

四、财务收支问题及处理意见

五、内控制度问题及处理意见

重点是资金内控制度(如不相容岗位和印鉴分离分管、外投外借外担保审批等制度),还包括基本建设、物资采购、经济合同、投资决策等内控制度。(此部分如有问题则写,如无问题则只将审计过程在附件中表述)

六、评价

概括归纳,分清直接责任和主管责任,不要讲溢美之词以及超越经济责任的话。

七、审计建议

重点讲对本人不解除经济责任的建议(如由责任人追款),追究党纪政纪责任或法律责任的建议。如无,取消这一部分。

注:以上仅是任期责任审计报告的基本内容。针对任期经济责任审计的特点,各单位要按照五部委关于印发《企业效绩评价操作细则(修订)》的通知(财统[2002]5号)的有关要求,结合企业实际情况,对净资产收益率、资产负债率、资本保值增值率、销售(营业)增

长率、现金流动比率等指标进行评价。

审计部门(全称)：

×××审计组：

组长：×××

××年×月×日

■ 本章小结

内部审计报告是内部审计人员根据内部审计计划对被审计单位实施必要的审计程序后，就被审计单位经营活动和内部控制的适当性、合法性和有效性出具的书面文件。通过本章教学，要求学生掌握内部审计报告的基本概念，把握内部审计报告具体准则中要求的内部审计报告编制原则，掌握内部审计报告包括的基本内容，了解内部审计报告复核与保管要求。

结果沟通是指内部审计机构与被审计单位、组织适当管理层就审计概况、依据、发现、结论、意见或建议进行讨论和交流的过程。审计结果沟通的目的是提高审计结果的客观性、公正性，并取得被审计单位、组织适当管理层的理解和认同。内部审计机构与被审计单位、组织适当管理层进行结果沟通，可以交流看法，听取对方的意见，从不同角度去检验审计结论和建议，对可能存在的错误或不当之处进行修正，以保证审计结果的客观、公正。同时，在与被审计单位、组织适当管理层的交流中，争取对方的理解和支持，以确保审计结论和建议的落实和贯彻。通过学习，要求学生掌握审计结果沟通的性质及沟通的内容，掌握沟通技巧，以确保内部审计报告的可信度。

■ 复习思考题

1. 编写内部审计报告应遵循哪些原则？
2. 简述内部审计报告正文的主要内容。
3. 简述内部审计报告的分级复核制度。
4. 内部审计报告的呈报对象有哪些？如何保管内部审计报告？
5. 内部审计结果沟通的内容和方式有哪些？
6. 我国内部审计具体准则与IIA的《内部审计实务标准》，在结果沟通方面存在何种差异？
7. 内部审计人员为什么要与被审计单位及组织适当管理层沟通审计结果？

■ 本章练习题

一、单选题

1. 以下（　　）情况最可能是对被审计单位管理层出具书面中期报告的目的？

A. 已完成预定审计工作的70%，没有发现重大的负面证据

B. 内部审计师决定用调查程序替代一些原计划对某些记录的详细检查

C.决定扩大审计范围,以获取审计证据

D.某下属工厂的露天燃烧可能会违反污染管理条例

2.审计报告的正文不包括下列哪些内容?(　　　)

A.审计目的、范围、标准等内容　　　　　　　　B.审计依据

C.审计解决方案、措施等　　　　　　　　　　　D.复核意见

二、名词解释

内部审计报告

三、简答题

1.请简述内部审计报告的作用。

2.请简述内部审计报告的编制要求。

3.内部审计报告正文应包括哪些主要内容?

四、案例分析

××股份有限公司审计部审计人员赵明于2017年2月对股份有限公司所属一家生产企业进行了年终审计。经审计得知该企业年内亏损严重,如果短期内无法扭转亏损,可能马上就要宣布破产。但其考虑为企业保守商业秘密,未在审计报告中予以反映。

张新也是××股份有限公司审计部审计人员。在对所属东方电子公司进行年度审计时,公司对其提出了一个要求,即希望半个月内完成所有的审计任务,并出具审计报告,以便向公司股东大会汇报。张新同意了这一条件,并按此要求编制项目审计计划。该项目的另一位审计人员黎明多年来一直协助东方电子公司编制会计报表。

为了及时完成任务,张新临时聘用了一批还没有毕业的会计专业的大学生。由于张新手上还有一个项目没有完成。因此,他对这些学生进行应急培训即告诉他们如何核对账册、检查凭证等后,就请他们自己去东方电子公司进行审计,还指派了一个学习成绩较好的学生作为该项目的临时负责人,他自己则在另一家公司进行电话指挥。10天后,这些学生带回厚厚一叠工作底稿。因为时间有限,张新将这些工作底稿稍加整理,就草拟了审计报告,并在两周之内,提交给了东方电子公司。

要求:根据以上资料,评价上述审计人员的审计行为是否合适,并解释原因。

第十四章 经济责任审计

 学习目标(Learning Objectives)

1.了解经济责任审计的相关概念；
2.理解经济责任审计的作用；
3.了解经济责任审计的特点、内容、基本程序；
4.掌握经济责任审计的评价方法。

第一节 经济责任审计概述

一、经济责任审计的概念

(一)经济责任的内涵

在所有权与经营权相分离的现代企业制度下,所有者将经营权委托给受托方,由受托人掌握重大的决策经营权,负责企业的日常经营管理活动。由于这种委托代理契约的存在,便形成了受托人的经济责任,而委托方为避免受托方的道德风险和逆向选择行为,产生了对受托方经济责任履行情况的监督需求。具体而言,受托方的经济责任主要有如下几个方面：

1.经济政策执行责任

经济政策执行责任是指企业领导干部在任期内对贯彻落实、执行国家和地方法律法规、重大经济政策以及重要决策部署应承担的责任。

2.经营决策责任

经营决策责任是指企业领导干部在任期内对重要经济决策的管理、制定和执行情况、执行效果以及存在的主要问题应承担的责任。

3.经营管理责任

经营管理责任是指企业领导干部在任期内对企业资产的安全完整和保值增值情况，企业财务收支的真实性、合法性和效益，配置企业人、财、物资源的合理程度，行使管理职权的有效性以及应承担主要问题的责任。

4.经济监督责任

经济监督责任是指企业领导干部在任期间对企业内部管理和控制制度的执行监督情况、企业贯彻执行国家财经法规和政策规定的情况以及应承担主要问题的责任情况等。

(二)经济责任审计的依据

经济责任审计的依据是《审计法》及其实施条例、《县级以下党政领导干部任期暂行规定》和《国有企业及国有控股企业领导人员任期经济责任审计暂行规定》，以及国家干部管理的有关规定。国家审计从一开始对掌管国库以及国家其他财务的各级官吏负有"考其出入而定刑赏"的监督职责。在历代政治制度的沿革和演进过程中，审计监督制度同御史监察制度一直保持着较为密切的关系。

(三)经济责任审计的主体

经济责任审计的主体是专门的机构或专职人员。同其他审计一样，经济责任审计也必须由专门的机构或专职人员来实施，以保证实施经济责任审计的机构和审计人员在工作和经费上的独立性。从我国开展经济责任审计的实际情况来看，具体承担经济责任审计工作的单位主要有国家审计机关、内部审计机构和社会审计组织。对党政领导干部的任期经济责任审计，一般都由审计机关进行，而对国有企业、事业单位，则争取由审计机关、内部审计机构和社会审计组织相结合的方式来审计。审计机关可以直接进行审计，也可以由社会审计组织或者内部审计机构进行审计。在经济责任审计工作中，审计机关可以利用内部审计和社会审计的审计成果，并应当加强对内部审计和社会审计业务的指导和监督。

(四)经济责任审计的客体

经济责任审计的客体是经济责任人所在部门、单位。审计的对象是所在部门、单位的财政与财务收支。审计监督的本质就是对被审计单位的财政、财务收支情况进行监督检查，是一种综合性的经济监督活动。这是审计监督与组织人事部门、纪检监察机关等直接对作为个体的自然人进行监督的根本区别。因此，经济责任审计的客体不是经济责任人，而是其所在的部门、单位。

二、经济责任审计的目的

经济责任审计不同于常规审计。常规审计的主要目的是维护财经法规、改善经营管理、提高经济效益，其出发点是被审计单位和国家经济秩序。经济责任审计的主要目的则是分清经济责任人任职期间在本部门、本单位经济活动中应当负有的责任，为组织人事部门和纪检监察机关及其他有关部门考核使用干部或者兑现承包合同等提供参考依据。

三、经济责任审计的作用

经济责任审计一经产生就显示出其他审计无法替代的作用,无论是在保护国家财产的安全、完整、保值、增值方面,还是在健全领导干部的监督管理,促进廉政建设方面,都取得了显著的成效,发挥了重要的作用。

(一)有利于加强干部监督管理,正确评价和使用干部

社会主义市场经济体制的逐步建立为领导干部施展才干提供了广阔的舞台,但同时也向我们的干部考察工作提出了挑战。过去的干部考察工作,一般都是通过领导干部自我评价和召开座谈会等形式来调查了解,很少涉及单位的经济行为,对干部本人的廉政情况也难以全面、准确把握。这种考察方法很难从深层次的经济活动中了解干部的真实情况,以致一些干部在任职期间表面上表现不错,但离开岗位后问题就逐渐暴露出来,经济上负债较多,单位效益低下,出借资金难以收回,使国家、集体受到损失,这类事例屡见不鲜。实施领导干部经济责任审计,倡导定性与定量相结合,联系领导干部任期目标,通过对相关的经济指标等情况进行分析考核,对其任期工作业绩做出评价,能够达到客观、公正地确认其经济业绩,全面评价考核领导干部任期业绩的目的,为正确评价和使用干部提供了依据,同时有利于干部更好地履行职责,防止短期行为。

(二)揭露和惩治腐败分子,规范干部行为,促进廉政建设

经济责任审计立足于财政、财务收支审计,落脚点在于查明个人经济责任,既对事又对人,而且审计涉及的领导干部的任职期间一般较长,往往能够发现年度财政、财务收支审计不易发现的问题,有利于揭露和惩治腐败分子。另外,经济责任审计着眼于防范,健全了监督制约机制,有利于发现财务管理漏洞,健全财务管理制度,提高财务管理水平,促使领导干部自我约束、自我完善,增强了纪律观念,促进了廉政建设。

(三)核实了家底,客观、公正地鉴定了前后任的经济业绩和经济责任

经济责任审计立足领导干部所在部门和单位的财政与财务收支的真实、合法、效益情况。一方面能够摸清家底,有利于继任者了解接任单位的真实情况,明确工作思路,缩短适应期,尽快进入角色;另一方面由于明确了离任者的经济责任,事实上也就划清了前后任的责任,改变"新官不理旧账,旧官一走了之"的不良状况,有利于工作的交接,从而保持工作的连续性。

第二节 经济责任审计的特点、内容及评价

一、经济责任审计的特点

(一)经济责任审计的基础是财政财务收支审计

经济责任审计要在财政财务收支审计的基础上,进一步做到:查清领导人员任职期间

财政财务收支工作目标完成情况;遵守国家财经法规情况;分清领导干部对本部门与本单位财政财务收支中不真实、资金使用效益差以及违反国家财经法规等问题应该负有的责任;查清领导干部个人在财政财务收支中有无侵占国家资产、违反领导干部廉政规定和其他违法违纪问题。

(二)经济责任审计由审计机关与纪检、组织、监察、人事部门共同组织

经济责任审计首先要由干部管理部门(一般为组织部门)提出审计意见,经党委、人民政府同意后,再由干部管理部门书面委托审计机关进行。审计机关接受委托后负责具体实施。可见,经济责任审计不单纯是审计机关的工作,而是审计机关与纪检、组织、监察、人事等部门共同承担的工作,并建立经济责任审计工作联席会议制度。参加联席会议的各部门根据各自职责有所侧重:审计部门主要负责组织实施经济责任审计和对审计查出的被审计领导干部所在单位和其他相关单位违反财经法纪行为依法进行处理、处罚;纪检和监察部门主要负责对审计发现的领导干部违反党纪、政纪等问题进行处理;组织和人事部门主要负责确定经济责任审计计划并正确、有效地使用审计结果。

(三)经济责任审计=对事+对人

我国的经济责任审计具有审计监督与干部监督管理相结合的特点。经济责任审计既是审计机关的法定职能,又是干部监督管理的重要环节和组成部分。经济责任审计的结果是干部监督管理部门选拔、任用、奖惩干部的重要参考依据,在干部监督管理工作中发挥着重要作用;而其他审计工作作为审计机关的法定职能,通常与干部监督管理工作没有直接关联,这是经济责任审计有别于其他审计工作的重要特征。

(四)经济责任审计=财务审计+绩效审计

财务审计对被审计单位的会计凭证、会计账簿及会计报表的真实性、公允性、合法性进行审计监督。绩效审计是对政府行为所产生的经济活动的经济性、效率性、效果性、公平性和环保性进行客观的评价。经济性是以最低费用取得一定质量的资源,是实际所消耗资源与计划所耗费资源之比。效率性是确保以最小的资源投入取得一定数量的产出,或从一定的资源投入中,力争取得最大产出,是实际所得收益与实际所耗费资源之比。效果性是确保经济活动实现预期目标,是实际业绩与计划业绩之比。公平性是投入资源的社会影响、社会秩序的稳定。环保性是对自然资源的有效利用和生态环境的有效维护,是计划所耗费资源与计划业绩之比。

二、经济责任审计的内容

我国的经济责任审计工作是从地方开展起来的,每个地方的经济责任审计工作又大多立足于本地的实际情况,以致种类较多,做法不一,在目前尚未形成一个统一规范的情况下,只能以经济责任应当承担的经济责任为依据,从与经济责任人有关的经济行为、经济结果以及各种内部管理制度三个方面出发,简单、笼统地归并。

(一)党政领导干部任期经济责任审计的主要内容

党政领导干部的任期经济责任是指领导干部任职期间对其所在部门、单位财政与财务收支的真实性、合法性和效益性,以及有关经济活动应当负有的责任,包括主管责任和

直接责任。因此,对党政领导干部任期经济责任进行审计,应当主要围绕领导干部所在部门、单位的财政与财务收支,重点查明以下内容:

(1)财政、财务收支的内部控制制度及其执行情况。

(2)预算的执行情况和决算或者财务计划的执行情况和决算。其中主要查明:财政、财务收支会计核算数据的真实性和合规性;有无挤占、挪用、挥霍浪费国家资财的行为。

(3)预算外资金收入、支出和管理情况。其中主要查明:管理和使用预算外资金和财政有偿使用资金情况和真实性和合规性;有无违反规定设置账外账、小金库,将预算内资金列入预算外管理、使用的行为;有无违反国家规定乱摊派、乱罚款、乱集资、乱收费等问题。

(4)资产的管理、使用及保值增值情况。其中主要查明:账实是否相符,有无白条抵库、坐支、侵占、挪用货币资金的行为;公共财产有无因被侵占、损毁造成的浪费或者流失现象;有无党政机关经商办企业,导致国有资产被无偿占用和流失的现象;有无党政机关侵占企业经营性资金、财产,损害企业合法权益的现象;是否按照规定管理和使用党政机关固定资产,有无擅自购置、报废、转让、变卖公有资产,给国家造成损失的现象;有无违反规定挪用公共财产或者私自借贷资金对外投资经商以谋取私利的行为。查明所在部门、单位的债权、债务情况。

(5)领导干部个人借用公款、使用公共财产的情况。

(6)遵守国家财经法律、法规和规章制度的情况。

(7)其他需要审计的事项。

在审计的基础上,查清领导干部任职期间财政与财务收支工作目标完成情况,以及遵守国家财经法规的情况等,分清领导干部对本部门、本单位财政与财务收支中不真实、资金使用效益差以及违反国家财经法规问题应当负有的责任;查清领导干部个人在财政与财务收支活动中有无侵占国家资产、违反领导干部廉政规定和其他违法违纪问题。

(二)企业领导人员任期经济责任审计的主要内容

1.贯彻执行国家有关法规、政策的情况

检查企业领导干部贯彻和执行相关法规、政策的及时性和有效性;检查企业领导干部在参与经营管理过程中是否积极贯彻执行党和国家有关经济方针政策和决策部署,推动企业可持续发展;重大经济决策的内容是否符合国家有关法律法规、政策及规定;是否存在违反财经纪律的行为等。通过监督和评价企业贯彻国家法律法规及宏观经济政策的情况,达到有效促进企业领导干部依法经营的目标。

2.重大经济事项的决策情况及效果

在激烈的市场竞争环境下,为求得企业的生产和发展,企业领导干部在日常经营管理中需要做出很多重大的经济事项,比如重大的投资、筹资、生产经营、资产重组、大额采购及其他财务支出、对外担保、资产抵押等决策,这些决策活动都会对企业的经营发展产生重大影响。因此,对被审计领导干部任期内相关重大经济事项决策情况和效果的评价,是经济责任审计的重要内容。具体包括:

(1)企业是否建立重大经济决策、重要人事任免、重大项目安排和大额度资金运作事项的"三重一大"事项决策机制和决策制度;决策制定的基本程序是否遵守科学民主计提决策程序和严格的审核批准。

(2)企业重大决策事项的完成情况及执行的程度,关注有无决策失误、执行不严格、管理不到位等行为而导致结果严重偏离目标的问题。

(3)重大经济决策是否存在重大风险和应对措施,决策执行的结果是否达到决策目标的要求,是否给企业造成损失或潜在损失。

3.资产保值增值情况

受托经济责任是企业资产的所有权与经营权相分离的产物,在两权分离制度下,企业领导干部作为企业资产的受托人,承担着资产保管、运作及部分处置的职责,有责任实现资产的保值增值。因此,资产保值增值情况是经济责任审计的一项重要内容。对资产保值增值情况的审计,首先要核实各项资产的真实性,即结合被审计单位发生与资产形成相关的交易、财务收支活动,对照会计报表所反映的资产价值,对企业的资产进行盘点、核实,检查其是否真实存在,并根据审计查证的结果对相关资产账项余额进行调整,保证资产账实相符。其次要检查企业资产的完整性,即审查被审计单位的各类资产是否均入账,有无重大漏报、少报的情况。此外,审计人员还应将资产的期末数与期初数进行总量及结构对比分析,关注资产的存续状态、保全性及收益性,检查有无因管理不善导致资产流失的问题。审计人员在审查资产真实性、完整性、安全性及增值性的基础上,要关注资产问题与被审计领导的关联度,进而判断和评价被审计领导干部经济责任的履行情况。

4.财务收支情况

财务收支情况是指被审计单位日常经营活动及相应的资金收支和管理活动。审查企业财务收支的真实性、合法性和效益性,是经济责任审计的一项内容,其结果也是经济责任审计的基础。开展企业财务审计活动的过程中,审计人员应结合财务收支活动与被审计领导干部的经济职责,区别于传统财务审计"对事不对人"的特点。

(1)在财务收支活动的内部控制方面,通过审查被审计单位内部控制制度的健全性及执行的有效性,判断被审计领导干部是否认真履行了推动企业制度建设的责任,是否积极完善内部控制制度并监督内控制度的运行,是否及时采取措施防范风险、堵塞漏洞。

(2)在收入方面,主要审查被审计单位的收入是否真实发生并且被完整地记录于正确的会计期间,收入方面是否存在重大错报、漏报、虚报、瞒报等导致的会计信息失真(审计人员应关注这些结果是否与被审计领导干部履行职责有关),被审计领导干部是否存在违反国家有关收费政策、指使财务人员虚报或隐瞒收入、私设小金库、设置账外账等违法违规行为。

(3)在支出方面,主要审查被审计单位财务支出范围的合法性、合规性、合理性,同时,审计人员应关注导致虚假支出、多列支出、支出异常等结果的原因是否与被审计领导干部擅自扩大支出范围、审核不严、违规发放津贴补贴、利用虚假发票套取资金、挪用贪污等行为有关。

(4)在收支规模与绩效方面,主要分析收入、支出规模的增加变化情况,将收支结果与历年数据进行对比分析,判断是否存在战略规划不当导致的收支波动异常、盈利能力下降等情况,查明被审计领导干部的经济职责履行程度是否对企业的发展造成了实质性影响。

5.企业内部控制制度建立及执行情况

企业内部控制审计是经济责任审计的重要组成部分,审计机构通过对被审计领导干部所在企业内部控制设计和运行情况的审计,评价其内部控制的健全性、适当性和有效性,并结合领导干部的职责要求,确定其内部控制建立及执行中应承担的责任,查明是否存在因内部控制不健全、执行不严格引发相关问题而应由该领导干部承担的经济责任。通过内部控制审计,有利于促进企业经营管理符合内部控制规范,督促领导干部切实履行经济管理和监督职责,加强对风险的管理和控制。

6.领导干部遵守廉洁从业规定的情况

对遵守有关廉洁从业规定情况的审计,主要是通过审查领导干部任期内有无违反国家法律法规和廉政纪律,以权谋私,贪污、挪用、私分公款,转移国家财产,行贿受贿和挥霍浪费等行为以及人事、纪检、监察等部门反映的其他需要审计查证的问题,比如被审计领导干部任职期间有无干预投资、采购、销售、资产处置等事项,有无在业务活动中收受商业贿赂、谋取个人经济利益的行为,有无在本单位及所属单位报销应由个人负担费用的行为,有无侵占、贪污或长期无偿使用单位的资金、设备、住房或其他物资的行为等。监督和评价领导干部廉洁自律情况,以促进其认真落实党风廉政建设责任制,依法管理、廉洁从业,最终达到反腐倡廉建设的目标。

7.履行社会责任的情况

企业在创造经济效益的同时,还要兼顾社会效益和环境效益,承担起对员工、消费者、社区和环境等的社会责任。企业社会责任是指企业在市场经济活动中,因受相关法律法规、社会公共道德、企业价值及文化约束,应当履行的社会责任和义务。社会责任要求企业必须超越把利润作为唯一目标的传统理念,强调在生产过程中对人的价值的关注,强调对环境、消费者、社会的贡献。经济责任是社会责任的组成部分,

企业领导干部履行经济责任、开展生产经营活动必然会产生连带的社会责任,甚至是法律法规所强制要求的,如产品的安全及质量、售后服务等。社会责任在某些方面或某种情况下无法回避、不可推卸,企业在经济活动中如不履行或不完全履行这些社会责任,必然会遭到社会的谴责和主管部门的处罚,面临经济和信誉的损失甚至法律的制裁,进而影响到企业的生存和发展,这是与受托经济责任的初衷相违背的。

企业领导干部社会责任审计

8.以往审计中发现问题的整改情况

内部审计机构应当及时跟踪、了解、核实被审计领导干部及其所在组织对于以往审计中查实的问题和审计建议的整改落实情况。未整改或整改不到位的,要进一步查明原因,提出审计意见,并适当报告管理层。必要时,内部审计机构应当开展后续审计,从而保证经济责任审计应有的成效,促进经济责任的真正落实。

(三)经济责任审计的评价

经济责任审计评价是指内部审计机构根据审计结果,依照法律法规和有关规定,综合考虑企业领导干部任职期间影响企业发展的相关因素,对领导干部任期内履行经济责任的情况和对任期内存在的问题所应承担的责任发表的审计意见,审计评价应当与审计内容保持一致。

经济责任审计评价的对象

(1)客观性原则。经济责任审计评价应当结合企业所处行业的特点、历史背景、发展状况,以法律、法规、政策、规章制度、任期目标、行业标准及干部考核评价规定等为依据,分清企业领导干部应当承担的责任,保证责任定位的准确性和公正性,根据审计查证或者认定的事实,实事求是地反映企业领导干部的真实业绩与存在的问题,避免个人的主观判断等人为因素造成的偏差。

(2)全面性原则。经济责任审计评价遵循全面性原则,一方面要求审计范围应当全面地覆盖被审计领导干部经济责任的范围,包括时间范围和职权范围;另一方面要求审计人员充分考虑企业领导干部的贡献与不足,全面评价其任期内经济责任的履行情况及任期行为对企业今后发展的影响。

(3)相关性原则。经济责任审计评价应当紧紧围绕对被审计领导干部经济责任履行情况进行评价的审计目标来开展,以审计工作方案确定的审计程序和内容为依据,做到"审计什么就评价什么",对与被审计领导干部履行经济责任情况无关的范围不加以评价。

(4)权责对等原则。经济责任审计评价要按照权责对等原则,深入分析各类领导干部所承担经济责任的差异,坚持独立性、客观性、准确性和全面性相统一,以事实为依据,全面分析审计查证的各种情况,避免以偏概全,尤其是不能用单个事实或几项指标去评价履行经济责任的整体情况。

(5)重要性原则。经济责任审计评价要把握重点,以企业的实际环境为前提,对那些足以影响领导干部评价结果的重要经济责任事项进行评价,突出对领导干部经济行为和经济责任的评价、对履行经济责任有重要影响的经济事项的评价、对重大决策过程和效果的评价以及对领导干部负有直接责任事项的评价。

第三节 经济责任审计的基本程序与评价方法

一、经济责任审计的基本程序

(一)审计项目的选择与确立

审计机关根据党委、政府经济责任审计领导机构和组织、人事、纪检、监察部门委托,确立审计项目和审计工作计划。企业领导人员任期经济责任审计应当由企业领导人员管理计划报本级人民政府批准,由人民政府下达审计指令。按照干部管理权限和审计管辖范围,分级分层次组织实施。具体办法由审计机关与企业领导人员管理机关共同协商决定。

实施企业领导人任期经济责任审计前,企业领导人员管理机关应当以书面形式向审计机关出具委托书。委托书的内容应当包括审计对象、范围、重点及有关事项。审计机关可以直接进行审计,也可以委托社会审计组织或上级内部审计机构进行审计。

审计应考虑的因素：预计的审计作用、财务的重要性、管理方面的风险、对于被审计单位或组织的重要意义、对于国家的重要性、以往被监督检查的经历、可审性。

(二)主要审计环节

1.组织设计力量并形成审计小组

2.审前调查

审前调查的主要内容有：被审计单位基本情况，如机构设置、隶属关系、规模特点等；领导干部职责分工情况；财务收支基本情况和内部控制设置、运行情况；领导干部任职期间发布的财经工作规范文件；被审计单位相关年度审计档案，了解存在的问题及改正情况。

审计机关在实施审计之前，应听取纪检、监察、企业领导人员管理机关、企业监事会等有关部门对被审计的企业及其领导人员的意见，纪检、监察、企业领导人员管理机关、企业监事会等部门应当向审计机关通报有关情况。

3.制定审计方案

审计方案包括以下内容：审计依据，审计目标，被审计单位的基本情况，审计的范围、内容、重点、方式、步骤、工作时间、人员分工，重要性确定与风险评估，其他内容。

任期经济责任审计应当按计划进行，每年年底前，企业领导人员管理机关提出下一年度任期经济责任审计的建议计划，与审计机关共同协商，列入审计机关年度审计项目计划。在年度审计项目计划执行中，因干部管理和监督工作的需要，确需增加审计项目，应由企业领导人员管理机关与审计机关共同协商，在审计机关力量许可范围内安排。

4.下达审计通知书与审计承诺书

应在实施审计前三日，向审计单位送达审计通知书，同时抄送被审计单位的企业领导人员。要求被审计单位和被审计领导干部提供相关资料。

(1)被审计单位需要提供的资料主要包括：企业计划、财务会计资料、统计资料及经济活动分析资料；现行企业章程、管理制度、年度经营计划；重要的经济合同、协议及与企业经营管理相关的办公会议纪要(记录)和年度工作总结；经济监督部门对企业的检查报告、处理意见及企业纠正情况等资料。被审计的企业领导人员应当按照要求，写出自己负有主管责任和直接责任的企业资产、负债、损益事项的书面材料，并与审计工作开始后五日内送交审计组。

(2)被审计的企业领导人员向审计组提交的书面材料包括：企业领导人员的职责范围；企业领导人员任职期间与企业资产、负债、损益目标责任制有关的各项经济指标的完成情况；企业领导人员遵守国家财经法规和廉政规定的情况；应当向审计组说明的其他情况。

5.召开进点会与张贴审计告示

召开进点会应注意的问题：审计项目人员与企业及时沟通，协商召开进点会的时间；认真做好有关准备工作，准时参加会议；在进点会上，审计项目组应明确审计的目的、范围、程序、时间安排和工作要求等内容；召开进点会后，企业应按照审计项目组要求发布审计公告，设置意见箱，并将审计公告以文件形式下发各级子企业。

6.接受被审计单位和被审计人提供的资料,调查取证并审核资料,形成审计工作底稿,重大问题请示报告。

7.审计终结

审计组实施审计后,应当向审计机关提交审计报告。审计报告报送审计机关前,应当征求被审计的企业领导人员所在企业及本人的意见。审计组应对其提出的审计报告承担有关责任。

8.审计处理、审计处罚和审计建议

审计机关审定审计报告后,对被审计企业的领导人员及其所在企业违反财经法规问题,应在法定职权范围内做出处理决定,或向主管部门提出处理、处罚意见。审计机关审定审计报告后,向本级党委或人民政府提交审计报告,并附被审计企业的领导人员及其所在企业的意见,同时抄送企业领导人员管理机关、纪检监察机关及企业监事会等有关部门。

二、经济责任审计的评价方法

开展经济责任审计评价,总体上运用比较法,即审计人员通过收集审计证据,将审计事实与审计标准比较,进而得出评价结论。具体的方法可根据不同的分类标准划分:我国经济责任审计评价常用的方法包括按照审计评价责任的性质划分的积极经济责任评价法和消极经济责任评价法,按照评价指标的属性划分的定量比较评价法和定性比较评价法。

(一)按照审计评价责任的性质划分

1.积极经济责任评价法

又称责任指标分析法,是审计人员用来评价被审计领导干部充分履行所承担经济责任的方法。运用积极经济责任评价法时,首先明确界定被审计领导干部所承担的经济责任,并将任期经济责任目标指标化,即设计成可量化考核的评价指标;然后根据审计资料及相关证据计算各项经济责任指标的实际水平,再将各指标的实际数据与适用于企业实际情况的标准水平进行比较,进而确定被审计领导干部积极经济责任的履行情况,查明未充分履行职责的原因,最终形成总结性的积极经济责任履行情况的审计评价结论。

2.消极经济责任评价法

又称问题责任区法,是审计人员用来评价被审计领导干部是否存在应予以追究责任的问题的方法。运用消极经济责任评价法时,首先调查被审计领导干部所在地区、部门或单位的财务收支以及有关经营管理活动的实际情况,然后以国家法律法规和党的方针、政策等权威性文件为准绳,审查被审计领导干部在经济责任履行过程中是否存在应予以追究责任的弄虚作假、违法乱纪、损失浪费等行为,获取充分、适当的证据,查明每一个问题的性质、情形、形成的原因和造成的后果,进而确定被审计领导干部应承担的责任类型,即直接责任、主管责任和领导责任。

(二)按照评价指标的属性划分

1.定量比较评价法

定量比较评价法就是运用能够反映企业领导干部履行经济责任情况的相关经济指标,进行量化对比分析,分析其完成情况,总结相关经济责任的方法。定量比较评价法包括纵向比较法和横向比较法。纵向比较法是将被审计领导干部上任时与离任时的相关评价指标进行比较,或先确定比较基期再将比较期与之对比的方法。横向比较法是指将相关评价指标与同行业平均水平进行比较的方法。

2.定性比较评价法

定性比较评价法是以审计结果为基础,对被审计单位财务收支和有关经济活动的真实性、合法性、有效性等进行评价的方法。其中,真实性主要评价被审计单位的会计处理遵循相关财经法规的情况,以及会计信息与实际的财务收支状况和业务经营成果的符合程度;合法性主要评价被审计单位财务收支和有关经济活动符合相关法律、法规、规章和其他规范性文件的程度;有效性主要评价被审计单位财务收支和有关经济活动中内部控制制度的健全程度和执行的有效程度。

第2205号内部审计具体准则——经济责任审计

三、经济责任审计的评价指标

根据经济责任审计的目标和基本内容,审计部门需要设计与企业领导干部承担的经济政策执行、经营决策、经营管理、经济监督职责相关的评价指标,客观反映被审计领导干部履行经济责任的情况和结果。由此建立的企业领导干部经济责任审计评价指标体系如表14-1所示。

表14-1 企业领导干部经济责任审计评价指标体系

一级指标	二级指标	三级指标	指标属性
经济政策执行责任	贯彻执行的基本情况		定性
		经营收入增长率	定量
		利润总额增长率	
		上缴税费增长率	
	违法违规问题		定性
经济决策责任	决策制度的完整性		定性
	决策程序的规范性	违规和错误决策数量的比率	定量
	决策执行的有效性	决策事项落实率	
			定性

续表

一级指标	二级指标	三级指标	指标属性
经营管理责任	会计信息的真实完整性	收入不实金额比率	定量
		支出不实金额比率	
		资产不实金额比率	
		负债不实金额比率	
		损益不实金额比率	
	财务活动的合法、合规和效益性	收入违法违规金额比率	
		支出违法违规金额比率	
	资产的效率和效益性	应收账款周转率	
		存货周转率	
		总资产周转率	
		净资产收益率	
		总资产报酬率	
		销售利润率	
		成本费用利润率	
		人员人均利润	
经济监督责任	履行监管职责情况		定性
	内控制度的健全性		
	内部监管的有效性		
	资产质量、企业安全和可持续发展	资产负债率	定量
		不良资产比率	
		国有资本保值增值增值率	
		主营业务利润比率	
		自主创新投入比率	
	实际监管效果		定性

本章小结

本章通过经济责任审计概述、经济责任审计的特点、内容及评价、经济责任审计的基本程序与评价方法三个小节详细概述了经济责任审计的主要内容。

经济责任是指领导干部任职期间因其所任职务，依法对所在部门、单位、团体或企业（含金融机构）的财政、财务收支以及有关经济活动应当履行的职责、义务。在所有权与经营权相分离的现代企业制度下，所有者将经营权委托给受托方，由受托人掌握重大的决策经营权，负责企业的日常经营管理活动。具体而言，受托方的经济责任主要包括经济政策执行责任、经营决策责任、经营管理责任以及经济监督责任等方面。

经济责任审计的依据是《审计法》及其实施条例、《县级以下党政领导干部任期暂行规定》和《国有企业及国有控股企业领导人员任期经济责任审计暂行规定》，以及国家干部管理的有关规定。国家审计从一开始对掌管国库以及国家其他财务的各级官吏负有"考其出入而定刑赏"的监督职责。在历代政治制度的沿革和演进过程中，审计监督制度同御史监察制度一直保持着较为密切的关系。

经济责任审计不同于常规审计。常规审计的主要目的是维护财经法规、改善经营管理、提高经济效益，其出发点是被审计单位和国家经济秩序。经济责任审计的主要目的则是分清经济责任人任职期间在本部门、本单位经济活动中应当负有的责任，为组织人事部门和纪检监察机关及其他有关部门考核使用干部或者兑现承包合同等提供参考依据。

经济责任审计一经产生就显示了其他审计无法替代的作用，无论是在保护国家财产的安全、完整、保值、增值方面，还是在健全领导干部的监督管理，促进廉政建设方面，都取得了显著的成效，发挥了重要的作用。

经济责任审计的特点主要包括：经济责任审计的基础是财政财务收支审计；经济责任审计由审计机关与纪检、组织、监察、人事部门共同组织；经济责任审计等于对事加对人；经济责任审计等于财务审计加绩效审计等。

我国的经济责任审计工作是从地方开展起来的，每个地方的经济责任审计工作又大多立足于本地的实际情况，以致种类较多，做法不一，在目前尚未形成一个统一规范的情况下，职能以经济责任应当承担的经济责任为依据，从与经济责任人有关的经济行为、与经济责任人有关的经济结果、与经济责任人有关的各种内部管理制度三个方面出发，简单、笼统地归并。经济责任审计的内容主要分为党政领导干部任期经济责任审计的主要内容和企业领导人员任期经济责任审计的主要内容。

经济责任审计评价是指内部审计机构根据审计结果，依照法律法规和有关规定，综合考虑企业领导干部任职期间影响企业发展的相关因素，对领导干部任期内履行经济责任的情况和对任期内存在的问题所应承担的责任发表的审计意见，审计评价应当与审计内容保持一致。经济责任审计评价的对象既包括被审计领导干部，也包括其所在单位，即审计人员需要对被审计领导干部所在单位财务收支的真实性、合法性和效益性进行评价，还要对领导干部经济责任履行情况以及是否存在违法违纪行为进行评判。在评价过程中，审计人员要从企业的实际情况出发，建立相对规范的经济责任评级标准和体系，在界定问题责任时分清直接责任与间接责任、现任责任与前任责任、集体责任与个人责任、主观责任与客观原因等，以充分的审计证据作为评价依据，切实提高经济责任审计评价的科学性和针对性。

审计机关根据党委、政府经济责任审计领导机构和组织、人事、纪检、监察部门委托，确立审计项目和审计工作计划。企业领导人员任期经济责任审计应当由企业领导人员管理计划报本级人民政府批准，由人民政府下达审计指令。实施企业领导人任期经济责任审计前，企业领导人员管理机关应当以书面形式向审计机关出具委托书。委托书的内容应当包括审计对象、范围、重点及有关事项。审计机关可以直接进行审计，也可以由社会审计组织或上级内部审计机构进行审计。按照干部管理权限和审计管辖范围，分级分层次组织实施。具体办法由审计机关与企业领导人员管理机关共同协商决定。审计应考虑的因素：预计的审计作用、财务的重要性、管理方面的风险、对于被审计单位或组织的重要意义、政治敏感型或者对于国家的重要性、以往被监督检查的经历、可审性。

主要审计环节包括：组织设计力量并形成审计小组、开展审前调查、制定审计方案、下达审计通知书与审计承诺书、召开进点会与张贴审计告示、接受被审计单位和被审计人提供的资料，调查取证并审核资料，形成审计工作底稿，重大问题请示报告、审计终结以及审计处理、审计处罚和审计建议等。

开展经济责任审计评价，总体上市运用比较法，即审计人员通过收集审计证据，将审计事实与审计标准比较，进而得出评价结论。具体的方法可根据不同的分类标准划分，我国经济责任审计评价常用的方法包括按照审计评价责任的性质划分的积极经济责任评价法和消极经济责任评价法，按照评价指标的属性划分的定量比较评价法和定性比较评价法。

根据经济责任审计的目标和基本内容，需要设计与企业领导干部承担的经济政策执行、经营决策、经营管理、经济监督职责相关的评价指标，来客观反映被审计领导干部履行经济责任的情况和结果。

复习思考题

1. 在所有权与经营权相分离的现代企业制度下，受托方的经济责任主要表现在哪些方面？
2. 为什么说经济责任审计的客体不是经济责任人，而是其所在的部门或单位？
3. 经济责任审计有哪些特点？
4. 内部审计如何开展经济责任审计的？

本章练习题

一、单选题

1. 以下不属于受托方的经济责任的是(　　)。
   A. 经济政策执行责任　　　　　　　　　　　B. 经营决策责任
   C. 经济监督责任　　　　　　　　　　　　　D. 经济效益责任

2. (　　)是指内部审计机构按照国家规定的程序、方法和要求，对本组织领导干部任职期间经济责任的履行情况进行监督、评价和鉴证的审计活动。
   A. 经济效益审计　　　　　　　　　　　　　B. 经济监督审计
   C. 经济政策执行审计　　　　　　　　　　　D. 经济责任审计

3. 对贯彻国家法律法规及宏观经济政策情况的审计，主要是检查企业领导干部贯彻和执行相关法规、政策的(　　)。
   A. 及时性和有效性　　　　　　　　　　　　B. 及时性和实践性
   C. 真实性和有效性　　　　　　　　　　　　D. 真实性和实践性

4.(　　)是指内部审计机构根据审计结果,依照法律法规和有关规定,对领导干部任期内履行经济责任的情况和对任期内存在的问题所应承担的责任发表的审计意见。
　　A.经济责任　　　　　　　　　　　　　　B.经济责任审计
　　C.经济责任审计评价　　　　　　　　　　D.绩效审计
5.下列有关经济责任审计评价必要性的说法中,错误的是(　　)。
　　A.履行法律对审计机关职责的规定
　　B.开展经济责任审计并非一定属于审计人员的职责
　　C.为经济责任审计结论提供依据
　　D.督促领导干部自觉履行经济责任
6.(　　)又称责任指标分析法,是审计人员用来评价被审计领导干部是否充分履行所承担的经济责任的方法。
　　A.积极经济责任评价法　　　　　　　　　B.消极责任评价法
　　C.定量比较评价法　　　　　　　　　　　D.定性比较评价法
7.(　　)又称问题责任区分法,是审计人员用来评价被审计领导干部是否存在应予追究责任的问题的方法。
　　A.积极经济责任评价法　　　　　　　　　B.消极责任评价法
　　C.定量比较评价法　　　　　　　　　　　D.定性比较评价法
8.(　　)即运用能够反映企业领导干部履行经济责任情况的相关经济指标,进行量化对比分析,分析其完成情况,总结相关经济责任的方法。
　　A.积极经济责任评价法　　　　　　　　　B.消极责任评价法
　　C.定量比较评价法　　　　　　　　　　　D.定性比较评价法
9.(　　)是以审计结果为基础,对被审计单位财务收支和有关经济活动的真实性、合法性、效益性进行评价的方法。
　　A.积极经济责任评价法　　　　　　　　　B.消极责任评价法
　　C.定量比较评价法　　　　　　　　　　　D.定性比较评价法
10.以下说法中不属于经济责任审计的审前调查内容的是(　　)。
　　A.被审计单位基本情况,如机构设置、隶属关系、规模特点等
　　B.领导干部职责分工情况以及领导干部任职期间发布的财经工作规范文件
　　C.组织设计力量并形成审计小组
　　D.被审计单位相关年度审计档案,了解存在的问题及改正情况。

二、多选题
1.经济责任审计的任务主要包括(　　)。
　　A.财务审计　　　　　　　　　　　　　　B.管理审计
　　C.企业绩效评价　　　　　　　　　　　　D.经济责任评价
2.以下有关经济责任审计的基本特点的说法中,正确的有(　　)
　　A.经济责任审计的基础是财务审计
　　B.经济责任审计的主体由多部门组成
　　C.经济责任审计的客体包括企业及其领导干部

D.经济责任审计的内容十分广泛

3.一般地,企业领导干部经济责任审计的基本内容包括(　　)方面

A.贯彻国家有关法规、政策的情况

B.重大经济事项的决策情况及效果

C.资产保值增值情况

D.领导干部遵守廉洁从业规定的情况

4.经济责任审计评价的原则主要有(　　)。

A.客观性　　　　　　　　　　　　　　　　　B.全面性　C.相关性　D.权责对等

5.按照审计评价责任的性质将经济责任审计评价的方法划分为(　　)

A.积极经济责任评价法　　　　　　　　　　　B.消极经济责任审计评价法

C.定量比较评价法　　　　　　　　　　　　　D.定性比较评价法

三、判断题

1.经济责任审计通过在企业领导干部任期届满、调任、免职、辞职、退休时开展审计活动。(　　)。

2.经济责任审计主要包括三方面内容,其中财务审计是依据,企业绩效评价是方法,经济责任评价是结论(　　)。

3.经济责任审计评价是督促领导干部履行受托经济责任的重要保证(　　)。

4.必要时,内部审计机构应当开展后续审计,从而保证经济责任审计应有的成效,促进经济责任审计的真正落实(　　)。

5.开展经济责任审计评价,总体上是运用比较法,即审计人员通过收集审计证据将审计事实与审计标准比较,进而得出评价结论(　　)。

第十五章 绩效审计

 学习目标(Learning Objectives)

1. 了解绩效审计的相关概念；
2. 掌握绩效审计的主要内容、程序和方法；
3. 理解绩效审计的评价。

第一节 绩效审计概述

一、绩效审计的定义

绩效一词在语义上可以解释为成绩和效果,而绩效审计,顾名思义,就是对组织做出的成绩与功效进行的审计。

目前,国际上对于绩效审计的定义仍然不尽相同。英国《国家审计法》从法律角度将绩效审计表述为"对任何组织(政府部门或其他相关组织)为履行其职能而使用所掌握资源的经济性、效率性和效果性进行的检查"。美国《政府审计准则》将绩效审计定义为"对照客观标准,客观、系统地收集和评价证据,对项目的绩效和管理进行独立评价,对前瞻性的问题进行评估或对有关最佳实务的综合信息或某一深层次问题进行评估"。

中央财政帮扶专项资金绩效审计

最高审计机关国际组织将绩效审计定义为"一种对被审计单位使用资源以及履行其职责的经济性(economy)、效率性(efficiency)和效果性(effectiveness)的审计",即 3E 审计。我国《第 2202 号内部审计具体准则——绩效审计》明确规定:"绩效审计,是指内部审计机构和内部审计人员对本组织经营管理活动的经济性、效率性和效果性进行审查和评价。"可见,我国对于绩效审计的界定已经实现了与国际趋同,即都是以 3E 为审计目标。

第 2202 号内部审计具体准则——绩效审计

随着绩效审计理论的推进,丹尼斯·普锐斯波尔提出了 5E 审计的观点,即在 3E 的基础上增加环境性(environment)和公平性(equity)，在实现经济性、效率性和效果性的同时，考虑环境保护问题和社会的稳定、协调、可持续发展。

绩效审计作为审计的一个分支，仍然是一种监督管理活动。对于企业绩效审计而言，其目的是向股东、债权人提供投资资金的使用效益及经营者在一定期间内的工作绩效等相关信息；对于政府绩效审计而言，是站在公众的角度，监督政府管理和使用公共资源、提供公共服务的效率和效果。但无论是企业绩效审计还是政府绩效审计，其实质都是满足出资人对受托责任人职责履行情况的监督需求，使出资人了解资金或资源使用的合规性、合理性、经济性、效率性以及效果性。

二、绩效审计的概念辨析

在了解绩效审计的同时，我们还要了解其与经济效益审计、管理审计等相近概念的区别（见表15-1），才能更深入地理解绩效审计的含义。

表15-1 绩效审计、经济效益审计与管理审计的概念比较

	绩效审计	经济效益审计	管理审计
定义	审计人员对本组织经营管理活动的经济性、效率性和效果性进行的审查和评价	审计人员依据有关的法规和标准，运用审计程序和方法对被审计单位（或项目）经济活动的经济性、效率性、效果性进行监督、评价，提出改进建议，以提高经济效益为目标而实施的一种独立的经济监督活动	审计人员以被审计单位的管理活动为审查对象，通过综合检查改善组织的管理素质、管理水平和管理效率，促进被审计单位提高经济效益的活动
目标	提高组织的运营效率及管理水平	揭示经营管理风险，提出建设性意见和建议，提高整体经济效益	提高组织管理者的管理效率
审计重点	涵盖经济、行政甚至是文化等各个领域	侧重于经济领域	侧重于组织的管理活动

三、绩效审计的对象

有关绩效审计对象的确定，不同国家有不同的观点。美国绩效审计的对象为政府的资金流向和政府运作管理；英国绩效审计的对象为公共资金使用情况的方式与效果，但有关政策不在审计师的评价范围内；加拿大绩效审计的对象为政府活动的合法性、合规性、经济性、效率性、效果性、环境性；瑞典绩效审计的对象则为政府机构、公共事业单位、国有企业和基金会的活动和管理情况。

从我国的绩效审计实践来看，内部审计机构和人员可以根据实际需要选择和确定绩效审计对象，既可以针对组织的全部或者部分经营管理活动（如对企业的经营业务或者行政事业单位的经费支出开展绩效审计），也可以针对特定项目和业务（如对国家基建项目、

涉农专项资金、社会保障基金开展绩效审计);既可以对组织经营管理活动的经济性、效率性和效果性进行审查和评价,也可以只侧重对某一方面进行审查和评价。

在确定审计对象时,审计人员需要明确绩效审计的目的在于提高组织的运营效率及管理水平。倘若将所有经营活动都纳入审计的范围,势必会浪费大量的审计资源,影响组织的正常运营秩序。因此,根据组织的实际情况,合理选择和确定绩效审计对象是十分必要的:对于风险较高的项目或经营环境可以着重考核和审查,对于风险较低的领域可以降低审计力度或免于审计,一切都要以组织自身的特定和项目自身的特点为基础,有所侧重地安排审计。

四、绩效审计的分类

(一)按照审计范围分类

绩效审计根据其范围的不同,可以分为全面绩效审计、局部绩效审计和项目绩效审计。

1. 全面绩效审计

全面绩效审计是以审计对象实现经济效益全过程和全部影响因素为审查范围的绩效审计。全面绩效审计的审计范围广泛,内容全面,有利于从整体上促进被审计单位提高经济效益。但是,全面绩效审计消耗的内部审计资源较多,通常需要投入大量的人员、时间和经费,可能违背成本效益原则。全面绩效审计适用于长期亏损、面临破产的企业。

2. 局部绩效审计

局部绩效审计是以审计对象的部分经济活动或经济效益的部分影响因素为审计范围的绩效审计。例如,某产品的单位生产成本效益分析、流动资金周转和利用效率审查等。局部绩效审计的审计范围较小,消耗的审计资源也少,对审计机构和审计人员的要求较低。局部绩效审计通过解决某个环节上的问题,推动被审计单位整体效益的提高,能起到立竿见影的效果。局部绩效审计适用于对组织日常的生产经营活动和业务活动的绩效评价,是我国内部绩效审计中采用最多的方式。

3. 项目绩效审计

项目绩效审计是以某一特定项目,即一次性的经济活动为审计对象的绩效审计。例如,对外投资项目的绩效审计、新产品开发项目的绩效审计、固定资产建设项目的绩效审计等。项目绩效审计在审计资源消耗、产生效果的速度等方面与局部绩效审计相似,也是我国内部绩效审计中经常采用的一种方式。

(二)按照审计时间分类

绩效审计根据其时间的不同,可以分为事前绩效审计、事中绩效审计和事后绩效审计。

1. 事前绩效审计

事前绩效审计是指在项目或者组织活动开展之前实施的审计工作,属于防范性审计。其目的是揭示计划、方案或者预算中存在的影响绩效的不利因素或者风险问题,在事前采取纠正和防范措施,确保计划、方案或预算的可行性和合理性,为项目或经济活动的顺利执行提供保障。

2.事中绩效审计

事中绩效审计是指在项目或组织活动开展期间实施的审计工作,属于动态性审计。其目的是审查项目或组织活动的进展情况,将已完成的部分项目或活动取得的绩效与实施前的标准绩效进行对比分析,对于脱离预期标准的部分探查其原因。如果是由于项目或活动的组织管理不当等原因而未达到预期绩效,则要及时提出整改措施加以纠正;如果是原定计划或标准脱离实际,则要根据实际情况及时调整计划或标准,增强其合理性和可比性,也为后续开展的绩效审计工作提供有价值的评价标准。

3.事后绩效审计

事后绩效审计是指在项目完工或组织活动完成后实施的审计,属于总结性审计。其目的是对项目或组织活动所创造的成果和效益进行审查、评价,分析存在的问题及原因,寻求提高绩效的途径,提出建设性和指导性的建议,帮助被审计单位克服管理中的薄弱之处,引导其健康发展。

第二节　绩效审计的内容

绩效审计的内容非常广泛,与传统的财务审计既有重合,又有延伸。最高审计机关国际组织指出,绩效审计一般包括以下内容:一是根据良好的管理原则和实务以及管理政策对管理活动的经济性进行审计;二是对人力、财力和其他资源的使用效率进行审计,包括检查信息系统、绩效评价和监督机制以及被审计单位为纠正已发现缺陷而采取的程序;三是联系被审计单位目标的实现情况,对被审计单位绩效的有效性进行审计。并通过与预期影响进行比较,对被审计单位的活动所产生的实际影响进行审计。

一、企业绩效审计

(一)企业绩效审计的目标

企业实施绩效审计的目标是在传统财务审计的基础上,从经济性、效率性、效果性、环保性和社会效益等方面对企业开展的经济管理活动进行审查、评价,找出对绩效有不利影响的因素,提出针对性的纠正措施和改进建议,优化资源配置,提高企业的生产能力、管理水平和风险控制能力,提高企业资产的运营效益和企业的可持续发展能力。

(二)企业绩效审计的内容

企业绩效审计的内容主要包括经济效益审计、管理绩效审计、社会绩效审计和环境绩效审计。

1.经济效益审计

经济效益审计是由被授权或被委托的审计人员,依据有关法规和标准,运用审计程序和方法对被审计单位(或项目)经济活动的经济性、效率性、效果性进行监督、评价,提出改进建议,以提高经济效益为目标的一种独立性经济监督活动。简言之,经济效益审计是以提高经济效益为直接目标的一种独立性经济监督活动。经济效益审计的执行过程中,内部审计机构和人员需要对本组织经营管理活动的经济性、效率性和效果性三方面进行审查和评价。

(1)经济性审计。经济性要求组织在经营活动过程中获得一定数量和质量的产品和服务及其他成果时所耗费的资源最少。经济性主要关注资源投入和使用过程中成本节约的水平和程度及资源使用的合理性。

(2)效率性审计。效率性是指组织经营活动过程中投入资源与产出成果之间的对比关系。效率性审计是指内部审计机构和人员对组织经营活动的效率性进行审查与评价的活动。内部审计机构和人员在进行效率性审计时,可以从确认与评价经营活动的投入、确认与评价经营活动的产出以及综合评价投入产出的效率这三个方面考虑。投入的资源主要包括人力、财力、信息、技术、时间等方面的资源;产出则是投入资源后取得的实际效果。效率性审计的主要目的是通过审查和评价组织经营活动的投入产出关系,优化业务流程,提高经营活动效率。

(3)效果性审计。效果性是指组织从事经营活动时实际取得成果与预期取得成果之间的对比关系,主要关注既定目标的实现程度及经营活动产生的影响。效果性审计是指内部审计机构和人员对组织经营活动的效果性进行审查与评价的活动。其主要目的是通过审查与评价组织经营活动既定目标实现的程度,以协助组织管理层改善经营水平,提高经营活动的效果。

2.管理绩效审计

企业的一切生产经营活动都离不开管理,对企业的管理活动开展绩效审计是企业绩效审计的重点工作。主要内容包括审查企业组织结构、企业目标、企业经营计划、企业经营决策、企业管理制度及企业创新等。

(1)组织结构。企业组织结构是否合理关系到企业能否正常运转、高效决策以及各部门之间有效协作。审计人员应该主要审查和评价职能结构设计、管理层构成、部门设置以及各层级、各部门的权责划分。此外,组织内部信息传递效率、员工素质也是需要审查的内容。

(2)企业目标。企业目标是企业发展的终极方向,为一切经营管理活动提供导航作用,如果企业目标不合理,将无法满足企业的发展要求。因而,企业目标也是管理绩效审计的一项内容。对企业目标实施审计,主要是审查是否符合市场的需求,能否在实现微观经济效益的同时促进宏观经济的发展,是否因环境的改变而及时调整,是否体现了企业的竞争优势,员工对企业目标的认知程度如何,是否有长远的规划来支撑企业目标的实现等方面的情况。

(3)企业经营计划。企业经营计划是为实现长远目标而以战略为导向制定的一系列具体目标和行动方案。对企业经营计划进行审计,主要是审查其是否与企业的战略相适应,是否与企业目标、市场需求和企业能力协调一致,制定的计划是否具备科学性、系统性和可行性,是否制定了具体的流程与方法保证计划的有序执行情况和效果等。

(4)企业经营决策。经营决策是企业管理工作的核心,决策的正确与否关系到企业的兴衰成败和生存发展。审计人员需要审查企业的决策程序是否科学和规范,决策依据是否齐全和准确,决策前提的假设是否符合当前环境的变化,决策的执行力度和有关规定,有关决策是否经企业各层级、各部门共同研究并得到认可;评价决策行为的正确性、可行性和有效性等。

(5)企业管理制度。企业管理制度是规范企业运作的制度类文件,财务管理、资产管理、成本核算、人力资源管理、质量管理、安全生产、风险管理等企业经营管理的方方面面都应有相应的制度进行约束、规范。审计人员应审查企业管理制度的合理性、合规性、健全性、有效性,是否顺应企业的发展战略和外部竞争环境,并对各项制度的实际执行情况和效果进行评价。

(6)企业创新。创新是提升企业盈利性、竞争性以及可持续性的关键因素。审计人员需要关注企业在组织结构、管理制度、新产品、新工艺、技术改造、无形资产研发、品牌形象、开辟新市场等方面的创新进展,审查和评价创新带给企业的效果。

3.社会绩效审计

社会绩效审计的目的是评价企业的生产经营活动对社会发展的贡献。主要包括:了解企业的产销情况,审查其能否适应市场需求的变化;分析企业生产规模的扩大是否有利于当地就业问题的缓解;评价企业的经营行为是否对国民经济的发展起到促进作用;审查企业在地方基础设施建设方面的相关工作情况;评价企业的社会责任履行情况等。

4.环境绩效审计

环境绩效审计的目的是评价企业在生产经营活动中对环境污染的治理情况。主要通过审查企业的保护环境和治理污染情况,评价企业在满足社会产品需求的前提下能否促进环境资源再生和可持续利用、改善居民生活环境质量以及企业的生产经营是否顺应生态文明建设的要求,揭示企业存在的环境污染治理问题及对环境造成的影响,深入分析问题产生原因,提出增强环保性的措施,帮助企业提升节能环保绩效。

二、民生资金绩效审计

(一)民生资金绩效审计的目标

民生资金绩效审计是政府审计机关对被审计单位或部门以及其他经济组织所管理和使用的民生资金的绩效进行审查与评价的活动。民生资金绩效审计把维护人民群众的利益作为根本目标,通过对关系国计民生的公共资金的执行和使用过程以及重大投资项目的审查评价,揭示存在的问题,剖析产生问题的原因,提出审计建议,从而实现监督惠民政策的落实情况、提高民生资金的使用效益的目标,促使政府做好公共资金的守护者和人民利益的捍卫者。

(二)民生资金绩效审计的内容

民生资金绩效审计应始终贯彻以人为本的思想,以保障人民群众的根本利益为出发点和落脚点,从人民群众最关心、最现实、最突出的利益问题着手,加强对关系经济社会发展、涉及民生福祉的项目和资金的监督。民生资金点多、涉及面广、政策性强,而且审计对象复杂,在审计资源有限的条件下,审计机关应当抓住重点,对现实的民生问题开展审查工作。目前,教育资金、社会保障资金、民生工程项目、涉农资金、环境保护专项资金是人民群众关注的热点问题,民生资金绩效审计工作也应将重心放在这几个方面。

1. 教育资金绩效审计

教育资金是国家为满足教育事业的发展需求而配置于教育系统的资金。为促进这一重大公共事业的健康发展,保证人民享有平等接受教育的机会,开展教育资金绩效审计是审计机关的一项艰巨任务。对教育资金的绩效审计,即审查评价教育资金配置和使用的经济性、管理的效率性和目标完成的效果性。

2. 社会保障资金绩效审计

目前我国已经建立起比较完善的社会保障制度,对社会保障资金进行绩效审计的工作重点应转移到资金的使用和管理过程。主要包括以下方面:第一,资金管理机构的管理水平及责任履行情况,社会保障政策是否落实到位,是否存在违法违纪行为;第二,资金的征缴环节是否存在漏洞,即资金能否及时足额入库、征收方式是否合理、地税部门与劳动保障部门的配合是否默契等;第三,资金的拨付是否按照规定的程序、计划进行,有无擅自截留、挪用、延压或私存私放等现象存在。

3. 民生工程项目绩效审计

民生工程项目绩效审计重点关注和评价以下内容:第一,民生工程项目的设计是否科学合理;第二,项目的招投标是否符合有关规定;第三,工程专项资金的使用是否合法合规,有无私自改变资金用途、挪用、虚报、冒领项目资金的问题;第四,工程监理职责的履行是否有效;第五,工程进度是否按计划时间完成相应的工作量,是否存在开工率低、建设进度滞后的现象,竣工验收是否按照规定标准严格进行;第六,是否存在已建成但尚未投入运营的项目;第七,工程项目建成后运行是否正常,能否发挥长久效益;第八,进入运营阶段的工程项目在维护方面是否存在缺陷。对于已完工的项目,审计人员还应当收集和掌握民生工程项目实施前后居民生活环境的变化情况和公用事业的改善情况,评价项目是否达到预期的经济和社会效果,是否有利于促进当地经济发展和社会稳定。

4. 环境保护专项资金绩效审计

对环境保护专项资金开展绩效审计,即在审查环境保护专项资金使用的真实性、合法性的基础上,就其经济性、效率性、效果性、环境性以及公平性进行审查评价。环境保护专项资金绩效审计,主要从资金来源、资金分配、资金管理和资金使用效果四个方面着手。第一,资金来源审计应重点审查和评价:征管制度、程序和手段是否合理、合法;征管职能的履行是否到位;是否建立欠费管理制度来保障资金的按时征收;征收资金能否及时入库,是否存在违规减免、多头征收的问题等。第二,资金分配审计应重点审查和评价:资金的预算是否满足合法性、真实性、合理性、经济性;资金的拨付能否及时、足额到位;财务报账制度是否健全,在执行中的控制力度是否严格,如对发票、合同的审核把关问题。第三,资金管理审计应重点审查和评价:用款单位是否存在将专项资金挪作他用或闲置不用的现象;资金的支配是否按照预算进度执行;是否设有相关责任制度来保障资金的安全性。第四,资金使用效果审计应重点审查和评价:环保建设项目的工程进度、工程质量如何;环保项目在实施前后对环境的影响效果对比;是否存在项目建成后未正常投入使用的情况;社会公众对环境保护专项资金使用效果的满意度和受益程度等。

第三节 绩效审计的程序

绩效审计程序通常参照内部审计的程序,一般划分为四个阶段:准备阶段、实施阶段、报告阶段、后续审计阶段。

一、准备阶段

在准备阶段,首先确立绩效审计项目,然后开展审前调查,最后根据被审计单位或项目的实施情况制定绩效审计方案。

(一)确立绩效审计项目

确立绩效审计项目是审计工作的第一步,主要有两类:一类是"自上而下"的项目,即人大、政府或上级审计机关的授权审计项目;另一类是"自下而上"的项目,即由审计机关的内部各专业机构提出并由上报给最高审计机关批准后开展的绩效审计项目。一般后者居多。

审计机关在实施审计前需要根据项目的重要性和时效性来决定是否对其开展绩效审计。重要性可以从以下三个方面来衡量:第一,被审计单位或项目的风险;第二,被审计单位或项目的影响力;第三,审计结果带来的价值是否大于审计成本。审计机关据此合理安排绩效审计工作和审计资源,将审计重点安排在重要的领域。时效性可以从两个方面来判断:第一,审计项目是否顺应国家当前的经济和社会发展大局;第二,实施绩效审计所产生的效果是否有利于推进经济发展和社会进步。

确立绩效审计项目具体可以分为以下几个步骤:

1.项目调研

审计人员以重要性、时效性为原则建立备选审计项目后,应当开展调研工作,进一步了解备选审计项目的情况,收集备选审计项目的相关信息,如与被审计单位或项目的主要活动、目标、资源、职责、政策规定等有关的文件资料、数据、报告等。对收集到的信息,要按照审计内容进行整理归类,并按重要性排序。

2.征求意见

采用问卷调查、访谈、专题讨论等形式,向被授权的审计机关、有关部门或机构、专家、社会公众等征求对备选审计项目的意见,确定审计中心议题和重点问题,然后根据这些意见和分析结果适当调整审计项目。

3.可行性分析

审计人员应当对经过上述两步确定的备选项目进行实施绩效审计的可行性分析,将可行性报告提交至审计机关行政首长会议审定,经审计中心议题和重点问题,然后根据这些意见和分析结果适当调整审计项目。

(二)审计调查

审计机关下发审计通知书并与被审计单位实现联系后,审计人员进入被审计单位开展开审前调查,为制定科学合理的绩效审计方案做准备。调查期间,审计人员应当充分了解被审计单位或项目的基本情况和所处的经济环境、行业背景,以及单位的主要活动、工作目标、职责、业务流程、内部控制制度、人员编制情况、财务报告以及与项目有关的目标、方案、计划、管理制度等信息。

审前调查的方法一般有:

1.内外结合调查法

为全面了解被审计单位的情况,除了进驻被审计单位审阅有关资料,还可以派出审计人员到有关部门或单位收集有关资料。比如,被审计单位的业务流程需要由内部提供,而财政资金的拨付情况则需要走访财政部门来获取。

2.上下结合调查法

为了解上级对下级的管理、预算安排、业绩考核、资金往来等情况,需要审计人员走访被审计单位的上级主管部门或下级单位,进一步延伸审前调查的内容。

3.文件审阅与实地观察结合法

文件审阅是指对从内部或外部获取的与被审计单位有关的文件资料进行审阅,从而熟悉被审计单位的基本情况。在审阅书面资料的同时,还需要深入被审计单位进行实地观察,调查被审计单位的经营管理活动、内控制度的健全程度等。

(三)制定绩效审计方案

审计人员应当根据被审计单位或项目的实际情况,围绕为什么、做什么、如何做、谁去做、何时做制定绩效审计方案,明确审计目的、审计重点、审计内容、人员及时间安排。绩效审计方案应当具有层次性、具体性、可操作性,设计逻辑清晰的审计步骤,尽可能细化审计工作,详细列出审计重点、需要取得的审计证据、审计资源的配置以及审计工作底稿的要求。需要注意,审计方案是面向未来、动态的计划,审计人员往往需要根据工作的进展情况对审计方案进行灵活调整,适应不断变化的环境和问题。

绩效审计方案的编制方法比较灵活,可采用描述法、列表法等,审计人员可以根据需要采取有利于提高工作效率的方式来编制审计方案。

二、实施阶段

实施阶段大致可以分为以下几个步骤:

(一)收集审计证据

由于绩效审计的内容复杂多样、范围广泛,因此,在收集审计证据时,无论是资料来源还是所采取的形式,都比财务审计更为复杂。

审计人员在收集审计证据时,一般要遵循相关性、合法性、充分性、可靠性等。相关性是指所收集的审计证据要与审计目标相关,否则不仅会造成人力、时间的浪费,也会影响审计工作的效率和质量。合法性是指收集审计证据对绩效评价有足够的支撑作用,可以保证审计结论的客观性、准确性和全面性。可靠性是指收集的审计证据能够真实、客观地反映实际情况,否则会导致错误的审计结论和丧失有指导意义的建议。

审计证据的形式多样,一般包括文件资料(如规章制度、方案、计划、报告、合同、账簿等)、调查资料(如问卷、询证函、访谈记录、照片、图表等)、分析性证据(如指标计算结果、分析比较产生的证据)等。审计人员应根据取得的资料,判断是否有必要进行筛选整理后再形成正式的审计证据。

(二)分析审计证据,做出审计评价

审计人员根据所收集的审计证据,采用专门的审计分析方法并建立适用于被审计单位的评价标准,将实际绩效指标与标准进行对比分析,评价被审计单位或项目的成果和业绩,解释绩效审计实施过程中发现的具体问题,探查其原因。

(三)提出初步的审计建议

审计人员根据上一步得出的评价结果,针对性地提出解决问题、纠正错误、改善绩效的可行途径。在此过程中,需要审计人员与被审计单位负责人或专业人员充分沟通,在虚心学习的同时保持客观、公正的态度,确保审计建议的可行性、实用性和建设性。

三、报告阶段

报告阶段的主要任务是编制绩效审计报告。在撰写报告之前,审计人员应就提出的审计结论与建议和被审计单位的负责人进行沟通,充分交换意见,保证审计建议的可行性和实用性。

审计报告的编制需要以审计工作底稿和收集的审计证据为依据,清晰条理地阐明审计目标、审计对象、审计发现的问题、审计评价、审计结论和审计建议。为客观、公正地报告审计工作的情况,还需要将被审计单位所持有的不同观点或意见列入审计报告中。

需要注意的是,在撰写绩效审计报告时,不应仅将关注点集中在单纯描述和说明在绩效审计实施过程中发现的具体问题上,而应注重从体制、机制、制度上分析问题产生的根源。这不仅可以帮助组织管理层了解组织所存在的更深层次的问题,也更容易得到被审计单位和人员的充分理解。

四、后续审计阶段

为督促被审计单位主要负责人严格执行审计决定,积极采纳审计意见建议,还需要对已完成的审计项目开展后续审计。

审计人员需要与被审计单位保持联系,采取访谈、问卷、不定期实地检查、简单复核等形式,了解被审计单位对绩效审计建议的落实情况和整改效率,或者实施后续审计,准确评估被审计单位对绩效审计决定的落实和建议的采纳情况,以推进绩效审计及整改工作取得实效。

第四节 绩效审计的方法

绩效审计的方法是指内部审计人员为达到绩效审计目标,在绩效审计过程中收集和分析证据所使用的工具和手段。应当依据重要性、审计风险和审计成本,选择与审计对象、审计目标及审计评价标准相适应的绩效审计方法,以获取相关、可靠和充分的审计证据。

内部审计机构和人员在绩效审计的实施过程中应当贯彻多种方法相互结合的思路,以获取更充分、更相关和更可靠的审计证据。同时,选取审计方法还要遵循成本效益原则,衡量审计成本与实施该方法获得的审计证据所带来的效益,尽量选择经济合理的方法。

除了审阅法、核对法、抽样法、函证法、盘点法、穿行测试法等常规的审计方法,审计人员还可以根据绩效审计的对象和目标灵活选择以下方法开展绩效审计工作。

一、审计取证方法

审计取证是贯穿整个审计活动的审计程序之一,是审计实施阶段最基础的工作。审计证据作为绩效的载体,是审计人员做出审计评价、发表审计结论和审计建议的基础。与传统财务审计相比,绩效审计往往会遇到很多开放性问题,因此在获取绩效审计证据时,除了采用传统取证方法,审计人员还可以选择更灵活的方法。常用的审计取证方法包括调查法、专家鉴定法、专题讨论会、公众评价法。

(一)调查法

调查法是凭借一定的手段和方式(如访谈、问卷),对一种或者几种现象、事实进行考察,通过对收集到各种资料进行分析处理,进而得出结论的方法。

1.问卷调查法

在绩效审计的时间中,调查法是使用最多的一种方法,通常以问卷调查为主。调查问卷是绩效审计实施过程中取得某些定性指标的重要工具。在设计调查问卷时,内部审计机构和人员可以根据审计对象的特征及需要获取的审计证据灵活设置问卷的内容与形式。调查问卷一般有两种:一种是问题式问卷,即将调查内容设计为若干可以选择的问题;另一种是填写式问卷,即根据调查内容确定若干量化指标,由被调查人自由填写。科学技术的发展使得调查问卷的载体发生了很大的变化,广泛流行的电话调查、邮件调查、网络调查等形式都可以运用到绩效审计的实施过程中来。

2.访谈法

访谈法是指在绩效审计的实施过程中,内部审计人员当面向被审计单位的有关人员了解情况,获取审计证据。访谈有多种形式,可以通过电话进行访谈,也可以面对面进行访谈,或通过信函的方式进行访谈。访谈可以一对一,也可以采取一对多、多对多召开座谈会的形式。访谈的对象可以是被审计单位的管理人员、内部工作人员、股东或者董事会成员,也可以是被审计单位以外的相关人员,例如人大代表,对被审计事项或被审计单位感兴趣、一直非常关注或者进行研究的人员,研究机构、监管机构的人员,社会专家等。该方法是内部审计机构和人员最常使用的方法之一,采用这种方法可以帮助内部审计人员加强对被审计事项的了解,当面向访谈对象深入被审计事项的来龙去脉,既方便又灵活。

结构化访谈是绩效审计中常用的收集数据和信息的方法,内部审计人员可以利用数据采集工具(DCI)通过电话或面对面访谈的方式收集数据和信息。在进行结构化访谈时,访谈人员以准确的方式向很多个体或代表提出相同的问题,向受访者提供相同的答案选项。相比之下,非结构化访谈则包括很多开放式的问题,这些问题并不是以准确的结构化的方式提出。结构化访谈方法最大的优点就是访谈结果量化方便,可以直接进行统计分析,属于统计调查的一种。结构化访谈的应用范围十分广泛,可以自由选择调查对象,也能问一些比较复杂的问题,还可以选择性对某些特定问题做深入调查。结构化访谈的缺点是访谈人员需要具备高度熟练的访谈技巧,并接受过专门的培训,还需要较多的人力、物力和时间。对于敏感、尖锐或有关个人隐私的问题,被访谈者受到心理因素和环境因素的影响可能不会做出正确的回答,导致访谈无结果或结果失真。为此,在进行结构化访谈时内部审计人员需要对被访谈者进行事先的训练,使他们在接受访谈之前做好心理、技术、物质以及相关知识的准备。

在运用访谈法时,内部审计人员需要使用多种沟通技巧。在访谈之前要做好充分的准备,明确访谈目标,拟定详细的访谈提纲。在访谈过程中,内部审计人员应当正确引导,紧密围绕主题开展访谈,并做好详细的记录。内部审计人员在提出问题时可以使用不同类型的问题,例如开放式、封闭式、试探式、假设式、选择式问题等。访谈结束后要做好总结,尽快整理访谈记录,提炼出可以写入审计报告的结论。

(二)专家鉴定法

绩效审计过程中经常会涉及专业领域的知识。比如工程项目审计涉及工程的完工进度、质量认定,环境绩效审计涉及污染程度的认定等,仅凭借审计人员的知识和经验往往无法全面准确地实现对被审计项目进行审查和评价、提出专业性建议。此时,审计小组需要借助外部专家或专业部门,由专业人员提供鉴定结论,给出客观公正的判定,为审计人员取得充分、可靠的审计证据提供支持。

(三)专题讨论会

专题讨论会是通过召集组织相关管理人员就经营管理活动特定项目或者业务的具体问题进行讨论的方法。在绩效审计中同样可以运用这种方法,不过需要注意的是,专题讨论会的参与者必须是了解项目及业务或其相关的管理人员。只有参与讨论的人员了解项目及业务的流程和每个环节,是项目及业务活动的参与者,才能对项目的各项控制点是否合理、是否发挥作用以及业务活动完成中存在的问题做出中肯的判断,内部审计人员才能从讨论中提取有效的设计证据。

召开专题讨论会可以充分利用组织的人力资源,与最具有发言权的管理人员直接沟通,省去许多中间环节,获得较为真实的审计证据,增进员工之间的交流,提高管理效率;同时,它也是组织实现民主化管理的体现。在具体操作时,选择合适的参与者及主持人是讨论会达到预期效果的关键。在讨论时,要围绕项目及业务的具体问题,不要偏离主题,主持人要控制现场气氛和讨论时间,避免讨论过度延伸和矛盾激化。

(四)公众评价法

公众评价法时通过专家评估、公众问卷及抽样调查等方式,获取具有重要参考价值的证据信息,评价目标实现程度的方法。公众评价法时对调查法和目标成果法的结合和补充,在广泛调查、吸取公众意见的基础上,对目标的完成程度做出评价。公众评价法还利用了专家的意见,弥补了内部审计人员在某些专业领域知识的不足,有利于得出科学的审计结论。通过收集公众的意见,可以反映出组织在管理中存在的更多问题,找出符合组织发展实际的改进措施和建议。实施公众评价法也是组织民主管理、以人为本理念的体现,有利于激发员工的积极性,培养员工的主人翁意识。

二、正向思维的绩效审计方法

所谓正向思维的绩效审计方法,是指审计人员按照事物发展的常规进程去分析问题,从被审计单位现有的目标、制度、计划、环境入手,把握总体方向,沿袭事物发展的内在逻辑思考、预测,评估制度、政策、责任设定的科学性及执行的效果,解释事物发展中的缺陷和风险。常用的方法有跟踪审计法、标杆法、可行性分析法等。

(一)跟踪审计法

跟踪审计法是指审计人员对被审计对象进行跟踪、持续监督、适时评价、及时反馈的一种审计方法,主要适用于项目审计。审计人员在项目实施过程中,通过审阅相关文件、实地观察、现场访谈等多种形式,追踪项目资金流向、运作过程、项目质量、管理制度等,往往以事中审计的形式对项目的合法性、合规性、合理性、规范性、经济性、效率性、效果性进行分析、评价,发现问题并及时提出纠正措施,确保项目在实施过程中能够以更少的资金和资源投入提高项目的实施效率和质量,按照预期的方案达到良好的使用状态。

(二)标杆法

标杆法是对经营管理活动状况进行观察和检查,通过与组织内外部相同或者相似经营管理活动的最佳实践进行比较的方法。标杆法通过与内外部最佳范例的比较,寻找出被审计对象与先进水平之间的差距,进行有效分析,提出改进措施,最大化地挖掘组织或部门可以提升的潜力,有助于重塑组织的核心竞争力,提高运行效率,在一定程度上还缩短了组织的摸索时间和成本,尤其适用于效益水平较低的组织及部门。

内部审计机构和人员在实施标杆法时,通常应当分成三个阶段:即确定目标、选取参照范例和比较分析。

1.确定目标

实施标杆法第一步骤是确定目标,目标的准确确定需要对主题进行深入分析。在进行标杆分析时,不需要逐一分析被审计对象的每个方面,只需要选取一个或几个主题作为目标,这样可以提高分析的效率。主题可以是审计对象明显存在的问题或亟须解决的问题,也可以是管理层最关心的问题或关键的竞争力决定因素,往往要根据审计对象的性质及组织的战略目标设定。

2.选取参照范例

确定目标之后,根据已选择的目标选取在该领域表现出色的个体,建立参照体系。选取的范例既可以是外部先进部门,但其运营经历及特征需要与审计对象相似或相同。因为只有在环境影响因素相同的条件下,才能寻找出经营管理活动中的差异。

3.比较分析

在选定最佳实践之后,运用SWOT分析或模型软件,对调查所取得的资料进行分类、整理,比较研究审计对象与最佳实践之间的差距,明确差距形成的原因和过程,找出弥补自身不足的具体途径或改进机会,设计具体的实施方案,并进行实施方案的经济效益分析。

标杆分析法并不是一次性的,而是一个连续的过程。在完成了首次标杆分析活动之后,要对实施效果进行全面的评判,并及时总结经验,针对环境变化持续进行标杆分析活动,确保对最佳实践的有效跟踪。

(三)可行性分析法

可行性分析法是对工程项目的经济合理性、技术先进性进行论证,在全面分析、计算、比较的基础上,选择投入成本小、社会经济效益高且在技术工艺方面具备可实现性的最佳方案的一种分析方法。该方法以可行性分析报告为载体,需要经过大量的调查、计算,分析项目的必要性、合理性和效益性,进行反复审查和复核后最终确定可行方案。可行性分析法是投资决策中最常用、最科学的一种方法,在绩效审计中一般用于开展项目的事前审计,以达到节约成本、提高投资效益的目的。

三、绩效审计评价方法

(一)综合评分法

综合评分法是通过将多个指标得分乘以相应的权数计算出综合评价值,依据综合得分对项目进行评价的一种方法。一般步骤如下:确定评价项目;选择评价指标(通常选择正确指标);制定评价等级或分值范围和标准;对单项指标评分;计算加权平均得分。综合评分法是我国政府部门进行绩效评价时经常使用的方法。该方法能够全面兼顾多方面的指标,准确度较高,但是指标的选择、权数的确定以及标准值的设定操作起来具有一定难度。

(二)层次分析法

层次分析法是美国运筹学专家萨泰提出的一种定性与定量分析相结合的系统分析方法。该方法将复杂的决策系统层次化,逐层比较各种关联因素的重要性,为分析、决策提供定量的依据。运用层次分析法不需要大量的数据和复杂的计算,只需对决策因素相对于总目标的优劣或重要程度进行两两比较并加以标定,最终求得方案层要素相对于总目标的优劣排序,从而据此选择最佳方案。因此,层次分析法适合不能完全用定量分析技术进行分析的多目标、多准则、多层次的复杂公共决策问题。内部审计机构和人员所实施的绩效审计正是一个受多种因素影响的复杂决策过程,利用层次分析法,内部审计人员可以将这一复杂的过程层次化,并逐层比较各种关联因素的重要性以做出科学合理的审计计划和决策。

(三)关键绩效指标法

关键绩效指标法以审计目标为中心,寻找突出问题或重点审计领域,建立几个关键绩效指标,将绩效评价简化为对关键绩效指标的评价。关键指标必须遵循 SMART 原则:

(1)具体性(specific),即绩效评价的指标要细化到特定活动或项目;

(2)可度量(measurable),即绩效指标可以量化;

(3)可实现性(attainable),即对于被审计单位而言,可以通过努力达到绩效指标的标准

水平;

(4)相关性(relevant),即绩效指标有助于提高被审计单位的绩效,与审计目标密切联系;

(5)时限性(time-based),即审计人员应当注重完成绩效指标的特定期限。这种方法的优点是目标明确,能够突出重点,简化绩效评价工作。但也存在不足之处,如关键指标的建立难度较大,指标的确立和标准的设置主观性较大。

(四)360度反馈评价法

360度反馈评价法也称全方位反馈评价法,是一种多角度进行的比较全面的绩效评价方法,它由与被审计单位有密切关系的多方评价者对其进行评价,再由专业人员对比其自我评价向被审计单位提供反馈,以帮助其提高绩效水平。采用360度反馈评价法,通过获取各方面的绩效评价意见,可以帮助被审计单位全面知晓本单位的绩效信息,有利于综合绩效的提升。360度反馈评价法多采用问卷形式,实行匿名方式,范围广,比较客观。但这种方法评价成本大、耗时长、评价工作难度大,往往需要投入大量的人力对信息进行加工、整理,并向被审计单位的相关人员在充分沟通的前提下及时反馈信息。

第五节 绩效审计的评价

一、绩效审计的评价标准

绩效审计的评价标准是审计人员衡量、评价被审计对象优劣的参照物,也是提出审计意见、做出审计结论的依据。内部审计机构和人员应当根据绩效审计目标,确定绩效评价的标准。

(一)绩效审计评价标准的特征

1.质量特征

(1)可靠性。绩效审计评价标准的可靠性是指内部审计机构和人员确定的绩效审计评价标准,应当能够使不同的内部审计人员在同样的情形下运用同样的标准得出基本一致的结论。(2)客观性。绩效审计评价标准的客观性是指内部审计机构和人员在确定和运用绩效审计评价标准时不应受到内部审计人员或管理人员偏见的影响。内部审计人员可以根据确定的绩效审计评价标准对被审计对象做出公平合理的评价。(3)可比性。绩效审计评价标准的可比性是指内部审计机构和人员确定的绩效审计评价标准与其他相似机构所确定的标准或历史标准应当保持一致,以使被审计单位可以将其绩效与其他组织的绩效、行业水平,以及历史水平进行比较。

2.内涵特征

内部审计机构和人员确定的绩效审计评价标准除应具备上述三项质量特征,还应具有时效性、层次性、可控性和相关性等内涵特征。

(1)时效性。绩效审计评价标准的时效性是指绩效审计评价标准的选择是以特定的时间、环境和条件为基础的。绩效审计评价标准并不是一成不变的,应当随着时间和条件的变化而改变。当今世界经济发展日新月异,内部审计机构和人员在确定绩效审计的评价标准时尤其应该注意标准的时效性,不能用过时的评价标准来评价现在的经济活动。绩效审计评价标准还应该具有前瞻性和先进性,并在绩效审计的实践中不断修改和完善。

(2)层次性。绩效审计评价标准的层次性是由组织经济活动的层次性决定的。如果将组织的经济活动分为宏观经济活动、中观经济活动和微观经济活动,那么绩效审计的评价标准也可以分为宏观绩效评价标准、中观绩效评价标准和微观绩效评价标准。内部绩效审计的评价标准多与微观绩效评价标准相重合,可以具体到部门标准、车间及班组标准或者某一项目的标准等。

(3)可控性。绩效审计评价标准的可控性并不完全等同于可操作性,除了要求评价指标在操作上具有可行性,还要求评价指标涉及的因素应当是可控的。绩效审计只能针对被审计经济活动有能力控制的因素和指标进行评价,对于无法控制或不可抗力等因素是无法进行评价的。

(4)相关性。绩效审计评价标准还需要具有相关性。绩效审计评价标准的政策规定和指标都必须与审计目标、审计内容相关,也就是应当与经济性、效率性和效果性相关。与被审计活动的经济性、效率性和效果性无关的法律法规、行业标准、计划指标等都不能作为绩效审计的评价标准。

(二)绩效审计评价标准的来源

从绩效审计的发展历程来看,在一定的历史时期,绩效审计的评价标准通常来源于国家的施政方针、国家或行业性的标准、行业组织公布的专业信息、其他国家的经验结果以及审计人员的职业判断等。

1.有关法律法规、方针、政策、规章制度等的规定

国家的法律和法规、方针和政策,以及各项规章制度是一切活动必须遵守的最基本的准则,绩效审计评价标准当然也必须遵循国家有关法律法规、方针、政策、规章制度等的规定,内部审计机构和人员所确定的任何审计标准都不能与其相违背。只有在遵循国家法律、法规、方针、政策的前提下取得的绩效,才是真正的绩效。

2.国家部门、行业组织公布的行业标准

国家各部门及行业协会对组织绩效设定的评价标准也可以作为内部审计机构和人员实施绩效审计的标准。国家各级政府部门所颁布的组织绩效管理和评价标准和指标是内部审计机构和人员在实施绩效审计时可以使用的最权威的评价标准。

行业标准是指以一定行业众多群体的相关数据为样本,运用数理统计方法计算和制定出的适当该行业的绩效评价标准。内部审计人员可以采用行业标准作为绩效审计的评价标准,为一定时期内同类项目应当达到的绩效水平提供参考。

3.组织制定的目标、计划、预算、定额等

组织制定的目标、计划、预算、定额指标也可以为内部审计机构和人员确定绩效审计的评价标准提供依据。这类指标从组织自身的实际情况出发,既是组织的管理目标,又能反映出组织的实际管理水平,也比较容易得到组织管理层的认同。

4.同类指标的历史数据和国际数据

同类指标的历史数据和国际数据时内部审计机构和人员确定绩效审计标准的重要来源。将历史数据作为评价标准可以衡量组织目标的完成程度,并为评定组织的发展速度提供参考依据。另外,参照国内外同行业的先进水平或平均水平制定绩效审计的评价标准,可以评估组织在整个行业中的地位,并对组织管理层起到激励作用。

但是,历史数据和国际数据所涵盖的指标时间和空间跨度较大,内部审计机构和人员在运用时应当充分考虑各种环境因素的变动对评价标准的影响。

5.同行业的实践标准、经验和做法

在确定绩效审计的评价标准时,内部审计机构和人员还可以充分借鉴同行业的实践标准、经验和做法。具有相似性质的组织在发展道路上往往会遇到与被审计单位相同的问题。因此,虚心学习其他组织的经验,从其他组织的实践标准中寻找适合自己的标准,取其精髓、去其糟粕,也不失为内部审计机构和人员选择绩效审计评价标准的一种高效且有效的办法。

需要注意,在制定绩效审计评价标准时争取被审计单位的合作是非常重要的,应当与被审计单位的管理层进行充分沟通,制定双方都认可的评价标准,避免选择的绩效审计评价标准脱离被审计单位的实际情况。如果内部审计人员与被审计单位从一开始就对绩效审计的评价标准存有异议,被审计单位很可能不会很好地配合内部审计人员的工作,或者不愿意接受最终的审计结论。如果这样,绩效审计报告中提出的改进建议不可能得到落实,整个绩效审计也将失去意义。

二、绩效审计评价的内容

绩效审计评价的内容非常广泛,在传统财务审计的基础上进行了延伸,绩效审计除了需要关注组织使用资源的合法性、合规性及组织信息的真实性、可靠性,还必须关注经营管理活动的经济性、效率性和效果性目标,甚至有必要拓展到环境性和公平性。

(一)经营活动

对经营活动的评价涉及以下几方面:

(1)人、财、物、信息、技术等资源取得、配置和使用的合法性、合理性、恰当性和节约性;

(2)研发、财务、采购、生产、销售等主要业务活动的效率;

(3)经营活动既定目标的适当性、相关性、可行性和实现程度;

(4)经营活动预期的经济效益和社会效益等的实现情况。

(二)管理活动

对管理活动的评价涉及以下方面:

(1)计划、决策、指挥、控制及协调等主要管理活动的效率;

(2)管理人员的素质、管理水平、管理效率的高低;

(3)组织结构是否健全,职能划分是否合理,分工是否明确等。

(三)政策制度

对政策制度的评价及以下方面:

(1)各项业务流程是否设有合理健全的制度进行约束;

(2)审批、决策、考核等各项管理制度的执行力度如何;

(3)组织为评价、报告和监督特定业务或者项目的经济性、效率性和效果性所建立的内部控制及风险管理体系的健全性及其运行的有效性如何。

三、绩效审计评价的指标体系

(一)企业绩效审计评价的指标体系

企业的绩效涉及经济效益、管理效益和社会效益。经济效益的评价可以通过财务指标进行,而管理效益和社会效益则需要运用定性分析法,进行多方面的综合评价。为规范企业绩效评价行为、推动绩效审计工作的开展,财政部等五部委于2002年发布了《企业绩效评价操作细则(修订)》(财统[2002]5号),再次对评价指标体系进行修订和改善,通过财务效益状况、资产营运状况、偿债能力状况和发展能力状况四个方面的基本指标、修正指标来评价企业的经济效益,并利用评议指标对企业绩效评价进行补充。详见表15-2。

表15-2 企业绩效评价指标体系

序号	项目	基本指标	修正指标	评议指标
1	财务效益状况	净资产收益率 总资产收益率	资本保值增值率 主营业务利润率 盈余现金保障倍数 成本费用利润率	经营者基本素质 产品市场占有能力 基础管理水平 发展创新能力 经营发展战略 在岗员工素质 技术装备更新水平 综合社会贡献
2	资产营运状况	总资产周转率 流动资产周转率	存货周转率 应收账款周转率 不良资产比率	
3	偿债能力状况	资产负债率 已获利息倍数	速动比率 现金流动负债比率	
4	发展能力状况	销售(营业)增长率 资本积累率	三年资本平均增长率 三年销售平均增长率 技术投入比率	

(二)政府绩效审计评价的指标体系

政府绩效审计的目的是审查其在投入人力、物力、财力的工作中,是否满足了社会的公共需求,即考核公众对政府工作成果的满意程度。政府绩效审计同样需要从经济性、效率性和效果性三个方面开展。这里的经济性是指政府部门在日常管理中资源的投入是否满足成本效益原则,节约财政支出;效率性类比于企业经营活动的效率性,是指政府工作的投入产出比;效果性是指一定时期内政府工作取得的成果(能否落实到社会的实际需求中、得到社会的认可)。

为了有效开展政府绩效审计,我国公布了政府绩效评估体系,该指标体系由影响指标、职能指标和潜在指标3大类共33项指标组成。表15-3列示了2003—2007年盈利预测使用的绩效评价指标体系。

表15-3 2003—2007年盈利预测

单位:元

一级指标	二级指标	三级指标
影响指标	经济	人均GDP、劳动生产率、外来投资占GDP的比重
	社会	人均预期寿命、恩格尔系数、平均受教育程度
	人口与环境	环境与生态、非农业人口比重、人口自然增长率
职能指标	经济调节	GDP增值率、城镇登记失业率、财政收支状况
	市场监管	法规的完善程度、执法状况、企业满意度
	社会管理	贫困人口占总人口比例、刑事案件发案率、生产和交通事故死亡率
	公共服务	基础设施建设、信息公开程度、公民满意度
	国有资产管理	国有企业资产保值增值率、其他国有资产占GDP的比重、国有企业实现利润增长率
潜在指标	人力资源状况	行政人员本科以上学历者所占比例、领导班子团队建设、人力资源开发战略规划
	廉洁状况	腐败案件涉案人数占行政人员比例、机关工作作风、公民评议状况
	行政效率	行政经费占财政支出比重、行政人员占总人口比例、信息管理水平

本章小结

绩效一词在语义上可以解释为成绩和效果,而绩效审计,顾名思义,就是对组织做出的成绩与功效进行的审计。绩效审计,是指内部审计机构和内部审计人员对本组织经营管理活动的经济性、效率性和效果性进行审查和评价。

从我国的绩效审计实践来看,内部审计机构和人员可以根据实际需要选择和确定绩效审计对象,既可以针对组织的全部或者部分经营管理活动,如对企业的经营业务或者行政事业单位的经费支出开展绩效审计,也可以针对特定项目和业务,如对国家基建项目、涉农专项资金、社会保障基金开展绩效审计;既可以对组织经营管理活动的经济性、效率性和效果性进行审查和评价,也可以只侧重于某一方面进行审查和评价。

在确定审计对象时,审计人员需要明确绩效审计的目的在于提高组织的运营效率及管理水平,倘若将所有经营活动都纳入审计的范围,势必会浪费大量的审计资源,影响组织的正常运营秩序。因此,根据组织的实际情况,合理选择和确定绩效审计对象是十分必要的。对于风险较高的项目或经营环境可以着重考核和审查,对于风险较低的领域可以降低审计力度或免于审计,一切都要以组织自身的特定和项目自身的特点为基础,有所侧重地安排审计。

根据绩效审计范围的不同,可以将其分为全面绩效审计、局部绩效审计和项目绩效审计。根据绩效审计时间的不同,可以将其分为事前绩效审计、事中绩效审计和事后绩效审计。

绩效审计的内容非常广泛,与传统的财务审计既有重合,又有延伸。最高审计机关国际组织指出,绩效审计一般包括以下内容:一是根据良好的管理原则和实务以及管理政策对管理活动的经济性进行审计;二是对人力、财力和其他资源的使用效率进行审计,包括检查信息系统、绩效评价和监督机制以及被审计单位为纠正已发现缺陷而采取的程序;三是联系被审计单位目标的实现情况,对被审计单位绩效的有效性进行审计,并通过与预期影响进行比较,而对被审计单位的活动所产生的实际影响进行审计。

企业绩效审计的内容主要包括经济效益审计、管理绩效审计、社会绩效审计和环境绩效审计。经济效益审计是由被授权或被委托的审计人员,依据有关法规和标准,运用审计程序和方法对被审计单位(或项目)经济活动的经济性、效率性、效果性进行监督、评价、提出改进建议,以提高经济效益为目标的一种独立性经济监督活动。企业的一切生产经营活动都离不开管理,对企业的管理活动开展绩效审计是企业绩效审计的重点工作。主要内容包括审查企业组织结构、企业目标、企业经营计划、企业经营决策、企业管理制度及企业创新等。社会绩效审计的目的是评价企业的生产经营活动对社会发展的贡献,主要包括:了解企业的产销情况,审查其能否适应市场需求的变化;分析企业生产规模的扩大是否有利于当地就业问题的缓解;评价企业的经营行为是否对国民经济的发展起到促进作用;审查企业在地方基础设施建设方面的相关工作情况;评价企业的社会责任履行情况等。环境绩效审计的目的是评价企业在生产经营活动中对环境污染的治理情况。主要通过审查企业的保护环境和治理污染情况,评价企业在满足社会产品需求的前提下能否促进环境资源再生和可持续利用、改善居民生活环境质量以及企业的生产经营是否顺应生态文明建设的要求,揭示企业存在的环境污染治理问题及对环境造成的影响,深入分析问题产生原因,提出增强环保性的措施,帮助企业提升节能环保绩效。

绩效审计程序通常参照内部审计的程序,一般划分为四个阶段:准备阶段、实施阶段、报告阶段、后续审计阶段。在准备阶段,首先确立绩效审计项目,然后开展审前调查,最后根据被审计单位或项目的实施情况制定绩效审计方案。审计机关下发审计通知书并与被审计单位实现联系后,审计人员进入被审计单位开展审前调查,为制定科学合理的绩效审计方案做准备。调查期间,审计人员应当充分了解被审计单位或项目的基本情况和所处的经济环境、行业背景,以及单位的主要活动、工作目标、职责、业务流程、内部控制制度、人员编制情况、财务报告以及与项目有关的目标、方案、计划、管理制度等信息。

审计人员在收集审计证据时,一般要遵循相关性、合法性、充分性、可靠性等。相关性是指所收集的审计证据要与审计目标相关,否则不仅会造成人力、时间的浪费,也会影响审计工作的效率和质量;合法性是指收集审计证据对绩效评价有足够的支撑作用,可以保证审计结论的客观性、准确性和全面性;可靠性是指收集的审计证据能够真实、客观地反映实际情况,否则会导致错误的审计结论和丧失有指导意义的建议。

报告阶段的主要任务是编制绩效审计报告。在撰写报告之前,审计人员应就提出的审计结论与建议和被审计单位的负责人进行沟通,充分交换意见,保证审计建议的可行性和实用性。

为督促被审计单位主要负责人严格执行审计决定,积极采纳审计意见建议,还需要对已完成的审计项目开展后续审计。审计人员需要与被审计单位保持联系,采取访谈、问卷、不定期实地检查、简单复核等形式,了解被审计单位对绩效审计建议的落实情况和整改效率,或者实施后续审计,准确评估被审计单位对绩效审计决定的落实和建议的采纳情况,以推进绩效审计及整改工作取得实效。

绩效审计的评价标准是审计人员衡量、评价被审计对象优劣的参照物,也是提出审计意见、做出审计结论的依据。内部审计机构和人员应当根据绩效审计目标,确定绩效评价的标准。绩效审计评价标准包括质量特征和内涵特征两个特点。质量特征主要从可靠性、客观性以及可比性出发;内部审计机构和人员确定的绩效审计评价标准除应具备上述三项质量特征,还应具有时效性、层次性、可控性和相关性等内涵特征。

从绩效审计的发展历程来看,在一定的历史时期,绩效审计的评价标准通常来源于国家的施政方针、国家或行业性的标准、行业组织公布的专业信息、其他国家的经验结果以及审计人员的职业判断等。需要注意,在制定绩效审计评价标准时争取被审计单位的合作是非常重要的,应当与被审计单位的管理层进行充分沟通,制定双方都认可的评价标准,避免选择的绩效审计评价标准脱离被审计单位的实际情况。如果内部审计人员与被审计单位从一开始就对绩效审计的评价标准存有异议,被审计单位很可能不会很好地配合内部审计人员的工作,或者不愿意接受最终的审计结论。如果这样,绩效审计报告中提出的改进建议不可能得到落实,整个绩效审计也将失去意义。

绩效审计评价的内容非常广泛,在传统财务审计的基础上进行了延伸,绩效审计除了需要关注组织使用资源的合法性、合规性及组织信息的真实性、可靠性,还必须关注经营管理活动的经济性、效率性和效果性目标,甚至有必要拓展到环境性和公平性。

企业的绩效涉及经济效益、管理效益和社会效益。经济效益的评价可以通过财务指标进行,而管理效益和社会效益则需要运用定性分析法,进行多方面的综合评价。为规范企业绩效评价行为、推动绩效审计工作的开展,财政部等五部委于2002年发布了《企业绩效评价操作细则(修订)》(财统[2002]5号),再次对评价指标体系进行修订和改善,通过财务效益状况、资产营运状况、偿债能力状况和发展能力状况四个方面的基本指标、修正指标来评价企业的经济效益,并利用评议指标对企业绩效评价进行补充。

政府绩效审计的目的是审查其在投入人力、物力、财力的工作中,是否满足了社会的公共需求,即考核公众对政府工作成果的满意程度。政府绩效审计同样需要从经济性、效率性和效果性三个方面开展。经济性是指政府部门在日常管理中资源的投入是否满足成本效益原则,节约财政支出;效率性类比于企业经营活动的效率性,是指政府工作的投入产出比;效果性是指一定时期内政府工作取得的成果(能否落实到社会的实际需求中、得到社会的认可)。为了有效开展政府绩效审计,我国公布了政府绩效评估体系,该指标体系由影响指标、职能指标和潜在指标3大类共33项指标组成。

复习思考题

1. 请对比分析国际上主要国家对绩效审计的定义的联系与区别。
2. 绩效审计与经济效益审计、管理审计等相近概念在概念的定义、审计目标以及审计重点上的主要区别有哪些?
3. 请分析如何理解"企业的一切生产经营活动都离不开管理,对企业的管理活动开展绩效审计是企业绩效审计的重点工作"?
4. 请谈谈如何使用结构化访谈以搜集绩效审计的审计证据?
5. 绩效审计评价标准的内涵特征主要包括哪些方面?

本章练习题

一、单选题

1.（　　）是指内部审计机构和内部审计人员对本组织经营管理活动的经济性、效率性和效果性进行的审查和评价。
  A.经济审计　　B.效益审计　　C.绩效审计　　D.经责审计

2.随着绩效审计理论的推进,丹尼斯·普瑞斯波尔提出了5E审计的观点,即在3E的基础上增加了环境性和（　　）。
  A.公平性　　B.公正性　　C.效率性　　D.经济性

3.绩效审计作为审计的一个分支,仍然是一种（　　）活动。
  A.监督活动　　B.管理活动　　C.监督管理　　D.鉴证管理

4.根据绩效审计的（　　）不同,可以将其分为事前、事中和事后绩效审计。
  A.时间　　B.程序　　C.计划　　D.目的

5.下列有关企业绩效审计目标的说法中,错误的是（　　）。
  A.企业实施绩效审计的目标是在传统财务审计的基础上,从经济性、效率性和效果性对企业开展的经济管理活动进行审查和评价
  B.企业实施绩效审计的目标是在传统财务审计的基础上,从经济性、效率性、效果性、环保性和社会效益等方面对企业开展的经济管理活动进行审查和评价
  C.找出对绩效有不利影响的因素,优化资源配置
  D.提高企业的生产能力、管理水平和风险管理能力

6.（　　）的目的是通过审查与评价组织经营活动中资源的取得、使用及管理是否节约合理。
  A.效率性审计　　　　　　B.经济性审计
  C.绩效审计　　　　　　　D.效果性审计

7.民生资金绩效审计应始终贯穿（　　）的思想。
  A.以民为本　　　　　　　B.以人为本
  C.保障人民群众的根本利益　　D.全心全意为人民服务

8.（　　）是贯穿整个审计活动的审计程序之一,是审计实施阶段最基础的工作。
  A.审计证据　　　　　　　B.相关性审计证据
  C.可靠性审计证据　　　　D.审计取证

9.(　　)是指审计人员按照事物发展的常规进程去分析问题,从被审计单位现有的目标、制度、计划、环境入手,评估制度、政策、责任设定的科学性及执行的效果。
　　A.正向思维的绩效审计方法　　　　B.逆向思维的绩效审计方法
　　C.数量分析法　　　　　　　　　　D.因素分析法
10.(　　)是审计人员衡量、评价被审计对象优劣的参照物,也是提出审计意见、做出审计结论的依据。
　　A.绩效审计　　　　　　　　　　　B.绩效审计评价
　　C.绩效审计评价方法　　　　　　　D.绩效审计评价标准

二、多选题
1.考虑环境保护问题和社会的稳定、协调、可持续发展,普瑞斯波尔在3E的基础上增加了(　　)而提出了5E审计的观点。
　　A.环境性　　　B.效果性　　　C.公正性　　　D.公平性
2.根据绩效审计范围的不同,可以将其分为(　　)。
　　A.全面绩效审计　　　　　　　　　B.部分绩效审计
　　C.局部绩效审计　　　　　　　　　D.项目绩效审计
3.企业绩效审计的内容主要包括(　　)。
　　A.经济效益审计　　　　　　　　　B.管理绩效审计
　　C.社会绩效审计　　　　　　　　　D.环境绩效审计
4.对企业的管理活动开展绩效审计是企业绩效审计的重点工作,其主要内容包括审查(　　)。
　　A.组织结构　　　　　　　　　　　B.企业目标
　　C.企业经营决策　　　　　　　　　D.企业管理制度
5.与传统财务审计相比,绩效审计往往会遇到很多开放性问题,常用的审计取证方法包括(　　)。
　　A.调查法　　　　　　　　　　　　B.专家鉴定法
　　C.专题讨论会　　　　　　　　　　D.公众评价法

三、判断题
1.从我国的绩效审计实践来看,内部审计机构和人员可以根据实际需要选择和确定审计对象,既可以针对组织的全部或者部分经营管理活动,也可以针对特定项目和业务(　　)。
2.绩效审计评价的内容非常广泛,在传统财务审计的基础上进行了延伸,绩效审计除了需要关注组织使用资源的合法性、合规性及组织信息的真实性、可靠性(　　)。
3.经济效益的评价可以通过财务指标进行,而管理效益和社会效益则需要运用定性分析法,进行多方面的综合评价(　　)。
4.政府绩效审计的目的是审查其在投入人力、物力、财力的工作中,是否满足了社会的公共需求,即考核公众对政府工作成果的满意程度(　　)。
5.为了有效开展政府绩效审计,我国公布了政府绩效评估体系,该指标体系由影响指标、职能指标和潜在指标3大类(　　)。

参考文献

[1] 王光远.关于中国内部审计准则制定的若干问题[J].中国内部审计,2003(12):4—9.

[2] 陈汉文.审计学[M].沈阳:辽宁人民出版社,2006.

[3] 中国内部审计协会.中国内部审计规定与中国内部审计准则——原文及释义[M].北京:中国石化出版社,2004.

[4] 中国内部审计协会.中国内部审计规范[M].北京:中国时代经济出版社,2005.

[5] 中国内部审计协会.内部审计理论与实务[M].北京:中国石化出版社,2004.

[6] 张红英,陈东,等.中国内部审计准则——阐释与应用[M].上海:立信会计出版社,2007.

[7] 邱学文,等.中国注册会计师执业准则——阐释与应用[M].上海:立信会计出版社,2006.

[8] 刘实.企业内部审计论——基于管理学视角的理论思考[M].北京:中国时代经济出版社,2005.

[9] 刘三昌.企业内部审计技术[M].北京:中国经济出版社,2003.

[10] 罗伯特·莫勒尔,布林克.现代内部审计学(第6版)[M].李海风,刘霄仑,等译.北京:中国时代经济出版社,2006.

[11] 李学柔.内部审计实务标准导读[M].中国内部审计协会,2004.

[12] 欧世新.内部审计项目质量控制的方法[J].中国内部审计,2014(3):58—61.

[13] 张宏伟.财务报告舞弊行政处罚与审计质量的提高[M].北京:中国财富出版社,2014.

[14] 陈彩云,康永红.内部审计准则比较研究[J].财会月刊(上·财富),2014(1):60—63.

[15] 李三喜,高雅青,陈新环.内部审计准则实务操作[M].北京:中国时代经济出版社,2004.

[16] 中华人民共和国财政部.企业内部控制基本规范——企业内部控制配套指引(2016年版)[M].上海:立信会计出版社,2016.

[17] 菲尔·塔林.内部审计的转型:从会计事项的合规检查到基于风险的审计方法[J].中国内部审计,2015(7):56—58.

[18] 王兰君.国有企业关联交易内部审计方法[J].中国内部审计,2019(5):56—58.

[19] 韦小泉,李琼.基于风险导向的内部审计方法探析[J].中国内部审计,2015(12):23—27.

[20] 徐政旦,朱荣恩.现代内部审计学[M].北京:中国审计出版社,1997.

[21] 武丽琼.大数据时代下内审计工作方法创新研究[J].山西经济管理干部学院

学报,2018,26(2):25-27.

[22]王宝庆,张庆龙.内部审计[M].沈阳:东北财经大学出版社,2017.

[23]张庆龙.内部审计学[M].北京:中国人民大学出版社,2017.

[24]朱佳俊,张逸.内部审计轮换理论、方法及应用研究综述与展望[J].商业会计,2018(22):21-24.

[25]巩利芳,黄晓波.风险管理:内部审计的重要领域[J].财会月刊(理论版),2006(3):21-22.

[26]李三喜.内部审计规范精要与案例分析[M].北京:中国市场出版社,2006.

[27]黄海滨.浅述企业全面风险管理审计的重点内容[J].中国内部审计,2016(1):69-71.

[28]沈啸岗.基于Bow-tie模型的风险管理审计——以基层央行安全保卫管理审计为例[J].中国内部审计,2019(3):44-47.

[29]李三喜,徐荣才.3C框架 全面风险管理标准[M].北京:中国市场出版社,2007.

[30]刘李福,邓菊香.风险管控与风险管理审计:研究评述与框架[J].中国内部审计,2014(5):24-27.

[31]刘世谨,张继勋.内部审计与风险管理[J].审计与经济研究,2001(6):10-12.

[32]孟琦.美国纽约联邦储备银行操作风险管理及内部审计新进展[J].中国内部审计,2011(7):30-33.

[33]聂盛.企业风险管理审计研究——以中国石油为例[J].河北企业,2019,(7):28-29.

[34]潘静.基于风险管理下的企业内部审计[J].中国乡镇企业会计,2018,(12):251-252.

[35]沈啸岗.基于Bow-tie模型的风险管理审计——以基层央行安全保卫管理审计为例[J].中国内部审计,2019(3):44-47.

[36]田国双,吕红梅.企业内部审计参与风险管理若干问题探讨[J].林业财务与会计,2004(9):40-41.

[37]卓志.风险管理理论研究[M].北京:中国金融出版社,2006.

[38]尹维劼.现代企业内部审计精要[M].北京:中信出版社,2015.

[39]张建平.内部审计学[M].沈阳:东北财经大学出版社,2017.

[40]詹姆斯林.企业全面风险管理——从激励到控制[M].黄长全,译.北京:中国金融出版社,2006.

[41]王晓霞.企业风险审计[M].北京:中国时代经济出版社,2005.

[42]奚淑琴.风险审计理论研究[J].中央财经大学学报,2002(2):78-80.

[43]万文钢.对风险管理及风险管理审计的认识和理解[J].中国内部审计,2010(9).

[42]焦跃华,王运雪.社会保障资金绩效审计研究[J].审计月刊,2014(7):8-10.

[43]陈焕昌.浙江省内部审计先进经验与典型案例汇编[M].北京:中国时代经济出版社,2018.

[44]陈宋生.企业经济责任审计评价方法[M].北京:中国时代经济出版社,2009.

[45]鲍国明.内部经济责任审计[M].北京:中国时代经济出版社,2012.

[46] 苏珊·斯维茨尔.后萨奥时代的内部审计报告[M].王光远,译.北京:中国时代经济出版社,2008.

[47] 李学柔,秦荣生.国际审计[M].北京:中国时代经济出版社,2002.

[48] 中国内部审计协会.中国内部审计规范[M].北京:中国时代经济出版社,2005.

[49] 周兆生.内部控制与风险管理[J].审计与经济研究,2004(4):46—49.

[50] Redman,Thomas C..Improve Data Quality for Competitive Advantage[J].Sloan Management Review,1995.

[51] Yair Wand;Ron Weber.A Model of Control and Audit Procedure Change in Evolving Data Processing Systems[J].The Accounting Review,1989.

[52] Ron A.Weber.Information Systems Control and Audit[M].Prentice Hall,1999.